Frecce

Indice

AVVOLTOI

A mia moglie

Introduzione

Chi sono gli Avvoltoi?

Cara Paola, questa volta il libro lo dedico a te. Non te l'avevo detto, lo so. Ti ho fatto leggere i capitoli uno per uno, mentre li scrivevo. Ti scrutavo con apprensione mentre li compulsavi alla sera. Mi preoccupavo se trovavo i fogli abbandonati su un divano. Ti interrogavo con la mia solita ansia («Hai letto dei rifiuti?», «Me l'hai già chiesto tre volte», «E dell'acqua?», «Quello me l'hai chiesto dieci volte»). Cercavo di capire dai tuoi sospiri che cosa non funzionava, che cosa non ti convinceva, che cosa ti preoccupava. E andavo di notte a modificare i paragrafi cercando di interpretare i messaggi che mi arrivavano dalle rughe corrucciate sulla tua fronte. Ecco sì: hai letto tutto in anteprima. Tranne l'introduzione. Quella (anzi: questa) te l'ho nascosta. Non volevo che sapessi che questo libro è dedicato a te prima che andasse in stampa. Altrimenti saresti stata capace di fermare le rotative. E chi la sente la Mondadori, poi?

Ora che hai in mano il libro stampato sono sicuro che mi chiederai il perché di questa scelta, che di primo acchito tu giudicherai scellerata. E a me verrebbe voglia di cavarmela dicendo che sono così tanti anni che sopporti le mie notti a scrivere, e i periodi nervosi, e le domeniche bruciate, che qualcosa dovevo pur riconoscerti in segno di gratitudine. Avevo due scelte: o comprarti l'auto nuova o dedicarti un libro. Ho guardato il listino prezzi del concessionario e ho pensato che in fondo la dedica di un libro è decisamente meglio. Inoltre, a differenza dell'auto nuova, la dedica di un libro dura in eterno.

Scherzo, e so che capirai. Quando si ha la fortuna di incontrarsi poco più che bambini e crescere insieme, passo dopo passo, giorno dopo giorno, si capisce tutto dell'altro, ancor prima che parli. O che scriva. Per esempio adesso, mentre stai leggendo, hai capito benissimo che, per quanto tu possa essere in imbarazzo per la dedica, ebbene io lo sono ancor di più. Non per la dedica, ovviamente, ma perché mi devo mettere a parlare di tram, autobus, acqua, rifiuti di fronte a te, che sai benissimo il rapporto che ho con tutto ciò. Più o meno come quello che ho con il ruolo di baritono alla Scala o le traduzioni dall'aramaico antico. Diciamo una reciproca diffidenza. Guardo le bollette che si accumulano sulla scrivania, accompagno i figli a comprare l'abbonamento al pullman, fingo di interessarmi all'aumento della Tari, ma in realtà se non ci fossi tu a gestire l'economia domestica ci avrebbero già pignorato anche il computer su cui sto scrivendo.

E allora adesso ti starai chiedendo com'è che mi è venuto in mente di occuparmi di queste cose. Da quando in qua mi interesso del servizio idrico urbano? Che ne so di fognature? E di abbonamenti settimanali all'Atm o all'Acotral? Se fossi perfida mi chiederesti a bruciapelo i giorni della differenziata nel nostro Comune: quand'è che dobbiamo portare fuori la carta? Quando la plastica? E mi coglieresti in fallo come un liceale impreparato, uno di quelli convinti che Darwin sia un programma di Bonolis e Philadelphia la capitale della Kraft. Non lo so, te lo confesso. Non so quando bisogna portare fuori la carta, non so quando bisogna portare fuori la plastica, faccio una gran confusione con le tariffe dell'acqua, non conosco gli abbonamenti al treno dei nostri figli. L'unica cosa su cui me la cavo è l'autostrada, ma solo perché un'anima pia mi ha installato San Telepass. Addebito in conto e via, mi faccio fregare, ma almeno non ci penso più.

Per fortuna tu non sei perfida e dunque non mi interrogherai sulla differenziata e non mi rinfaccerai anni di bollette ignorate sulla scrivania. Ed è anche per questo che ti dedico il libro. Ma, vedi, se ho deciso di scriverlo è perché mi sono davvero convinto che, al di là della mia quotidiana débâcle domestica, sia su questi temi che si giochi la vera partita del nostro futuro. Nel Palazzo non lo sanno. Stanno ore e ore a discutere di legge elettorale, beghe di partito, ripartizione delle poltrone, ma non si accorgono che, nel frattempo, la maggior parte di ciò che tocca da vicino la nostra vita quotidiana (salute, benessere, soldi, spostamenti, ecc.) non dipende più da loro, ma è finito nelle mani degli Avvoltoi. Questa è la colpa più grave di una politica incapace, questa è la colpa storica degli inetti e dei corrotti del Palazzo: aver lasciato campo libero a chi ci sta spolpando.

Tu che mi conosci da sempre sai che non ho perdonato mai nulla ai difetti della nostra politica: in vent'anni di libri-inchiesta ho denunciato gli sprechi del Palazzo, i costi esagerati, le spese folli delle Regioni, le auto blu, lo scandalo dei vitalizi, la moltiplicazione dei pani e dei privilegi. Ho sempre pensato che i problemi del nostro Paese fossero in una classe dirigente che non è stata all'altezza della sfida dei tempi. È così, purtroppo. È stato così. E resta così. Ma in questi ultimi tempi è successo qualcosa di nuovo: proprio per colpa di quella politica malata, lo Stato si è pericolosamente avvicinato al trapasso. Vacilla, barcolla, esala gli ultimi respiri. E attorno a questo corpaccione malato, ormai a un passo dal diventare cadavere, si sono levati in volo gli Avvoltoi, che non vedono l'ora di divorarselo tutto. Anzi, hanno già cominciato. Pezzo dopo pezzo, boccone dopo boccone, scandalo dopo scandalo. Non li vedete volare sopra le vostre teste?

Guarda anche tu, cara Paola, se puoi. Sei una persona molto concreta, lo so. E infatti mi sento addosso il tuo sguardo dolce e interrogativo: «Mario, ma io non vedo nulla...». Guarda bene. «Sì va be', ma in pratica chi sono questi Avvoltoi?» Bella domanda: chi sono questi Avvoltoi? Sarà la stessa che mi faranno in ogni luogo in cui presenterò il libro, dallo studio tv di Del Debbio alla sagra di paese, dalla piazza catodica di Floris a quella alcolica di Soave. Già:

chi sono questi Avvoltoi? Provo a darne una definizione sintetica: sono quelli che prosperano sulla decomposizione dello Stato. Sono quelli che si riempiono la pancia sui cadaveri dei nostri servizi. Sono quelli che si avventano sul nostro Paese moribondo e se lo fagocitano. Li si riconosce facilmente: sono quelli che diventano ricchi dove tutti gli altri stanno diventando più poveri.

Fateci caso: in questi ultimi anni i prezzi dei servizi sono aumentati a dismisura. È una tassazione nascosta, un balzello continuo, un salasso mai considerato dalle statistiche nazionali sulla pressione fiscale. Dicono: le tasse non sono aumentate. Sì, forse. Però le tariffe dell'acqua sono aumentate dell'89 per cento negli ultimi 6 anni, quelle dei trasporti del 70 per cento negli ultimi 13 anni, quelle di alcune autostrade anche del 200 per cento in 14 anni. Paghiamo sempre di più e i servizi, in compenso, diventano sempre peggiori. Dove finiscono questi quattrini? Magari a finanziare l'autoconsulenza d'oro del boss dei trasporti? O la casa in montagna del ras dei rifiuti? O le serate al Twiga (e i film porno) del manager dei treni? O le buonuscite milionarie dei signorotti dell'acqua?

Ci sono troppe persone che si arricchiscono alle spalle dei servizi che non funzionano. Ed è per questo, fra l'altro, che i servizi continuano a non funzionare. Perché a troppe persone conviene che vada avanti così. Quando ho cominciato a raccogliere informazioni, alcuni investigatori, ufficiali dell'Arma o della Gdf, operatori sul campo che ogni giorno lottano contro gli Avvoltoi, mi hanno sorriso: «Davvero vuoi scrivere di chi fa soldi alle spalle dei disservizi?». Sì, vorrei provarci. «Buona fortuna.» Grazie. «Ma che hai a disposizione? L'enciclopedia Treccani?» No, non ho a disposizione l'enciclopedia Treccani. E non ho la pretesa di raccontare tutto. Però penso che si debba provare a raccontare queste storie, bucando il silenzio che le circonda. E sciogliendo quella patina di astrusità attraverso cui le si rende incomprensibili ai più. È il solito giochetto, no? È tutto complicato. È tutto difficile. Nessuno capisce. Nessuno approfondisce. Tutti tacciono. E loro ci fottono.

Ecco: non dobbiamo farci fottere. Per questo ho tentato l'impresa, che finora nessuno aveva provato in Italia, di rendere commestibile una materia di per sé complicata, di dare una rappresentazione leggibile, quasi da romanzo, ad argomenti che normalmente affogano dentro un mare di cavilli, norme, codici burocratici, rimandi incomprensibili e altre mostruosità. Credo di aver trovato storie interessanti. Qualcuna l'ho dimenticata, di sicuro. Qualcuna l'ho tralasciata. Ma sono sicuro che quelle che abbiamo sviscerato e raccontato, nel loro insieme, possano dare un'idea abbastanza reale di come funziona questo pezzo così importante del nostro Paese. O, meglio, di come non funziona.

Sì, lo so, c'è il solito problema. C'è quel signore là in penultima fila, che alla presentazione di San Donà di Piave come a quella di Sesto San Giovanni, sulla piazza di Alassio come su quella di Asiago, nella libreria di Roma come nella cantina di Marsala, si alza in piedi e mi chiede: «Sì, va bene Giordano, leggo e m'incazzo. Ma poi che posso fare?». Ecco: per quel signore ho preparato una sorpresa alla fine del libro. Un piccolo vademecum di consigli utili (spero) a risparmiare qualche soldo, in modo di recuperare almeno quanto speso per l'acquisto del volume. Così i lettori non ci perderanno nulla. A parte il costo del Maalox, che quello, come sempre, va pagato a parte, finché la Mondadori non si deciderà a regalarlo insieme ai miei libri...

Non so se quei consigli serviranno davvero. Valli a leggere, cara Paola: forse tu li conosci già tutti, meglio di me, forse li stai già mettendo regolarmente in pratica. Però, ecco, se devo essere sincero m'importa fino a un certo punto. Può essere che m'illuda, ma spero che il valore di questa inchiesta sia un po' più grande rispetto a quel che si può risparmiare con il mio capitoletto finale. Addirittura spero che, se tante persone leggeranno queste pagine e ne parleranno, si possa contribuire a cambiare davvero le cose. Sono un illuso? Forse sì. Però ci voglio provare. E non conosco altra via per tentare di cambiare le cose che farle venire fuori dall'oscurità. Smascherarle. Divulgarle. Farle sapere a tutti. Perché sono convinto che gli Avvoltoi di tutti i luoghi e di tutte le epoche abbiano un unico grande alleato: la nostra ignoranza. Sconfiggere lei significa cominciare a battere un po' anche loro.

Non so quanto ci vorrà, non so se ci riusciremo. Ma si può rinunciare a battersi? Bisogna cedere? Arrendersi? Dire: è impossibile? Mettere la testa sotto la sabbia e far finta di nulla? La tentazione viene, lo so, cara Paola. Viene ai lettori. Viene a chi mi segue da tempo. Viene a tutti. E viene anche a me, tu lo sai che ogni tanto mi vedi nascondere giganteschi sconforti dietro ai soliti «tutto bene». Il primo libro lo scrissi ormai oltre vent'anni fa, si intitolava *Silenzio, si ruba*. Portava alla luce alcuni furti della politica ai danni dei cittadini. Ahimè, vedo che i furti continuano. Eccome. Sempre di più. È naturale chiedersi dunque: ma vale davvero la pena insistere?

A volte penso che gli Avvoltoi sarebbe più comodo (e facile) averli per amici. Basterebbe poco. Una strizzata d'occhio, una stretta di mano, qualche omissione. È così facile girare la testa dall'altra parte, non credi? Te lo dico anche perché, come sai, non avendo girato la testa dall'altra parte, pure questo libro, come tutti gli altri, ci procurerà qualche guaio. È inevitabile. Gli Avvoltoi sono elencati con nomi e cognomi, come è abitudine della casa. Qui non si spara nel mucchio. Non si fanno discorsi generici. Tutt'altro che qualunquismo. Si raccontano casi e storie, fatti concreti. È inevitabile che qualcuno se ne abbia a male. Querelerà. L'ufficio legale Mondadori è già avvertito. Tu pure.

Durante le presentazioni dei libri la gente ride molto quando racconto dei miei rientri a casa, a tarda sera, con te che mi aspetti sulla porta con la querela del giorno in mano. «È arrivato il messo comunale.» Ogni giorno arriva il messo comunale. Ormai ho quasi l'impressione che tu e il messo comunale, insomma... Va be', allontano il sospetto. E anche la paura. Alla fine ne siamo sempre usciti bene. Ma ogni causa è uno stress ulteriore: riunioni con avvocati, stesura di memorie, discussione dei documenti. Poi la palpitazione, in ogni caso, la preoccupazione perché anche le migliori ragioni non è detto che vengano riconosciute in un tribunale. La maggior parte delle cause, poi, oggi non è penale, ma civile. Mi sparano addosso richieste di risarcimento spaventose: un milione, due, quattro, dieci. E ci vogliono anni per arrivare alla sentenza. La sparata, invece, intimidisce subito. Spaventa. Consiglia prudenza. Induce al silenzio.

Ecco, no: in silenzio non ci so stare. Io voglio ancora urlare. Voglio raccontare quello che non va, nella speranza di cambiarlo. Perciò pure stavolta non sono stato prudente. Te ne sei accorta subito leggendo i capitoli e guardandomi con affetto, come fai tu: «Anche stavolta hai deciso di farti qualche nemico...» hai sorriso come a dire: ma chi te lo fa fare? Ogni tanto me lo chiedo anch'io: chi me lo fa fare? Nessun vittimismo, nessuna recriminazione. Faccio il mestiere che amo e mi ritengo la persona più fortunata del mondo. Ma ogni tanto penso davvero, come dico qualche volta per scherzo, che forse il prossimo anno sarebbe meglio scrivere un romanzo d'amore, anzi no: un romanzo erotico. Cinquanta sfumature di beige. Sono sicuro che venderebbe molto di più di un saggio d'inchiesta. In ogni caso, mi provocherebbe meno guai.

Ma poi guardo i nostri quattro meravigliosi figli, penso a questo Paese malandato che stiamo per lasciare nelle loro mani, e dico che non può essere, non ci può stare, non possiamo arrenderci. Anche se non dovesse servire a nulla, bisogna provarci fino alla fine. La rassegnazione è un lusso che non possiamo permetterci. Qui non stiamo parlando di massimi sistemi, cara Paola: qui stiamo parlando di acqua, tram, bollette, cose concrete. Qui stiamo parlando di vita. È la nostra vita che gli Avvoltoi stanno depredando, la nostra vita quotidiana. Ci rubano il tempo (leggete il capitolo dei trasporti); ci rubano la salute (leggete il capitolo dell'acqua e quello dei rifiuti); ci rubano i risparmi (leggete tutti i capitoli, compreso quello delle autostrade). Come si fa a tacere? Lo so che ti preoccupi. Lo so che preferiresti che io passassi qualche serata in più a interrogare Sara in chimica e Camilla in latino, invece che a perdermi nelle scartoffie. Lo so che preferiresti qualche domenica più rilassata anziché dividerla con le visure camerali. Ma in fondo sai che non riuscirei a essere diverso da come sono, e forse è per questo che tanti anni fai hai deciso che valeva la pena scegliermi e non lasciarmi più. Abbiamo superato tanti giorni e tante prove, insieme. Se adesso mi perdoni anche questa dedica, chi ci ferma più?

I

Gli Avvoltoi dei trasporti

Si sono buttati sopra al treno (e anche all'autobus)

Si sono buttati sopra al treno. Proprio così. Non sotto, come forse sarebbe stato meglio. Non dentro, come sono costretti a fare milioni di pendolari ogni giorno in condizioni a volte disumane. No: proprio sopra. Si sono buttati sopra ai treni, sopra agli autobus, sopra ai tram. Si sono buttati sopra le carcasse del trasporto pubblico e se le sono divorate da veri Avvoltoi. È successo un po' dappertutto, su e giù per l'Italia. Si è discusso tanto di Atac negli ultimi mesi (ne parleremo anche qui, cercando di capire, carte in mano, perché si è arrivati a quella situazione). Ci si è indignati per l'incidente alle porte di Milano. Ma il problema, purtroppo, non è solo a Roma o in Lombardia: dall'Umbria alla Puglia, passando per Torino, Napoli, Bari, ovunque spuntano vagoni d'oro, bus fantasma, treni comprati a caro prezzo e fermi da anni, soldi buttati, soldi intascati, tangenti, operazioni illegali, strane compravendite, manager arricchiti, denari distribuiti a pioggia e utilizzati per tutto, tranne che per migliorare il servizio. Risultato? Le tariffe continuano ad aumentare, i costi pure (lo sapete che come contribuenti paghiamo 6000 euro al minuto per il trasporto pubblico?). Ma questi quattrini non servono per far funzionare come si deve treni, tram e autobus. E allora, vi chiederete, dove finiscono? Ecco, se leggerete questo capitolo lo scoprirete. Magari sono serviti a pagare auto di lusso e film porno a qualche Avvoltoio…

Lo scandalo degli autobus di seconda mano (200 all'anno)

Ma lo sapete che li compriamo usati? Voi che alla mattina salite sull'autobus, voi che timbrate il biglietto (ma sì, c'è ancora qualcuno che lo fa), voi che correte il rischio di finire in una scarpata (succede), voi che leggete una breve sul giornale «vecchio bus prende fuoco» e quasi non ci fate caso (succede sempre più spesso), voi che magari siete chiamati a scendere e a spingere quel pullman che non vuol saperne di andare avanti (succede anche questo), ebbene: voi lo sapete che li compriamo usati? Sicuro: usati. I mezzi pubblici in Italia sono di seconda mano. Spesso, molto spesso, quasi sempre. Per lo meno abitualmente. Noi compriamo gli scarti delle altre nazioni. Proprio così: quando Germania, Francia, Olanda, Svizzera, Polonia buttano via i loro mezzi pubblici perché sono troppo vecchi e insicuri per girare sulle strade, noi li compriamo e li mettiamo in circolazione con orgoglio. La loro spazzatura è il nostro investimento, i loro scarti sono il nostro futuro. Allegria.

Ma che futuro può avere un Paese che investe su autobus usati? Che futuro può avere un Paese che ricicla come novità gli scarti d'Europa? Che si fa bello con le rimasticature non solo della Germania ma persino, sia detto con rispetto, della Polonia? Un'unica volta questa pratica è venuta fuori con un certo clamore: nel novembre 2016 quando l'Eav, Ente Autonomo Volturno, società pubblica della Campania, per ammodernare (si fa per dire) la sua flotta aveva comprato 23 pullman usati dalla Polonia. Spesa: 1 milione e 200.000 euro più Iva. I sindacati allora denunciarono il fatto e aprirono la polemica. L'azienda si risentì: «Ma come? Se sono in ottima condizione». In ottima condizione? Può darsi. «Ma con 7 anni di vita alle spalle e in media 600.000 chilometri sul groppone», insorsero i giornali. Fu il solito polverone. E come tutti i polveroni, dopo pochi giorni si dissolse.

Qualcuno di voi magari lo ricorderà. Qualcuno, magari, lo avrà liquidato in fretta, pensando: ecco, siamo alle solite, le cattive abitudini napoletane, la mala gestione del

Sud, Pulcinella e mandolino in salsa tramviaria. E invece no: quello che non sapete, quello che nessuno sa, perché viene appositamente tenuto nascosto, è che la pratica di acquistare bus usati in giro per l'Europa non è una specialità della Campania. Macché: è diffusa su tutto il territorio nazionale. Potremmo dire che è la prassi. Qualche esempio? Lo abbiamo scoperto, tra mille reticenze e tentativi di occultare. A gennaio 2017 la torinese Gtt acquista e mette in circolazione 44 autobus usati provenienti dalla Polonia; nel 2016 sempre a Torino la ditta Canova (controllata anch'essa dalla Gtt) compra 4 autobus usati dalla Germania (prezzo complessivo 471.000 euro) e uno dall'Iveco France Société Anonyme (52.000 euro); a Catania nel maggio 2016 la società pubblica di trasporti compra 4 autobus usati dalla Svizzera; e sempre dalla Svizzera sono arrivati a Genova, nel settembre 2016, 15 autobus usati con 12 anni di vita alle spalle. «Sono più nuovi rispetto a quelli italiani» si è difeso nella circostanza l'assessore competente. Più nuovi? Con 12 anni alle spalle? Sarà. Intanto, chissà perché, appena arrivato, uno degli autobus usati si è subito guastato. Che fosse troppo nuovo?

Fra l'altro, in questo giro vorticoso, c'è chi non s'accontenta della seconda mano. E passa direttamente alla terza. Come la città di Messina, che non compra gli autobus usati dalla Polonia, ma li compra (sempre usati) da Torino che a sua volta li compra (sempre usati) dalla Polonia. Siamo allo scarto dello scarto: così, per la proprietà transitiva dell'autobus usato, i torinesi viaggiano felici sui mezzi che i polacchi hanno rottamato perché troppo vecchi, e i messinesi viaggiano felici sui mezzi che i torinesi hanno rottamato per acquistare mezzi già rottamati dai polacchi. Un trionfo. Speriamo solo che qualcuno non si faccia venire l'idea di continuare la catena, comprando gli autobus dismessi da Messina di quarta mano: lo scarto dello scarto dello scarto. Altrimenti, avanti di questo passo, tra un po' entreranno in servizio direttamente le bighe. Sempre per la felicità dei viaggiatori di Torino e Messina, naturalmente, se nel frattempo sono sopravvissuti agli incidenti. Dubbio che sorge spontaneo leggendo i giornali: un giorno a Torino un autobus della linea 18 va a fuoco in via Bologna, un altro giorno a Messina un autobus della linea 74 finisce in una scarpata per guasto tecnico...

C'è da meravigliarsi? Nel gennaio 2017 suscita molta impressione il pullman con un'ottantina di studenti a bordo che s'incendia a Noventa Vicentina. Il mezzo aveva 10 anni di servizio alle spalle. Troppi? Il «Giornale di Vicenza», nell'occasione, va a intervistare il direttore generale di Svt, l'azienda di trasporti locale, Umberto Rovini, che si stupisce dello stupore: ovvio che i mezzi sono vecchi, dice, ovvio che i mezzi si comprano usati. E perché? Perché «gli autobus usati costano un terzo rispetto ai nuovi». Come a dire: trattasi di pratica consolidata. Risultato? L'età media degli autobus in circolazione in molti Paesi europei è di 7 anni, in Francia 7,9 anni, nel Regno Unito 7,7, in Germania 6,9. Da noi: 12,2 anni. Ma ce ne sono anche di ultraventenni. Nel 2015, per esempio, a Messina risultavano circolanti 7 autobus del 1991. Cioè con 24 anni di onorato servizio nello spinterogeno. Poi uno si stupisce se finiscono nella scarpata.

Eppure tutti fanno così, ve l'abbiamo detto. Continuano a fare così. «Cerchiamo autobus usati d'occasione» fa sapere il 20 luglio 2017 l'Azienda Siciliana Trasporti, con apposito bando. Li vuole con «motore funzionante» e «carrozzeria priva di ammaccature». Se poi il cambio si rompe al primo semaforo o il volante s'incastra alla prima curva, pazienza. Che ci volete fare? Non c'erano abbastanza soldi a disposizione per mezzi nuovi. Siamo anche in grado di rivelarvi, per la prima volta, al di là dei singoli casi che vi abbiamo illustrato, quanti sono gli autobus usati venduti ogni anno in Italia alle aziende di trasporto pubblico. Tenetevi forte perché stavolta si rischia di andare fuori strada: il numero è tosto. Sono 200. Ebbene sì: ogni anno sulle nostre strade immettiamo 200 mezzi pubblici di seconda mano, usati e strausati, quelli che negli altri Paesi vengono buttati via come ferrivecchi. Lo sapete come siamo arrivati a questo numero? Ora vi confidiamo un altro segreto che pochissimi sanno. La vendita di autobus usati è talmente diffusa, che esiste un mercato apposito. E un'azienda specializzata in questo tipo di attività. Proprio così: un'azienda specializzata in vendita di autobus usati. Non ci credete? Andate sul sito della Basco Bus di Olgiate Comasco. Troverete le migliori offerte: vuoi un Man Nl 313 Cng con 12 anni di anzianità e 600.000 km? Un Setra S 431 con 11 anni e 1.250.000 km? Un Man A21 con 17 anni e 1.194.000 km? Avanti, prego accomodatevi: finché c'è olio motore c'è speranza.

La Basco Bus è gestita dalla famiglia Battaglia che sull'autobus usato sta realizzando un discreto business. Sette milioni di fatturato, una ventina di dipendenti, qualche difficoltà negli anni passati per un fornitore fallito («Abbiamo visto i sorci verdi» confessano), il solito tormento delle amministrazioni pubbliche che ritardano i pagamenti, ma la domanda, ah quella non manca mai. «Ci battiamo.» E quanto vendete? «Trecento autobus usati all'anno.» E quanti alle amministrazioni pubbliche? «Il 70-80 per cento.» Per cui all'incirca 200 l'anno? «Sì.» E quanto sono vecchi? «Anche di 15 anni.» Cioè, ci sono amministrazioni pubbliche che comprano autobus vecchi di 15 anni per rinnovare il loro parco mezzi? «Sì, ma non mi faccia fare brutta figura.» No, certo: nessuna brutta figura: la Basco Bus è un'impresa, fa il suo mestiere, cioè fa soldi. Ma, arrivato a questo punto, un italiano che paga le tasse (e tante) e il biglietto (in aumento) non può fare a meno di chiedersi: perché in Polonia hanno gli autobus nuovi e noi quelli vecchi? Perché in Germania si viaggia su mezzi sicuri, che dopo 7 anni di vita vengono scartati, e da noi invece quando li compriamo nuovi hanno già 15 anni e magari un milione di chilometri alle spalle? Non esiste qualche regola europea al riguardo per impedire questo scempio? O le regole europee valgono solo quando devono tagliarci le pensioni?

Il servizio fa schifo, ma ci costa 6000 euro al minuto

Dicono: è un problema di soldi. Gli altri ne investono di più. Sarà. Eppure noi non ne investiamo pochi. Nel luglio 2017 è uscito un rapporto di Mediobanca sulle cosiddette municipalizzate. Sotto i riflettori i loro bilanci nel periodo 2011-2015. Ebbene, il dato nascosto in quelle pagine, in mezzo a quei grafici, sfuggito all'attenzione dei più, è sconvolgente: per il trasporto pubblico locale nei cinque anni presi in considerazione, infatti, Mediobanca calcola che lo Stato abbia speso 16,8 miliardi di euro. Tutti soldi presi dalle tasche dei contribuenti. Lo sapete quanti sono 16,8 miliardi di euro in cinque anni? 9,2 milioni di euro al giorno. Cioè 383.000 euro all'ora. Cioè oltre 6000 euro al minuto. Possibile? Dico: è possibile che noi spendiamo 6000 euro al minuto per gli autobus e poi dobbiamo viaggiare su autobus di seconda mano? Sugli scarti dei polacchi?

E fate attenzione: quei 6000 euro al minuto sono solo una parte del costo. Quello che paghiamo tutti come contribuenti. Poi ci sono le tariffe che paghiamo come utenti. E che, per altro, continuano ad aumentare. Anche questo è un mistero glorioso della nostra Repubblica di Avvoltoi: com'è possibile che le tariffe aumentino sempre mentre i servizi continuano a peggiorare? Secondo l'Asstra, la società delle aziende di trasporto pubblico locale, fra il 2002 e il 2015 l'aumento medio dei biglietti è stato del 70 per cento, quello degli abbonamenti del 35 per cento. In media abbiamo pagato il 53 per cento in più, grazie ad aumenti che arrivano sempre puntuali. A differenza degli autobus, ovviamente.

Infatti, chi usa il mezzo pubblico in Italia per spostarsi impiega, in media, il doppio che a Parigi, Londra, Berlino o Madrid: ci vuole oltre un'ora (61 minuti) per percorrere 5 chilometri, nel resto d'Europa nello stesso tempo se ne percorrono quasi 10. Lo rivela uno studio del Forum Ambrosetti presentato a Cernobbio nel settembre 2017: in tutto il nostro Paese ci sono meno metropolitane che nella sola Madrid, la metà di quelle che ci sono a Londra. Risultato? A Roma il 66 per cento degli spostamenti avviene con mezzi privati. A Parigi solo il 16 per cento.

E i treni? Stessa situazione. I pendolari in Italia possono contare su 11 chilometri di rotaie ogni milione di abitanti. In Germania i chilometri sono 25, in Gran Bretagna 26, in

Spagna 31. Il ritardo è spaventoso e il costo notevole: se il nostro sistema si adeguasse agli standard europei, guadagneremmo di botto, oltre a un fegato più sano, anche 12 miliardi di euro. Immaginate quante cose si potrebbero fare anziché stare bloccati nel traffico... Legambiente ha studiato il periodo 2010-2017: in Friuli-Venezia Giulia i servizi sono diminuiti del 4,4 per cento e le tariffe sono aumentate del 14,9 per cento, in Calabria i servizi sono diminuiti del 26,4 per cento e le tariffe sono aumentate del 20 per cento, in Campania i servizi sono diminuiti del 15,1 per cento e le tariffe sono aumentate del 48,4 per cento... Ci fermiamo? Negli ultimi trent'anni, dal 1990 in poi, i passeggeri dei treni regionali e locali in Italia sono diminuiti del 7 per cento. Nello stesso periodo in Gran Bretagna sono aumentati del 37 per cento, in Francia e Germania del 16 per cento. Non c'è da stupirsi: nel 2002 per andare da Brescia a Cremona bastavano 34 minuti, nel 2017 ce ne vogliono 58. Sempre nel 2002 per andare da Casale Monferrato a Vercelli ci volevano 19 minuti. Ora, dopo la chiusura della linea, un'ora e 35, cinque volte di più.

Ma non spaventatevi: non vogliamo stordirvi con i numeri dello sfascio. Non vogliamo raccontarvi l'Italia che non va: quella la conoscete. Vogliamo capire perché succede. Chi ci guadagna. È passato il tempo delle favole: non crediamo più a Babbo Natale, alle promesse elettorali o alla Fata Turchina. E dunque non crediamo neppure alla storiella per cui in Italia le cose non funzionano per colpa del destino cinico e baro, o del nostro stellone rovesciato, o per il fatto che gli italiani «non è difficile comandarli, è inutile», secondo antica tradizione. Siamo un po' anarchici, è vero, a volte troppo furbi, siamo pieni di difetti. Ma non siamo fessi. E abbiamo capito da tempo che se noi paghiamo 6000 euro al minuto (soldi pubblici), più tariffe salate (+47 per cento), per avere servizi scadenti e autobus di seconda mano, ebbene, c'è qualcuno che ci sta fregando. Ora dobbiamo capire chi è. E come fa. Per denunciarlo. E per evitare che altri lo possano imitare.

Il ritardo nei trasporti pubblici in Italia

	Italia	*Francia*	*Germania*	*Spagna*	*Regno Unito*
Metro (km per milioni di abitanti)	3,83	5,45	7,81	12,50	10,45
Rete ferroviaria suburbana (km per milioni di abitanti)	10,7	n.p.	25,2	30,8	26,4

Fonte: The European House – Forum Ambrosetti, settembre 2017.

I tempi di chi si sposta con i mezzi pubblici

	Italia (14 città metropolitane)	*Europa (media capitali europee)*
Tempi di percorrenza	61 minuti per 5,36 km	63 minuti per 9,8 km
Tempi di attesa coincidenza	17,3 minuti	11 minuti

Fonte: The European House – Forum Ambrosetti, settembre 2017.

Età media degli autobus

	Anni
Francia	7,9
Germania	6,9
Spagna	8
Regno Unito	7,7
Italia	12,2

Fonte: Asstra-Uitp, dati 2014.

Il peggioramento del servizio pubblico ferroviario in Italia (2010-2017)

	Tagli ai servizi (%)	*Aumenti tariffe (%)*
Abruzzo	-9,6	+25,4
Calabria	-26,4	+20
Campania	-15,1	+48,4
Emilia Romagna	-3,8	+19,1
Friuli-Venezia Giulia	-4,4	+14,9
Liguria	-8,1	+48,9
Piemonte	-4,9	+47,3
Puglia	-3,6	+11,3
Sardegna	-1	+9
Sicilia	-12,1	+7,7

Fonte: Legambiente, Rapporto Pendolaria, dicembre 2017.

Puglia/1. I 180 milioni di Paperon Fiorillo e le consulenze d'oro

Già: dove finiscono i soldi? In Puglia, sicuramente, molti soldi sono finiti nelle tasche di Luigi Fiorillo. Chi è costui? Un genio. È stato per vent'anni consecutivi il ras delle Ferrovie del Sud Est. Risultato? La società è andata a un passo dal fallimento, accumulando 400 milioni di perdite. Il servizio fa schifo: basti pensare che su 474 chilometri gestiti 470 sono ancora a binario unico (pericolosissimo) e tutti sono privi anche del minimo sistema di sicurezza (Scmt, Sistema controllo marcia treno) per bloccare i convogli ed evitare catastrofi. In compenso, però, il 15 giugno 2017, il Tribunale civile di Bari ha sequestrato al medesimo Fiorillo 180 milioni di euro. Avete letto bene: 180 milioni di euro. La notizia è piuttosto clamorosa, anche perché il sequestro è avvenuto quarantotto ore dopo che due treni delle Ferrovie del Sud Est si erano scontrati in Salento, per l'appunto, provocando 27 feriti. Non è fantastico? Chi viaggia sui treni rischia la vita. Chi li gestisce, invece, al massimo rischia di diventare Paperon de' Paperoni. E ci riesce pure.

Il 1° febbraio 2018 Fiorillo è stato arrestato, insieme ad altre dieci persone, con l'accusa di bancarotta fraudolenta. Gli contestano proprio quello: aver sottratto all'azienda centinaia di milioni di euro, nell'arco di dieci anni, attraverso bilanci falsi e appalti esterni farlocchi. Per carità: magari riuscirà a dimostrarsi innocente. E magari riuscirà a riavere anche i 180 milioni, fortunato lui. Il punto non è questo. Il punto è che non possiamo fare a meno di chiederci come sia possibile accumulare 180 milioni di euro gestendo una ferrovia in concessione dallo Stato (o dalla Regione, che è la stessa cosa). Tanto più se, nel frattempo, questa ferrovia, che per altro è la più grande concessionaria d'Italia, cade a pezzi, accumula debiti e ritardi, manda i passeggeri su tutte le furie, quando va bene. O, altrimenti, quando va meno bene, li manda direttamente in ospedale. Se anche voi vi fate questa domanda, be', possiamo darvi una risposta precisa. E documentata. Per averla, infatti, basta leggere con attenzione la strepitosa relazione che Andrea Viero, commissario nominato dal ministero dei Trasporti, ha compilato nel 2016 non appena insediatosi alle Ferrovie Sud Est. Avete preparato il Maalox? Avanti che si parte.

Luigi Fiorillo, avvocato tarantino trapiantato a Roma, ex dc ora vicino un po' a tutti i partiti, come dicevamo, è un genio: mentre guidava l'azienda verso lo sfascio, infatti, è riuscito a intascarsi la bellezza di 13 milioni e 750.000 euro in undici anni, cioè in pratica uno stipendio da 100.000 euro al mese. Fra l'altro, oltre che amministratore unico e plenipotenziario della società, riusciva anche a essere consulente della medesima. Funzionava così: Fiorillo dava l'incarico a un responsabile progettazione il quale scopriva immediatamente di avere bisogno di un consulente. E chi veniva scelto come consulente? To', guarda che sorpresa: il medesimo Fiorillo. Quindi Fiorillo riceveva l'incarico di consulente dal dirigente che aveva appena incaricato di scegliere consulenti: roba che al confronto il gioco delle tre carte nei sottopassaggi della stazione è un master ad Harvard.

Nonostante questa retribuzione non propriamente francescana, il nostro Paperone dei treni non si è mai scomodato più di tanto. Per esempio: è noto che l'intera rete ferroviaria delle Sud Est è in Puglia. E lì, ovviamente, è la sede della società. Fiorillo, dunque, per 100.000 euro al mese si sarà trasferito a Bari? Avrà preso casa a Monopoli? Una masseria ad Alberobello? Un loft a Foggia? Macché. Stava stabilmente e rigorosamente a Roma. Prima usava come ufficio la sede nella Capitale, che ha tenuto aperta per sé e pochi intimi; poi, obbligato a chiuderla, ha deciso di lavorare da casa sua, facendosi però rimborsare 1 milione e 300.000 euro non per l'acquisto, si badi bene, ma per l'affitto e i servizi di pulizia. In ogni caso aveva a disposizione autista (in costante regime di trasferta e con assegno *ad personam*) e auto aziendale: solo questo servizio costava alle casse della società 200.000 euro l'anno. A cui Fiorillo aggiungeva piccole spese di rappresentanza, come per esempio il pranzo all'Enoteca Capranica di Roma dove consumò una bottiglia di vino da 2600 euro. Sempre a spese dell'azienda, s'intende. Del resto, si può forse negare un piccolo benefit a uno che guadagna 100.000 euro al mese?

Essendo molto generoso con se stesso, ovviamente Fiorillo era poi molto generoso anche con gli altri. E qui si apre il capitolo delle consulenze faraoniche. Basti pensare che, in questo modo, il nostro genio dei binari è riuscito a dilapidare quasi 300 milioni in un decennio. Non è poco soprattutto se si pensa che, nello stesso periodo, per la manutenzione di bus e treni sono stati spesi appena 42 milioni, sette volte di meno. Poi uno si chiede perché i mezzi pubblici perdono i pezzi... È ovvio: per le riparazioni non ci sono mai soldi, per i consulenti si scialacqua. Soprattutto se sono inutili. O evitabili. Alle Ferrovie del Sud Est, infatti, nonostante i 1400 dipendenti, si appaltava all'esterno di tutto: servizi informatici? All'esterno. Servizi contabili? All'esterno. Elaborazione dati? All'esterno. Gestione stipendi? All'esterno. Ma allora i 1400 che ci stanno a fare? Fra l'altro, sempre tutto affidato senza alcuna gara, senza alcun appalto, senza alcuna forma di selezione. «*Intuitu personae*» come scrive il commissario. Come gli pareva e piaceva, insomma.

E così, che ci volete fare, *intuitu* di qui, *intuitu* di lì, è naturale che, nel selezionare i consulenti, s'incappi in qualche conoscente. Come si fa a frenare l'*intuitu*? Per esempio lo studio legale che fa capo a Marcello Vernola, ex presidente della Provincia di Bari e compagno di gioventù democristiana di Fiorillo, in venti mesi ha avuto 12 incarichi per un totale di quasi 300.000 euro (294.550 per l'esattezza). Sei incarichi, per altro, sono stati conferiti nel 2014 lo stesso giorno e tutti, più o meno, con la stessa dicitura: «Redazione del programma di valorizzazione, con annesso studio di fattibilità della stazione ferroviaria di...». Dopo il «di» seguono i nomi di diversi paesi: Turi, Tricase, Sannicola, ecc. Ora l'idea di valorizzare le stazioni di Turi, Tricase, Sannicola, ecc. è benemerita, per carità: ma possibile che vengano in mente tutte proprio lo stesso giorno? Per tutti i paesi? Con la stessa formula? E poi perché uno studio legale dovrebbe valorizzare le stazioni? Non servono architetti? O esperti di trasporti? E qual è il risultato di cotanto costoso studiare? Purtroppo non abbiamo abbastanza *intuitu* per rispondere...

Quello che sappiamo di certo è che, a un certo punto, Fiorillo vuole sistemare l'archivio storico. Chi lo può fare? Uno dei 1400 dipendenti? Macché. Ci vuole una bella consulenza. L'incarico viene assegnato alla dottoressa Rita Giannuzzi, contratto di 8 anni, poi rinnovato per altri 9 anni (17 anni: si sa che l'archivio ha tempi lunghi) con il ragguardevole compenso di 8950 euro al mese poi diventati 9500 (più spese forfettarie, più Iva). Nonostante il buon compenso, però, la dottoressa Giannuzzi si accorge di non farcela da sola: ha bisogno di aiuto. E così viene fatto un altro contratto di consulenza, al professor Franco Cezza, commercialista esperto in commercio internazionale. Durata 8 anni, anche per lui poi prolungato per altri 9, a 6650 euro al mese, poi diventati 7500 (più spese forfettarie, più Iva). Voi vi chiederete: che c'entra il commercialista esperto in commercio internazionale con l'archivio storico? Anche qui non sappiamo rispondere. Però, in compenso, sappiamo con certezza che il professor Cezza è il marito della dottoressa Giannuzzi. E sappiamo anche che i due, essendosi trovati in difficoltà nel complicato lavoro di sistemare l'archivio storico, hanno chiesto un terzo consulente. Chi? Ovvio: loro figlio. Avvocato Gianluca Cezza. A quest'ultimo, infatti, viene immediatamente offerto un terzo contratto di consulenza: altri 9000 euro al mese. Totale valore dei tre contratti di consulenza alla famigliola: 5 milioni di euro. Proprio così: Fiorillo, per la sistemazione dell'archivio storico delle Ferrovie del Sud Est (mica quello degli Uffizi), aveva previsto un lavoro di 17 anni e una spesa di oltre 5 milioni di euro, tutti destinati a un'unica allegra famiglia. Per fortuna il commissario ha sospeso i contratti nel 2016 e mamma, papà e figlioletto archivisti sono riusciti a portarsi a casa «solo» 3 milioni di euro (2.947.000 per l'esattezza), senza per altro terminare il lavoro. Che dite, avranno bisogno di un risarcimento? Facciamo una colletta?

In mezzo a tutte queste consulenze, qualcuno penserà: ma qualche spiccio per comprare un treno non si sarà forse trovato? Ebbene sì. E qui viene il bello. Il 7 febbraio 2006, infatti, Fiorillo decide di acquistare tre Stadler GTW 2/6 usati e vecchi di 10 anni, che avevano percorso già 2 milioni di chilometri tra Svizzera e Germania. Costo: 5 milioni e 602.000 euro (poco più delle consulenze alla famigliola dell'archivio, insomma). Qualcuno fa notare: non sarebbe meglio comprare qualcosa di più efficiente? «Questi treni non hanno impianto di climatizzazione e i finestrini non si aprono. Inoltre, quando viaggiano sopra ai 100 km all'ora fanno un rumore insopportabile» dice la relazione. Non importa: si procede lo stesso all'acquisto. E così fra mille ostacoli burocratici, nel febbraio 2010 i treni arrivano finalmente a Bari. E che succede? Cominciano a viaggiare? Macinano chilometri? Trasportano milioni di pendolari? Macché: rimangono fermi per cinque anni. La prima volta che si muovono è il 23 marzo 2015. Prima uscita non proprio soddisfacente: il convoglio partito da Bari si ferma a Turi, dopo pochi chilometri e chiede ai mezzi di soccorso di essere riportato indietro. Lasciamo la conclusione al commissario: «I tre treni Stadler, costati 5.602.683 euro, per i quali ancora si paga un leasing di 439.000 euro annui che gravano sul bilancio d'esercizio, non hanno mai trasportato un passeggero, due addirittura non sono riusciti a percorrere neppure pochi metri, uno ha effettuato pochi chilometri di prova, rientrando in stazione ingloriosamente trainato». Ma, nel frattempo, scusate: tutti quei consulenti strapagati che facevano? Nessuno che si sia accorto di nulla? Possibile? E che li pagavamo a fare?

Niente. Nessuno si è accorto di nulla. E nessuno si è accorto neppure dell'altra operazione geniale della gestione Fiorillo, quella dei «treni d'oro», rivelata da «Repubblica» nell'ottobre 2014, e che resta un capolavoro insuperato nello spreco del denaro pubblico italiano. In sintesi le Ferrovie del Sud Est hanno comprato 25 carrozze dalla Germania per 912.000 euro e le hanno rivendute a una società polacca, la Varsa, per 7 milioni, e subito dopo le hanno ricomprate, dalla medesima Varsa, per 22,5 milioni di euro. Comprano a 0,9, vendono a 7, ricomprano a 22,5: dov'è l'inganno? Come si giustifica la maxispesa? «Nel frattempo quelle carrozze sono state ristrutturate» rispondono. Sarà. Ma, nel caso, non si è mai vista ristrutturazione più costosa. E soprattutto, più inutile. Le carrozze d'oro, infatti, non sono mai state utilizzate. Sono state filmate nel giugno 2017 dalle telecamere di «Dalla vostra parte», la trasmissione di Rete4, ferme nella stazione di Gallipoli, dove sono sempre state, fra l'erba alta, in stato di totale abbandono. L'unica volta che si sono messe in moto, infatti, è per percorrere il tragitto dalla Polonia alla Puglia…

E provare a comprare una volta un treno nuovo? Ma sì, perché no? Nel 2009, le Fse si lanciano nell'avventura. Anche perché ci sono a disposizione i fondi europei. Eccoli lì: 27 treni, nuovi fiammanti, prodotti dalla gloriosa azienda polacca Pesa, centosessant'anni di storia alle spalle. E a chi si rivolgono le Fse per questo acquisto così importante? Direttamente alla Pesa? Al proprietario? All'amministratore delegato? Alla sua rete commerciale? Macché: hanno bisogno di un intermediario. E chi è? Guarda caso, proprio la Varsa, la stessa con cui hanno trafficato per i vagoni d'oro. Evidentemente si trovano bene con loro. Il risultato, però, non è altrettanto soddisfacente per i contribuenti. Le Ferrovie del Sud Est, infatti, in questa operazione spendono 92,6 milioni: 80 vanno alla Pesa per i treni; 12,6 alla Varsa per l'intermediazione. Una provvigione di 12,6 milioni di euro? Per siglare un unico contratto? Non sarà troppo? E non è troppo pagare 3,47 milioni di euro ogni singolo treno? Per la guardia di finanza sì, e infatti indaga. Ma ricordatevi questo episodio perché tra poco ne riparleremo.

Nel frattempo non dimenticate, però, che tutto questo spreco di cui stiamo parlando è pagato da soldi pubblici. E lo sarà ancora. Ora, infatti, le Fse sono passate a Trenitalia, la società delle Ferrovie italiane, che fa capo al ministero dell'Economia. E inoltre continueranno a incassare 150 milioni di euro l'anno dalla Regione Puglia fino al 2021, secondo quanto previsto dal contratto di servizio. A cui si sommano altri 520 milioni di investimenti pubblici (420 per le infrastrutture e 100 per nuovi treni e bus). In totale sono, fra il 2017 e il 2021, 1 miliardo e 270 milioni. Dicono che nel corso del 2018 si dovrebbero cominciare a vedere i benefici. Sarà. Per il momento restano i disservizi, una rete fatiscente, i treni mai utilizzati, i debiti, i fornitori che verranno pagati la metà (con il concordato preventivo), i passeggeri infuriati, il binario unico, l'assenza di sicurezza, i ritardi e che altro ancora? Ah già, dimenticavo: restano anche i 180 milioni sequestrati a Paperon Fiorillo. Per lui sì che i treni della Puglia hanno funzionato bene.

Puglia/2. Il conte del binario unico (che porta i soldi nei paradisi fiscali)

Per la verità, i treni della Puglia hanno funzionato bene anche per altri. Prendete la famiglia Pasquini, quella del conte Ugo: nel 1937 fondò la Ferrotramviaria, che oggi gestisce 70 km di ferrovie e 128 chilometri di linee autobus nel Nord barese. I bilanci sono sempre stati in attivo, anche grazie al generoso contributo pubblico che oggi prevede uno stanziamento di 43 milioni di euro l'anno: nel 2015 la società ha realizzato 3,9 milioni di utili, nel 2016 «solo» 1 milione (1.075.286 per l'esattezza). Soldi che per lo più (769.250 nel 2016) finiscono in tasca ai sette soci che si spartiscono i dividendi. Una fortuna, no? Peccato che i sistemi di sicurezza sui treni della Ferrotramviaria non siano altrettanto fortunati, come ha dimostrato il tragico incidente del 12 luglio 2016 sulla linea Bari-Barletta nella tratta fra Andria e Corato, nel quale 23 persone rimasero uccise e 50 ferite. In quella tratta, a tutt'oggi, c'è ancora il binario unico. E il sistema di controllo è antiquato, basato sulla telefonata tra i capistazione delle stazioni di partenza e d'arrivo. Drin, pronto, chi parla? 23 morti. Appesi al filo del telefono. Secondo la Procura, che nel dicembre 2017 ha chiuso le indagini, sarebbero bastati 664.000 euro per installare un sistema minimo di sicurezza che avrebbe evitato la tragedia. E invece niente: il sistema minimo non c'era, il raddoppio del binario nemmeno. Quest'ultimo a tutt'oggi è ancora fermo alla fase di progettazione, che a quanto pare è piuttosto lenta. Al contrario degli utili che, invece, corrono sempre velocissimi nelle tasche dei soci.

Ma chi sono i Pasquini? Lui, il conte Enrico Maria, 69 anni, grande vecchio della famiglia, per tanti anni punto di riferimento della Ferrotramviaria, è un personaggio noto più alle cronache finanziarie e giudiziarie che a quelle ferroviarie. Mentre guidava i treni della Puglia, infatti, si è creato un lavoro parallelo: gestire i soldi dei ricchi. Lo fa attraverso le sue società nella Repubblica di San Marino, a cominciare dalla Smi, San Marino Investimenti, fra i cui 1460 clienti figuravano, tra gli altri, il cantante Zucchero, il padre di Valentino Rossi, gli allora presidenti del Cesena calcio Igor Campedelli e del Bologna Giuseppe Gazzoni Frascara, il re dei salumi Levoni, quello delle cucine Berloni, delle acque Uliveto e Rocchetta. Purtroppo si è scoperto che un po' dei soldi gestiti dalla Smi finivano nei paradisi fiscali, in modo non del tutto regolare. Per questo Pasquini è stato condannato in primo grado a 4 anni di carcere, pena poi ridotta in appello a 1 anno e 6 mesi. Non vogliamo entrare nel merito delle responsabilità, per quel che ci interessa basta sapere che l'attività finanziaria deve averlo occupato non poco. Forse è per questo che il conte Enrico Maria non ha trovato il tempo e il modo per mettere in sicurezza le linee ferroviarie che aveva in gestione, nonostante i numerosi finanziamenti regionali ed europei a disposizione. Anche se, va detto, nel luglio 2013 quando si è trattato di inaugurare il nuovo tratto, Bari centrale - aeroporto, fiore all'occhiello della nomenklatura locale, il tempo per presenziare l'ha trovato. Eccome se l'ha trovato: infatti se ne stava lì, a bearsi in prima fila, in mezzo ai ras pugliesi, orgoglioso di quel taglio del nastro costato 71 milioni di euro. Altri soldi pubblici, ovviamente, destinati ad arricchirlo ancora di più.

Bel personaggio, Pasquini. Suo nonno, don Juan Teixidor Y Pons, era ambasciatore della Spagna franchista. Suo padre era plenipotenziario di San Marino presso il Sovrano Ordine dei Cavalieri di Malta e cavaliere di Malta lui stesso. Per essere all'altezza della nobile tradizione famigliare, lui ha sposato Clara Nasi, figlia del barone Emanuele, cugino di Gianni Agnelli. Il legame con la Real Casa di Torino non è mai venuto meno, tanto è vero che il figlio Emanuele Maria è stato fino al gennaio 2017 socio, seppur con una piccolissima quota, della accomandita Giovanni Agnelli e C., la cassaforte di famiglia. Il conte, per altro, era così ben ammanicato con le autorità di San Marino da essere nominato ambasciatore della piccola Repubblica a Madrid. Don Juan sarebbe stato fiero di lui. I pendolari italiani, per la verità, un po' meno.

Infatti sarebbe stato bello se questa intensa attività finanziaria, nobiliare e diplomatica, questa rete di rapporti con l'alta società, questo vortice di denari in giro per il mondo avessero prodotto anche, di sfuggita, almeno il doppio binario sulla tratta Andria-Corato. Invece, nulla. L'uomo che stava di casa con gli Agnelli, che trattava con l'Ordine di Malta, che faceva il diplomatico a Madrid, che gestiva i capitali dei vip italiani, che frequentava i paradisi fiscali come se fossero il bar sotto casa si è fermato impotente di fronte al sistema di sicurezza di Barletta scalo. Possibile? Possibilissimo. Tanto che si è arrivati al patatrac. Ma nel frattempo lui se l'era squagliata. Nel 2014, infatti, dopo la prima condanna, Pasquini ha lasciato l'incarico alla sorella Gloria Maria, sposata pure lei con un nobile, Andrea Pavoncelli, titolare della United Investment Bank delle Vanuatu (il paradiso fiscale va forte in famiglia). A sua volta però, anche la sorella di Pasquini ha lasciato. È successo nel giugno 2017, un anno dopo l'incidente mortale, mentre tutto attorno infuriavano le polemiche sui mancati adeguamenti e sulla sicurezza ancora insufficiente. Al suo posto, alla chetichella, è stato eletto presidente di Ferrotramviaria Antonio Ricco detto Tonino, storico collaboratore del governatore della Regione Michele Emiliano.

Così per la prima volta, dopo decenni e decenni, Ferrotramviaria non ha un Pasquini alla guida, ma un uomo con un solido passato al servizio del settore pubblico (dall'Italstat all'Asl di Andria). La famiglia si sfila dai posti di comando, anche se non riesce a evitare di finire nei guai giudiziari: sia Enrico sia la sorella Gloria sono infatti indagati dalla Procura per non aver adottato «provvedimenti urgenti» di sicurezza che avrebbero certamente evitato la tragedia. Nel dicembre 2017 si aggiunge anche l'accusa di «malversazione». Loro negano con comunicato ufficiale («malversazione inesistente»), ma secondo i calcoli della Gdf negli ultimi anni quasi 100 milioni di fondi pubblici (97 per l'esattezza) erogati per la sicurezza sarebbero stati dirottati altrove. E sarebbero andati a gonfiare il flusso di utili che finiscono in tasca ai sette soci. A proposito: sapete chi c'è tra quei sette soci? Cominciamo: Pasquini Gloria (25,41 per cento), Pasquini Patrizia (11 per cento), Pasquini Ughetta (12,239 per cento), Pasquini Emanuele Maria (12,705 per cento)... E naturalmente Clara Nasi, moglie del conte, imparentata con gli Agnelli (12,705 per cento).

A loro i soldi, ai pendolari la frustrazione. Perdete ogni speranza o voi che entrate in stazione: in Puglia ci dev'essere, evidentemente, qualche sortilegio che corre sui binari. Anche la terza concessionaria per dimensione, infatti, le Ferrovie Appulo Lucane, ha fatto spesso parlare di sé in termini non propriamente entusiastici. Tanto è vero che in zona sono state soprannominate Ferrovie Appulo Lumache. Per lo meno qui il socio è interamente pubblico, il ministero dei Trasporti, e i bilanci in attivo (quasi 4 milioni di euro), ma resta da capire come sia possibile che la Bari-Matera, costruita nel 1915, sia rimasta dopo 103 anni esattamente come allora: binario unico e scartamento ridotto. Per percorrere i 74 chilometri che separano le due città ci vogliono 1 ora e 39 minuti. Fra l'altro Matera, che nel 2019 sarà capitale europea della cultura, è l'unico capoluogo di provincia italiano a non avere un collegamento ferroviario a scartamento ordinario. E dire che i soldi non sono mancati: le Ferrovie Appulo Lucane incassano ogni anno circa 20 milioni dalla Puglia e altrettanti dalla Basilicata per il contratto di servizio (40 milioni di euro in totale); tra il 2009 e il 2016 hanno ricevuto 123 milioni di fondi europei per lo sviluppo regionale e di recente altri 46 milioni destinati proprio dal governo allo sviluppo della Bari-Matera. La domanda è sempre la stessa: ma dove finiscono tutti questi soldi?

Dove finiranno i soldi appena stanziati, lo vedremo in futuro. Su dove sono finiti quelli passati qualche sospetto c'è. Nel 2015 la Procura ha aperto un'inchiesta per assunzioni e consulenze sospette. Un'indagine giornalistica del «Quotidiano Italiano» ha svelato una vera e propria Parentopoli. Siamo pur sempre un popolo di eroi, navigatori e cognati, no? Teniamo famiglia: in particolare, da queste parti, grande successo ha riscosso la pratica dell'assunzione dei figli dei sindacalisti. C'era addirittura l'abitudine di convocare riunioni, con tanto di ordine del giorno fissato: «Assunzione dei figli». «Se i figli dei dipendenti sono capaci e meritano perché escluderli? Dov'è lo scandalo?» ha spiegato a «Repubblica» l'ex presidente delle ferrovie, Alessandro Tamburrino. In effetti: dov'è lo scandalo? Gli assunti oggi sono 551. Per il personale si spendono 26 milioni di euro, dieci volte di più che per le manutenzioni. E sulla Bari-Matera si viaggia ancora come nel 1915…

Milano: con i soldi dei treni si comprava pure i film porno

Non dovete però pensare che il binario morto sia un'esclusiva della Puglia, o del Sud o del Centro-Sud. Macché. Prendete le Ferrovie Nord di Milano. Ogni tanto, non foss'altro che per il nome, vengono vendute come il fiore all'occhiello della pianura padana, dimostrazione viaggiante dell'efficienza lumbarda. E forse anche per questo la notizia dell'incidente a Pioltello, il 25 gennaio 2018, ore 6,57 del mattino, ha choccato tutti: deraglia il treno dei pendolari, tre donne morte, un centinaio di feriti. Le foto del binario rotto fanno subito il giro del Paese: tutti vedono i 23 centimetri mancanti, la tavoletta di legno che sostiene un rattoppo evidentemente inutile e soprattutto quel binario nuovo, appoggiato lì di fianco. Avrebbero dovuto sostituirlo. E perché non l'hanno fatto? A bordo del regionale Trenord, Cremona-Milano, c'erano 250 persone, accanto alle rotaie scorre la linea ad alta velocità: è stata una tragedia, poteva essere una catastrofe. Fra l'altro, già il 23 luglio 2017 c'era stato un deragliamento sulla stessa linea. Solo una coincidenza? Problema diverso? Non c'entra nulla? Può essere. Così come è vero che la gestione dei binari in quel tratto non dipende dalla società della Lombardia, ma da Rfi, la Rete ferroviaria nazionale. Però, alla fine, poco conta: i volti di quelle tre donne uccise all'alba mentre andavano a lavorare sono un coltello piantato dentro l'orgoglio in salsa di zafferano. E Trenord contribuisce ad aumentare il dolore: «Circolazione interrotta a causa di un inconveniente tecnico» scrive su Twitter subito dopo lo schianto. Sprazzo di insensibilità degno di un cobra.

Trenord fa parte del gruppo Fnm-FerrovieNord, la holding regionale che gestisce i treni della Lombardia: 2000 chilometri di binari, oltre 400 stazioni, 700.000 passeggeri al giorno, che vengono stipati dentro vagoni sovraffollati, su linee obsolete, tanto che la Cremona-Milano viene indicata dal rapporto Pendolaria di Legambiente come una delle peggiori d'Italia. La manutenzione è scarsa, gli incidenti frequenti, i ritardi figurarsi. E le carrozze sono vecchie:

età media 17 anni e mezzo, la metà supera i 30 anni, ce n'è qualcuna che tocca addirittura quota 65 anni. Non sarebbe ora di andare in pensione? Che in Lombardia sia arrivata la Fornero anche per il materiale rotabile? Nel luglio 2017, dopo l'ennesima rivolta dei pendolari, la Regione ha varato un piano d'emergenza per l'acquisto di 161 treni (costo totale 1,5 miliardi). Ma quando arriveranno? E soprattutto: non era possibile, considerata l'efficienza padana, muoversi un po' prima?

In effetti qualche treno, in passato, le Ferrovie Nord lo hanno comprato. Ma pochi. E con scelte non proprio oculate. Tutt'altro. Prendete per esempio l'ordine del 2009: sentendo l'esigenza di portare in Lombardia due nuove motrici, a chi si sono rivolti i dirigenti delle Ferrovie Nord? Alle Ferrovie del Sud Est. Proprio loro. Quelle che ne combinano di tutti i colori. Quelle dei treni d'oro inutilizzati. Quelle che comprano a 912.000, vendono a 7 milioni e ricomprano a 22,5 milioni. Quelle che spendono e spandono per lasciare locomotive ferme in stazione. Bella scelta, no? È un po' come se uno, dovendo comprare un canarino, chiedesse una consulenza a Gatto Silvestro. Gnam gnam, buon appetito.

E infatti: ricordate quei 27 treni Pesa comprati dalle Fse, tramite la commissione d'oro della società polacca Varsa, e pagati 3,47 milioni di euro l'uno? Ricordate che vi avevamo detto di tenere a mente l'episodio? Ebbene, ecco qui spiegato l'arcano: due di quei treni (precisamente i numeri 20 e 21) sono partiti dalla Polonia e, passando virtualmente per la Puglia, sono finiti in Lombardia. Ma non erano troppo cari? Macché. Addirittura, non contenti del prezzo, i milanesi hanno aggiunto altri 500.000 euro a quanto sborsato dalle Ferrovie del Sud Est. Non li hanno pagati 3,47 milioni (che già parevano tanti soldi, forse troppi), ma 4 milioni di euro l'uno. Il resto mancia. E non se ne parli più.

Qualcuno penserà a questo punto che, con quel prezzo, le Ferrovie Nord si siano portate a casa delle macchine indistruttibili, fulmini di guerra, veri prodigi della tecnologia. Macché. I due treni costati la bellezza di 8 milioni di euro, e ribattezzati Luca e Sofia, manco fossero due bimbi, hanno viaggiato malamente sulla linea Brescia-Iseo-Edolo per qualche tempo senza farsi particolarmente amare. Spesso rotti, spesso in manutenzione, hanno lasciato i pendolari a piedi a più non posso, fino a quando, fra il 2015 e il 2016, hanno ottenuto il prepensionamento definitivo. Appena 6 anni di servizio per 8 milioni di euro. La calcolatrice non mente: quei due treni sono costati 3600 euro al giorno. E quasi ogni giorno hanno reso la vita impossibile ai viaggiatori, fino ad arrivare alla rottamazione anticipata...

Chi invece la vita se l'è resa assai facile sono stati i dirigenti delle Ferrovie Nord. Lo storico presidente, Norberto Achille, per esempio, è stato condannato nell'ottobre 2017 a 2 anni e 8 mesi per aver fatto spese pazze (e personali) con i soldi dell'azienda. Cioè con i soldi nostri. Fra l'altro si concedeva: serate al Twiga in Versilia, serate al Just Cavalli di Milano, viaggi a Formentera, dipinti antichi di valore, articoli di profumeria, shopping nelle migliori boutique (da Prada Uomo ad Armani Privé), penne Montblanc, argenteria, scommesse sportive e poker online, la toelettatura del cane, la spesa del fruttivendolo, l'iscrizione al circolo sportivo milanese Harbour Club, gli occhiali da sole, la spesa all'Esselunga, la spesa in pasticceria, il noleggio di un'auto in California e financo abbonamenti alla Tv con acquisto di film porno. Film porno, ebbene sì: non stiamo scherzando. Li hanno comprati davvero. Con i soldi destinati ai treni. E a questo punto non possiamo fare a meno di chiederci: come s'intitoleranno quei film porno comprati con i soldi destinati ai treni? Binario Hot? Stazione Selvaggia? Coincidenza erotica alla stazione di Caronno Pertusella? In ogni caso non c'è da stupirsi se i convogli delle Nord restano ancora oggi fermi in stazione troppo a lungo in attesa del semaforo verde. Ovvio: più che semafori verdi, i dirigenti sono stati impegnati per anni ad accendere luci rosse...

Ma Achille, con i soldi dell'azienda, non pagava soltanto i video porno. Che cosa pensate? Lui è sempre stato un padre premuroso, molto attaccato alla famiglia. E infatti, con i soldi dell'azienda, pagava anche i telefoni della moglie, e soprattutto i telefoni e le auto dei due figli: il primogenito, Marco, esuberante e muscolare, amante del lusso e fondatore di una palestra di boxe, viaggiava con la Bmw serie 5 in leasing aziendale (paparino gli pagava anche le numerose multe); il secondogenito Filippo usava direttamente l'Audi delle Ferrovie Nord con tanto di autista per farsi portare a zonzo per la città o al tennis club. Non hanno smesso di pretendere dal padre i ricchi benefit neppure dopo che è scoppiato lo scandalo, come dimostrano le intercettazioni che registrano le litigate domestiche. A un certo punto Babbo Pagatore, esasperato, ha detto no. Basta. E per tutta risposta, il più piccolo dei due fratelli lo ha pestato a sangue.

Fra l'altro è una beffa pensare che i soldi dei trasporti pubblici finiscano abbondantemente a finanziare auto private. Proprio le auto: vi pare? È paradossale: i treni vanno lenti per pagare le auto veloci dei dirigenti. E dei loro figli. «Stai andando in giro con quale macchina? La Bmw?» chiede Norberto Achille al figlio Marco in una delle intercettazioni finite agli atti. E poi lo supplica: «Ascolta: multe, lo sai... E non mostrare il Rolex d'oro, hai capito?». Il ragazzo, infatti, era solito far sfoggio di un orologio tempestato di brillanti del valore di 54.000 euro. «Adesso è un casino girare con due macchine» insiste il babbo quando si accorge che lo scandalo sta saltando fuori. Il figlio s'arrabbia: «Bastardi». Ma lui lo zittisce: «Abbiamo sbagliato noi». Al processo che l'ha condannato ha detto: «Mi vergogno, sono in imbarazzo per questa vicenda». Gli hanno contestato 429.000 euro: 17.000 dilapidati in ristoranti e locali notturni, 14.000 in abbigliamento, 124.000 per le spese telefoniche di moglie e figli, 7.600 per l'abbonamento a Sky, comprensivo di film hot... Tutti acquisti che sono stati pagati con la carta di credito aziendale, sempre puntualmente. Perché, si sa, la puntualità dei pagamenti è importante. È la puntualità dei treni che può anche aspettare. Come la sicurezza.

Umbria: i treni restano fermi, i soldi finiscono in Brasile

Eppur non si muove. L'unica cosa certa, infatti, è che dal 12 settembre 2017 la Ferrovia Centrale Umbra è un binario morto: la circolazione dei treni è sospesa fino a data da destinarsi. Non era mai successo dal 1886: la rete di 157 chilometri che attraversa la regione, da Sansepolcro a Terni, passando per Città di Castello, Perugia e Todi, proprio lì, nel cuore dell'Italia, arteria vitale utilizzata ogni giorno da migliaia di pendolari, è stata chiusa. Dicono che si faranno i lavori. Che riaprirà. Può essere. Ma lo dicevano già nel 2015: «Cominciamo i lavori e finiamo subito» assicuravano. Si è visto, come sono cominciati. Si è visto come sono finiti subito. La Ferrovia Centrale Umbra è chiusa. Al suo posto gli autobus, che però restano semivuoti. *Partono i bus, spariscono i passeggeri,* titolano i giornali locali. Davanti alle stazioni desolate i manifesti di protesta: «Treno, perdona loro perché non sanno quello che fanno».

Ma questa non è soltanto una storia di italico disservizio, inefficienza e ritardi. No: dietro la chiusura della Ferrovia Centrale Umbra si nasconde uno dei grandi scandali italiani, che finora è stato tenuto coperto, forse perché troppo imbarazzante. Nessuno ne parla. Eppure nell'estate 2017 la Procura di Perugia ha aperto un'inchiesta, la Corte dei Conti ha messo sotto accusa 45 amministratori e dirigenti, a cominciare dalla presidente Catiuscia Marini. E la combattiva consigliera regionale dei 5 Stelle, Maria Grazia Carbonari, ha ottenuto una commissione d'inchiesta che a ottobre 2017 ha cominciato i suoi lavori. Si riuscirà, con tutto questo, a far luce sull'enorme buco nero dei trasporti umbri? Il problema, infatti, non è tanto che qui sono spariti i treni. Il problema è che qui sono spariti i soldi. E tanti.

La società che gestisce i trasporti a Perugia e dintorni si chiama Umbria Mobilità. Nata nel 2010 dalla fusione di sette diverse aziende, nel 2014 ha ceduto le attività operative a Bus Italia, il braccio armato delle Ferrovie dello Stato, per il quale ovviamente il servizio sostitutivo è un affare.

Umbria Mobilità è rimasta una specie di bad company, con 60 dipendenti (di cui 3 dirigenti e 6 quadri), ricavi inferiori ai costi operativi e debiti per 115 milioni di euro. La radiografia di un disastro, insomma. Un disastro che, però, continua ad assorbire denaro dei contribuenti: 4,8 milioni l'anno di trasferimenti ordinari dalla Regione, più 17 milioni come anticipo di cassa sempre dalla Regione, più 6,5 milioni del Fondo nazionale trasporti. Come se non bastasse, con la manovrina del maggio 2017 il governo ha stanziato altro denaro fresco per i trasporti dell'Umbria: 45,82 milioni di euro. Come si diceva: i treni non viaggiano più. I quattrini invece...

La verità è che a Umbria Mobilità i quattrini non sono mai mancati. Anzi: ne ha avuti fin troppi. Semplicemente non sono mai serviti per rendere il servizio più efficiente. E allora? Dove sono andati a finire? La breve storia della società è un campionario di sprechi. Il caso più celebre è quello dei 4 treni elettrici, chiamati Pinturicchio, comprati per 13 milioni di euro e rimasti a marcire in deposito, inutilizzati. Perché sono rimasti inutilizzati? Per un motivo semplicissimo, lo spiega sempre l'ingegner Mauro Fagioli, direttore di Umbria Mobilità, nell'audizione del 3 luglio 2017 davanti alla commissione regionale per le attività economiche: «Perché mancano 5 chilometri (su 157) di linea elettrificata». Non è meraviglioso? Si comprano i treni elettrici ma non ci si preoccupa che la linea sia elettrificata. Mancano 5 chilometri. Pare siano strategici. Senza quei 5 chilometri, il resto dell'elettrificazione non serve a nulla. Ma allora perché non si completa l'opera? Ah già, non ci sono soldi. Proprio così: ci sono soldi per elettrificare 152 chilometri, ma per quei 5 proprio no. Che volete fare? È la sfortuna: per un punto, Martin perse la cappa, per 5 chilometri l'Umbria perse il treno. Soltanto un dubbio: come mai, se non ci sono soldi per 5 chilometri di elettrificazione, ci sono invece e in abbondanza (13 milioni) per comprare convogli che stanno fermi in stazione?

È una bella domanda. Ma qui a Umbria Mobilità forse non se la sono mai fatta. In effetti nel corso degli anni la società, finanziata generosamente dal denaro pubblico, ha sempre trovato soldi per comprare tutto quello che voleva. Così è arrivata a contare partecipazioni addirittura in 40 diverse società, dalle energie alternative alla produzione di tornelli, dalle banche alle assicurazioni Unipol, passando per la gestione dei parcheggi, l'Alto Chiascio Energie e l'associazione Carta Unica Orvieto. Quasi uno shopping finanziario compulsivo. Nei tempi d'oro (brevissimi peraltro) Umbria Mobilità contava su partecipazioni nelle principali aziende di trasporto italiane, dal Veneto all'Abruzzo, e si è impegolata con grande acume pure nel sistema romano dei trasporti. «Sarà il nostro fiore all'occhiello» dicevano tutti fieri a Perugia, subito dopo la firma del contratto, ricordando quegli esploratori da barzelletta della «Settimana Enigmistica» che proclamano: «Abbiamo trovato la strada giusta per salvarci», mentre s'infilano nelle sabbie mobili. Ma perché limitarsi a Roma? In effetti: Umbria Mobilità s'è spinta in Ucraina (con l'Akcyatur), in Serbia (con la Ergyn), in Polonia e persino in Brasile. Dal parcheggio di Genzano a Copacabana, avanti con gli investimenti arditi, milioni di milioni, come le stelle di Negroni. E pazienza se, nel frattempo, le ferrovie umbre cadono a pezzi. Cosa volete che sia di fronte alla prospettiva di sbarcare a Rio de Janeiro?

Voi vi chiederete: chi ci guadagna in tutta questa samba? Non voglio annoiarvi con troppi nomi, parentele, manager, amministratori, superburocrati, che spesso hanno rivestito più ruoli incrociati nella grande rete di società che facevano capo a Umbria Mobilità. Annotatevi solo questo nome: Paolo Paduano. A molti di voi non dirà nulla. Però è stato per anni il direttore generale, vera mente operativa, plenipotenziario della società. Il suo lavoro era ben retribuito: da una classifica pubblicata dal quotidiano «La Nazione» il 14 aprile 2005, quando non era ancora capo della grande Umbria Mobilità ma solo di una delle sette società che confluiranno in essa, risultava già uno dei manager pubblici più pagati dell'intera regione (370.000 euro l'anno). In più va detto che, oltre a quell'incarico principale, ha sempre saputo unire altre poltroncine nel settore dei trasporti, alcune delle quali collegate con Umbria Mobilità, e tutte, si suppone, debitamente retribuite: è stato infatti consigliere di Veneto bus, di Lazio mobilità, delle autolinee Romane Sira, del metrò di Perugia, di Paoli bus, senza contare le sue attività parallele nelle aziende di ingegneria, riparazione, coltivazione frutti oleosi e financo fabbricazione articoli sanitari in ceramica. Un vero collezionista di poltrone, insomma, anche se ora gliene sono rimaste «solo» sei.

A un certo punto Paduano viene anche sospettato di vendere autobus della società pubblica a una società privata di cui fanno parte la moglie e la figlia. La società pubblica di trasporti è la Apm, di cui lui è superdirigente con stipendio d'oro. La società di trasporti privata è la Autoservizi Fonti Srl, nella quale hanno partecipazioni moglie e figlia. La vendita avviene attraverso una società polacca, la Radtur, controllata da Apm. Il 5 settembre 2008 un'interrogazione del consigliere comunale di Forza Italia Massimo Monni chiede di far luce sulla vicenda: perché quei due autobus sono stati venduti? A che prezzo? E perché sono stati venduti attraverso la società polacca? C'entrano qualcosa le partecipazioni azionarie di moglie e figlia in Autoservizi Fonti Srl? Ed è normale che un dirigente di un'azienda pubblica venda autobus a una società di cui sono azioniste moglie e figlia? Quell'interrogazione non ha mai avuto risposta. In compenso il 12 settembre 2008, sette giorni dopo la sua presentazione, la moglie e la figlia di Paduano hanno venduto le loro quote in Autoservizi Fonti Srl.

Lo vedete che cosa si scopre a cercare dentro il buco nero di Umbria Mobilità (a questo punto: Umbria Immobilità)? I treni elettrici comprati con i nostri soldi che marciscono in deposito, gli investimenti in Brasile, gli autobus venduti alle società di moglie e figlia. E tante altre domande ancora senza risposta. A tal punto che la Corte dei Conti ha contestato alla Giunta regionale danni erariali per 45 milioni di euro, le Procure stanno indagando e una commissione d'inchiesta regionale sta cercando di far luce. Speriamo ci riesca. Perché ho l'impressione che, se si vuole davvero capire il motivo per cui in Italia i servizi di trasporto costano tanto e fanno schifo, bisogna proprio avere il coraggio di guardare fino in fondo dentro questo buco nero. Dentro questo sciagurato modello Umbria. A cominciare da quella clamorosa audizione del 3 luglio 2017, voluta sempre dalla consigliere dei 5 Stelle, Maria Grazia Carbonari, in cui il direttore di Umbria Mobilità Fagioli, parlando davanti alla commissione regionale, ammette candidamente: «Non facciamo più manutenzione». Da quanto? «Quella straordinaria da otto anni almeno.» E quella ordinaria? «Dall'agosto 2015. Ho ricevuto una comunicazione dell'azienda che dovevo interromperla.» Nessun intervento? Nessuno. Neppure per tagliare gli arbusti lungo i binari? Nemmeno. E perché? «Perché non c'erano risorse disponibili.» Ma come? Non ci sono risorse? Possibile? La Regione non versa 4,8 milioni di euro ogni anno? «Sì.» E quei soldi dove finiscono? «La metà serve per gli stipendi.» E il resto? Il resto è silenzio. Il resto è roba da Avvoltoi.

Sicilia: sui binari corrono veloci soltanto le tangenti

Volete avere un'idea dello sfascio dei trasporti in Sicilia? Basta guardare l'orario ferroviario. Per andare da Trapani a Siracusa in treno ci vogliono 11 ore e 58 minuti. Sissignori: 11 ore e 58 minuti. Tre ore in più che volare da Milano a New York, due ore in più che volare da Milano a Miami. Nello stesso tempo, addirittura, si riuscirebbe a fare un volo andata e ritorno con Doha nel Qatar. Ma a differenza dei voli con il Qatar, che sono almeno una dozzina al giorno, per andare da Trapani a Siracusa c'è un'unica possibilità: si parte alle 5.45, si arriva alle 17.43. Se perdete quella corsa siete rovinati. Dovete aspettare il giorno dopo. Costo del biglietto: 23 euro e 10 centesimi. Che non è nemmeno poco. Ma si capisce: se vi scarrozzano un'intera giornata qualcosa dovranno pur guadagnare, no?

Chi invece vuole andare da Trapani a Palermo è più fortunato: ci vogliono «solo» 4 ore e 12 minuti. Però va detto che fra Trapani e Palermo ci sono 100 chilometri appena, in auto quel tragitto lo si percorre in poco più di un'ora. Possibile che correndo sui binari (correndo: si fa per dire) ci voglia il quadruplo del tempo? Per non dire poi dei ritardi. E del numero risicato delle corse. In tutta l'isola ogni giorno si muovono appena 429 treni: la metà di quelli della Toscana, un sesto di quelli della Lombardia. Secondo il dossier Pendolaria di Legambiente, in otto anni, fra il 2010 e il 2017, i servizi ferroviari dell'isola hanno subito un taglio del 12,1 per cento a fronte di un aumento delle tariffe del 7,7 per cento. E i treni che circolano hanno un'età media da pensionamento: 23,2 anni.

E pensare che, in Sicilia, i soldi per i trasporti pubblici non sono mai mancati. Anzi, ce ne sono sempre stati tanti. A pioggia. A cascata, oserei dire. E continuano a essercene. Infatti, quando nel maggio 2017 il ministro Graziano Delrio sbarca a Palermo per fare il punto sulla «cura del ferro», snocciola dati che valgono una maxifinanziaria: «Abbiamo pronti 9,8 miliardi di euro che si aggiungono ai 18 miliardi di euro già stanziati». Inoltre l'Ast, l'azienda dei trasporti siciliana, incassa ogni anno quasi 30 milioni di euro dalla Regione Sicilia (28,8 stando all'ultimo bilancio). E allora la domanda è sempre la stessa: ma dove li mettono tutti questi soldi? Dove finiscono, se le strutture continuano a essere residui dell'Ottocento e i treni reperti da museo? Possibile che, nonostante stanziamenti e tariffe in aumento, tutto resti sempre uguale? Possibile che, nonostante quella pioggia di quattrini, ancora oggi per attraversare l'isola ci vogliano quasi 12 ore, il doppio di quello che ci vuole per andare nel Qatar?

Come al solito non abbiamo risposte complete. Ma qualche indizio sì, quello lo possiamo trovare. Per esempio, prendete l'ex presidente dell'Atp, Dario Lo Bosco. Lui era uno degli uomini potenti dell'isola, un vero e proprio padrone dei trasporti. Per quasi vent'anni è stato presidente dell'Ast, l'azienda dei trasporti siciliana, dal 2010 al 2015 anche presidente di Rfi, Rete ferroviaria italiana. Ebbene, nel settembre 2017 è stato condannato in primo grado a

4 anni e 2 mesi di carcere per aver favorito un imprenditore: avrebbe acquistato con denaro pubblico un «gancio ferroviario», un sistema tecnologico che avrebbe dovuto portare immensi benefici ai viaggiatori. E che invece, a quanto pare, ha portato soltanto una tangente di 58.650 euro nelle tasche del medesimo Lo Bosco.

Bel personaggio, quest'ultimo. Agrigentino di Raffadali, già docente universitario di ingegneria, già vicepreside all'università, già commissario straordinario della Camera di Commercio, già nel consiglio direttivo di Confindustria Palermo, doppiopetto con taglio sartoriale e abbondanza di cachemire, ottima presenza, frequentazioni top, è sempre stato abile a coltivare amicizie importanti. Infatti è sempre andato d'accordo con tutti i governatori, di destra, di sinistra, di centro. «Uno nessuno centomila», lo ha etichettato il quotidiano «La Sicilia» svelando il suo segreto: «Essere a disposizione di tutti, avendo tutti (o quasi) a disposizione». È così che, probabilmente, è finito anche sul libro mastro delle tangenti dell'imprenditore Massimo Campione. Segnatevi questo cognome, lo ritroveremo presto: Campione viene beccato il 3 settembre 2015 all'aeroporto di Palermo con le mani nella marmellata delle mazzette. In tasca ha la lista dei pagamenti da effettuare (fra cui Lo Bosco). Sulle labbra tutta la disperazione, intercettata dagli agenti: «Chi cui cuntu ora? Chi cui cuntu ora di sti cosi?... Intra a bursa c'erano tutti cosi... nomi... cugnumi... Cunsumatu sugnu...». Consumatu sugnu, per l'appunto. Sono rovinato. E non solo lui.

Lo Bosco, detto «il Professore», finisce agli arresti domiciliari, poi a processo. E nel settembre 2017 viene condannato in primo grado. Fra le carte dell'imprenditore «consumatu» Massimo Campione salta fuori una lettera, datata 11 giugno 2015, inviata proprio al ras dei trasporti siciliani Dario Lo Bosco. Campione dice di «confidare nel committment da parte di Rfi (alias Lo Bosco, ndr) di un significativo numero di tali sistemi, da installare a bordo dei propri mezzi, al fine di consentire il ristoro dell'investimento sostenuto». Chiaro, no? I rivoluzionari (?!) ganci ferroviari devono essere acquistati, con denaro pubblico, non per quanto servono ai treni, ma per quanto servono all'azienda che li vende. Qualche tempo prima i due si erano visti e, passeggiando vicino alla sede dell'Ast, Lo Bosco aveva chiesto a Campione un «ringraziamento» sotto forma di soldi: «Vedi tu quello che mi puoi dare». E lui ha visto: 58.650 euro, per l'appunto. È la tangente pagata per il rivoluzionario (?!) e piuttosto inutile gancio ferroviario. Il quale evidentemente non porta nessun significativo miglioramento ai treni formato Far West dell'isola, ma in compenso migliora, e non di poco, le finanze personali di chi li dirige. Se questo è il metodo, be', allora provate a pensarlo applicato sistematicamente sui binari siciliani. E avrete capito perché le spese per i trasporti crescono, senza che i viaggiatori ne traggano alcun vantaggio. Ovvio: non sono mica i viaggiatori ad avere i ganci giusti...

Campania: consulente di se stesso per otto anni

È stato otto anni consulente di se stesso. E chissà come le faceva 'ste autoconsulenze. Si autochiamava forse al telefono? Organizzava automeeting davanti allo specchio? Una autoriunione urgente nella cucina di casa? «Scusa, mi serve un'idea per risolvere questo problema: ci autovediamo alle 7.30 in tinello?» Oppure: «Bisogna migliorare questo servizio: ci autoincontriamo in bagno mentre mi faccio la barba?». Forse ci autopensava un po' su. E poi si autorispondeva. Chissà se ha mai provato anche ad autochiedersi relazioni scritte: «Mandami una mail». Oppure: «Preparami un power point». Autoinvio: da se stesso a se medesimo. Del resto non esiste consulente migliore che il proprio io: difficile litigarci, difficile avere visioni diverse e facilissimo invece incontrarsi in ogni momento della giornata. E in ogni luogo. Sempre a disposizione. Per questo, forse, il prezzo della autoconsulenza è risultato un po' caro: 217.000 euro l'anno, cioè 18.000 euro al mese. Pare, fra l'altro, che non ci sia stato nemmeno bisogno di trattare sul compenso.

Il genio che si è nominato consulente di se stesso si chiama Alessandro Rizzardi, ex numero uno dell'Eav (Ente Autonomo Volturno), l'ente pubblico dei trasporti in Campania, proprietà al 100 per cento della Regione. Era arrivato a prendere tre assegni: quello da amministratore delegato, una pensioncina da dirigente e il gettonino da 18.000 euro che si era concesso, appunto, per arrotondare le entrate. Non è meraviglioso? Il primo contratto da autoconsulente durava 5 anni, dal 2003 al 2008, poi è stato rinnovato (anche qui: pare senza discussioni) per altri 3. Poi qualcuno ha detto che era troppo. Anche perché tutta questa autosapienza non è che abbia prodotto risultati clamorosi: l'Eav, infatti, sotto la sua gestione ha accumulato debiti su debiti. Poi lui è uscito, ma la situazione era così grave che i debiti hanno continuato a crescere fino ad arrivare a toccare, nel marzo 2016, la cifra record di 850 milioni di euro. Un Vesuvio di soldi, insomma.

Ora so che voi vi state facendo le solite domande. La prima: dove sono finiti tutti quei denari? La seconda: alla fine chi li pagherà? Alla prima abbiamo già cominciato a rispondere. E potete immaginare: se l'amministratore delegato si fa l'autoconsulenza da 18.000 euro al mese, che cosa succederà nel resto dell'azienda? Appunto: di tutto. L'Eav infatti è arrivata ad avere 3600 dipendenti, assunzioni clientelari a pioggia, schiere di laureati in sociologia e lettere classiche che servivano solo ad accontentare qualche ras locale, macchinisti pagati 3000 euro al mese per bivaccare dietro le scrivanie, segretarie promosse dirigenti con stipendi da 7-8000 euro al mese e ovviamente un esercito di collaboratori esterni pagati con profumati gettoni. A cominciare dagli avvocati: raccontano gli attuali amministratori di aver riaffidato una causa legale per 7000 euro. Per la stessa causa, 4 anni prima, l'Eav aveva versato all'avvocato 120.000 euro. Quasi venti volte di più.

Per poter pagare tanti avvocati, ovviamente, bisogna avere tante cause. E infatti i contenziosi dell'azienda erano cresciuti a dismisura: al 31 dicembre 2015 toccavano quota 2668. Per altro con una gestione non proprio oculata. Ha fatto storia, per esempio, il caso della ferrovia Alifana: i lavori furono affidati con regolare gara, ma non furono mai completati perché mancavano i soldi o cambiavano le strategie politiche. Risultato: il consorzio di imprese private che aveva vinto l'appalto fece causa. L'Eav, sapendo di avere torto marcio, chiese una transazione e nel 2007 fu trovata l'intesa. Con 6,4 milioni di euro sarebbe finito tutto. Ma quei soldi non sono mai stati pagati. Il motivo? Non si trovò nessuno che firmasse l'assegno. E così nel 2010 l'ente pubblico è stato condannato in tribunale a pagare 100 milioni di euro. Avete capito bene: 100 milioni anziché 6,4. Perché mancava una firma.

Quando poi le firme le hanno messe, però, non è che sia andata meglio. Basta ricordare il caso, anch'esso storico, dei 26 Metrostar comprati nel 2006 al modico prezzo di 103 milioni di euro. Dovevano essere consegnati tutti entro il 2009, l'ultimo è arrivato nel 2015. Sei anni dopo. Ma non è stato certo il maxiritardo il problema maggiore: sono stati segnalati fin da subito gravi difetti strutturali, cedimenti del supporto motore, corti circuiti, usura anomala di dischi freno e delle ruote... A un certo punto, secondo quanto raccontato da «Panorama», si accorsero addirittura che i treni erano inadatti per la Cirumvesuviana perché «troppo alti per le banchine di 91 stazioni». Pensarci prima? Rimandarli indietro? Chiedere i danni? Macché: si è deciso di rialzare tutte le 91 stazioni per adeguarle all'altezza dei treni. Ovviamente a spese nostre.

E già: a spese nostre. Adesso Eav va orgogliosa di essersi risanata. «Abbiamo fatto un miracolo» ha detto il governatore Vincenzo De Luca nel luglio 2017, rilanciando anche nuove assunzioni (350). Per la prima volta, dopo anni, il bilancio è in attivo. Per la prima volta, dopo anni, i conti quadrano. Per la prima volta, dopo anni, si pagano i debiti. Evviva evviva. Ne siamo tutti felici, si capisce, anche se la Circumvesuviana, per dire, resta la seconda linea peggiore d'Italia dopo la mitica Roma-Lido, secondo il rapporto Pendolaria 2017 di Legambiente, e registra ancora aumenti di ritardi e soppressioni treni. Quando le soddisfazioni finanziarie si trasformeranno in benefici per i passeggeri? In ogni caso, il conto di tutti quegli anni di pessima gestione (e qui rispondo alla vostra seconda domanda, se mai aveste avuto un dubbio) l'abbiamo pagato noi. Noi contribuenti intendo. Nella manovra 2017, infatti, il governo ha inserito una postilla, una di quelle voci piccole piccole, che passano nell'indifferenza generale, per regalare alla Campania i 600 milioni di euro necessari a pagare il debito dell'Eav. Seicento milioni di euro, proprio così: sono due volte la somma stanziata dal medesimo governo per i poveri di tutta Italia. I poveri aspettino, si capisce. Dobbiamo pagare le autoconsulenze di lorsignori.

Tram, bus e filobus pagati fior di milioni che marciscono nei capannoni

Ma a Napoli il grande spreco del binario non è mica finito. Macché. Se nel corso del 2017 l'Eav, grazie ai nostri soldi, vede finalmente un po' di luce, ecco che in ottobre subito scoppia lo scandalo dei tram dell'Anm, la municipalizzata partenopea. Si tratta di 22 Sirio, mezzi a suo tempo modernissimi, dotati di tecnologia avanzata, griffati Pininfarina e costati 24 milioni di euro, che giacciono inutilizzati da anni in un deposito cittadino. Il motivo? Semplice: non ci sono binari su cui farli correre.

Ma perché comprare tram se non ci sono binari? La domanda è interessante. In effetti, una volta qualche binario a Napoli c'era. Ma poi sono stati chiusi per via dell'apertura di alcuni cantieri. Doveva essere per pochi mesi, ma poi i pochi mesi sono diventati molti, e poi sono diventati anni. E così ora, anche se a breve dovesse tornare disponibile qualche tratto di rotaia (come pare), non è detto che i Sirio riprenderebbero a circolare. Per due motivi. Il primo: nel poco tempo che sono stati in funzione si sono dimostrati inadatti. Il secondo: nel frattempo i tram sono diventati, come racconta «la Repubblica» sulla cronaca di Napoli, «pezzi di ferraglia arrugginita da rottamare». E sono soddisfazioni, no? Chi di voi non sognava di rottamare 24 milioni di euro delle sue tasse?

L'Anm, nel frattempo, è arrivata sull'orlo del crac. Accumula debiti al ritmo di oltre 3 milioni di euro al mese. Quaranta milioni di euro in un solo anno. Troppi mezzi obsoleti, troppi dipendenti inutili: basti pensare che 179 autisti su mille totali sono inabili alla guida. Proprio così: un autista su 5 non può guidare. Come stupirsi se aumenta il deficit? Aumenta tanto da mettere a rischio l'intero bilancio del Comune di Napoli. Il quale, infatti, prima ha tentato di metterci una pezza siglando un accordo di facciata con i sindacati (dicevano di voler ripianare il maxibuco dell'Anm semplicemente aumentando il numero dei controllori...). Poi ha avviato le pratiche per privatizzare l'intero servizio di trasporto pubblico urbano. Nel frattempo, però, ci si è accorti (gennaio 2018) che i treni nuovi comprati per la linea 6 del capoluogo campano sono troppo grandi per passare nel tunnel che è stato scavato: il tunnel misura infatti 27 metri, i treni 39. Dodici metri di differenza. Non pochi. Soluzione? Utilizzare i vecchi convogli, quelli dei tempi eroici dei Mondiali di Calcio, anno d'oro 1990. «Hanno i loro acciacchi,» commenta sul «Corriere della Sera» Massimo Gramellini «richiedono cure assidue e dispendiose, ma fanno tenerezza e soprattutto passano dal buco.» Per fortuna, quella che non manca mai è l'ironia dei napoletani. Indicando i lavori infiniti della metropolitana uno di loro ha detto: «Non la stanno scavando. La stanno cercando».

Sotto il Vesuvio, però, non si perdono d'animo. Nell'ottobre 2017 viene annunciato infatti l'acquisto di altri bus elettrici. In tutto saranno 64. Saranno delle giuste dimensioni? Entreranno mai in funzione? O faranno la fine dei 22 modernissimi Sirio? Il dubbio è legittimo.

Mentre a Napoli si decide l'acquisto di nuovi bus elettrici, infatti, a Bologna si scopre che i 49 bus elettrici comprati nel 2001 al modico prezzo di 62 milioni di euro giacciono in un capannone in disuso del Centro agroalimentare, piena periferia. Dovevano rivoluzionare il trasporto urbano, invece, abbandonati da anni, sono diventati dormitorio di barboni, bersaglio dei vandali, completamente invasi dalle erbacce e distrutti dall'umidità. Erano stati accantonati praticamente subito dopo l'acquisto: ci si accorse infatti che erano troppo grandi per passare per le vie del centro e che avrebbero messo in pericolo i monumenti cittadini. Quindi, appena saldata la fattura al fornitore, sono stati fatti sparire dalla circolazione. Sperando che tutti se ne dimenticassero.

E così era avvenuto, in effetti. Nessuno sapeva della loro esistenza. Nessuno l'avrebbe immaginato. Nessuno se ne sarebbe ricordato. È successo un imprevisto, però. Oscar Farinetti, il patron di Eataly, ha aperto un nuovo maxicentro, una specie di parco del cibo, proprio alle porte di Bologna. Proprio in quella zona. «Scusate, avrei bisogno di quel capannone: me lo affittate?» «Sì, volentieri. Ora lo liberiamo.» «Ma che cosa c'è dentro?» «Oh guardi: nulla di importante. Solo 62 milioni di euro diventati rifugio delle pantegane.» «E adesso che ne facciamo?» Soluzione subito trovata: 2 dei 49 tram non stavano nemmeno più insieme, talmente erano rovinati, e sono stati buttati in discarica. Gli altri 47, per quanto malconci, sono stati messi in vendita dalla Basco Bus, quella degli autobus usati, di cui abbiamo parlato a inizio capitolo. E chissà che non ce li ritroviamo, fra qualche mese, come new entry in una delle nostre città...

Ma come mai tanti acquisti scellerati? Non sarà che qualcuno ci guadagna? A Lecce, per dire, nel 2012 cominciano a viaggiare i primi filobus: 4 linee, 12 mezzi, spesa di 23 milioni di euro. Nell'ottobre 2017, cioè cinque anni dopo, il sindaco annuncia: li smontiamo. Dovevano portare 15.000 persone al giorno: ne portano appena 650. La loro gestione fa perdere alle casse del Comune un milione di euro l'anno. Troppo. Nel frattempo il consulente legale della giunta che decise l'acquisto, quella di Adriana Poli Bortone, finisce a processo (prima udienza: giugno 2017) con l'accusa di aver intascato una mazzetta da 660.000 euro per pilotare l'appalto. Vi stupite? Macché: a Bari, come al solito, sono riusciti a fare anche di meglio. Hanno speso 6 milioni per acquistare 3 filobus: dopo vent'anni si sono accorti che i 3 filobus non avevano mai fatto un chilometro. Nemmeno uno, nemmeno per sbaglio, a parte un viaggetto di prova nell'aprile 2016 per non perdere l'omologazione. Ovviamente senza passeggeri a bordo. Da vent'anni, infatti, i mezzi superecologici comprati dal Comune con i nostri soldi sono fermi in un piazzale, regolarmente vuoti. L'unica cosa che gira regolarmente, con loro, sono le scatole.

Quelli per cui l'Atac è una miniera d'oro

A Roma, fra il 1° gennaio e il 29 novembre 2017, si sono incendiati 22 autobus. In media, uno ogni 15 giorni. Esiste su Twitter un gruppo apposito che li conta. Si chiama Flambus, cioè bus flambé. A volte succede pure che, anziché prendere fuoco, i bus si mettano in moto da soli, come è accaduto al capolinea 46. Per occuparsi di questi ultimi siamo in attesa che nasca il gruppo Formaggino, cioè bus fantasma e altri fenomeni paranormali. Magari con a capo il mago Otelma.

Non c'è bisogno della sfera magica, però, per sapere che i mezzi pubblici romani sono i più vecchi e i più inefficienti d'Europa. Ogni giorno nella Capitale circolano 1200 mezzi: su 600 di essi, cioè la metà, si verifica qualche malfunzionamento. Un autobus su 4 si ferma proprio. Secondo la Ragioneria del Campidoglio, nel 2016 sono state cancellate oltre 1 milione di corse, nel 2017 un milione e mezzo. Così, per i romani, l'attesa del mezzo pubblico, più che una pratica di vita, è diventata ormai un atto di fede. Arriverà? Non arriverà? Sarà guasto? S'incendierà? Avrà benzina? E le ruote? Perderà i pezzi? Lo guiderà uno zombi? Sarà invaso dagli alieni? Con il loro spirito millenario, intanto, gli abitanti della Città Eterna hanno già provveduto a modificare l'acronimo: Atac non è più Azienda per i Trasporti Autoferrotranviari del Comune, ma più semplicemente Arrivi Tardi A Casa. E quando nell'ottobre 2017 sono state annunciate le nuove pedane alle fermate, qualcuno ha subito commentato ironico: «Considerati i tempi di attesa, hanno previsto pure il divano per la pennica?».

Lo sfascio dell'azienda pubblica di trasporti della Capitale è sotto gli occhi di tutti. Se n'è parlato molto negli ultimi tempi. Anche dal punto di vista finanziario i dati sono impressionanti: pur ricevendo oltre 500 milioni l'anno di sussidi pubblici (441 dal Comune, 72 dalla Regione), l'Atac da dieci anni chiude il bilancio regolarmente in passivo. L'ultimo (2016) ha registrato 212,7 milioni di perdite. Il debito accumulato nel corso del tempo è stratosferico: 1,3 miliardi. Ci sono almeno 1200 fornitori, spesso artigiani o piccoli imprenditori, in lista di attesa per essere pagati. Dopo l'ammissione al concordato (settembre 2017) sono spaventati: «Quanto riusciremo a prendere?» si chiedono. Probabilmente poco. O molto poco. Il 27 luglio 2017, con una memorabile intervista al «Corriere della Sera», il direttore generale Bruno Rota annunciava: «Non ho più i soldi nemmeno per pagare gli stipendi». Poche ore dopo si è dimesso dicendo: «Ho addirittura paura a restare qui». Un altro ex dirigente se n'era andato, qualche tempo prima, parlando di «inferno Atac».

Paura? Inferno? Ma che cosa si nasconde dentro il buco nero dell'Atac? Che cosa c'è in mezzo a questa palude che nessuno vuole o riesce davvero a bonificare? Perché l'ex assessore Stefano Esposito parla di un bubbone «al confronto del quale Mafia Capitale è nulla»? Per capirci davvero qualcosa, senza perdersi troppo nelle polemiche di parte e nelle beghe di Palazzo, bisogna prendere in mano il dossier consegnato in Procura, dopo le dimissioni, dall'ex direttore generale Marco Rettighieri, uno di quegli uomini onesti e coraggiosi che ha provato davvero a cambiare l'Atac. E ha dovuto rinunciare. In quelle pagine c'è scritto in modo chiaro che lo sfascio in Italia non capita mai per caso. Esiste (e resiste) perché a qualcuno conviene. Eccome se conviene.

Qualche esempio? Prendete il mercato dei ricambi. Fra il 2013 e il 2015, denuncia Rettighieri, risulta dai dati ufficiali che gli autobus della Capitale abbiano danneggiato o bucato 6036 pneumatici. Sapete quanti ne risultano sostituiti? 15.371. Cioè più del doppio. Il contratto con la ditta abruzzese che si occupa delle gomme (Gommeur) doveva costare 8,8 milioni: ebbene è costato 16,7 milioni di euro. Il doppio. I rapporti fra le due società, per altro, non sono limpidissimi: basti pensare che tra i dirigenti di Gommeur c'è un dipendente dell'Atac che nell'azienda pubblica risulta in aspettativa. Proprio così: in aspettativa nell'azienda pubblica, va a lavorare nell'azienda privata fornitrice. Che inonda la medesima azienda pubblica di pneumatici apparentemente non necessari. O non utilizzati. In effetti, ironia della sorte, nell'ottobre 2016, quando il dossier è appena arrivato in Procura, sui giornali esce un trafiletto: un centinaio di autobus bloccati a Roma perché sono senza gomme. Senza gomme? Ma come? Dopo che ne abbiamo comprate il doppio di quelle che servivano?

C'è il sospetto che qualcosa non torni nel sistema forniture dei trasporti romani. Anzi, è qualcosa di più di un sospetto. Nel gennaio 2017 si viene a sapere di un'indagine anche su Cotral, l'azienda regionale. Cinquanta indagati fra dirigenti, impiegati, titolari e meccanici delle officine convenzionate. Uno dei dipendenti racconta che alcuni pezzi venivano smontati dalle vetture in servizio, ripuliti e rimontati come se fossero pezzi di ricambio nuovi. Le intercettazioni sono spassose. Uno dei capi, quando scopre una fornitura regolare, quasi s'infuria: «Ma su 'sta cosa qua nun ce magnamo gnente?». Come se fosse scontato farlo. Un altro dà lezioni di bon ton tangentizio: «Dobbiamo ruba' nei modi giusti». Ecco sì: bisogna rubare nei modi giusti. Magari senza mettersi le dita nel naso e stando composti a tavola. Così il furto è più chic.

Come stupirsi allora? Come stupirsi se all'Atac si comprano il doppio degli pneumatici che servono? Come stupirsi di pezzi (gli stessi) sostituiti più volte in pochi giorni, dei ricambi riverniciati e riutilizzati, dei guasti che si ripetono più frequenti di un ritornello a Sanremo, dei motori che spariscono nel nulla o dei mezzi pagati cari e inutilizzati? «Dobbiamo ruba' nei modi giusti»: tutto chiaro, no? Per questo, forse, quando si acquistano porte vetro le si paga

10 volte più del prezzo offerto. E quando si ordinano freni a disco ci si assicura che costino 5 volte di più del prezzo di listino. Per questo, sempre, si scoprono 180 scuolabus nuovi fiammanti abbandonati in un deposito di Grottarossa. E 130 pulmini elettrici attrezzati per disabili, anch'essi nuovi fiammanti, abbandonati nel deposito Valco San Paolo. In quest'ultimo capannone, affidato ai centri sociali e usato per bivacchi alternativi, un cronista del «Tempo», nel gennaio 2017, ritrova anche interi faldoni di bigliettazione elettronica, dati riservati compresi. Li hanno lasciati lì, alla mercé di chiunque.

Il magistrato dell'Anticorruzione, Raffaele Cantone, è lapidario: il 90 per cento dei contratti siglati dall'Atac negli ultimi cinque anni risulta irregolare. E mica solo per i pezzi di ricambio o per gli autobus. Macché. L'azienda che non sa far marciare un tram traffica pure con i palazzi. E che palazzi. Nel 2009, per esempio, decide di acquistare un maxi-immobile dai Parnasi, storici costruttori della Capitale, quelli che dovrebbero tirare su anche il nuovo stadio di Roma. Valore dell'operazione: 114 milioni di euro. Sembrano tutti molto convinti: tanto che la società dei trasporti sborsa, sull'unghia, un anticipo da 20 milioni. Soltanto che sorge un piccolo problema: il palazzo non esiste. Non ancora, almeno. Il fatto crea inevitabilmente qualche tensione fra le parti: si ritarda, si discute, ci si scontra, si va per avvocati. Alla fine la vicenda si chiude con una transazione piuttosto singolare: Atac rinuncia all'acquisto del palazzo, ma s'impegna ad affittarlo (quando sarà finito) per 9+9, totale 18 anni, al modico prezzo di quasi 8 milioni l'anno. Ergo: non stanzia 114 milioni per comprarlo, ma ne stanzia oltre 143 per affittarlo. Non è geniale? Qualche anno prima i vertici Atac, con la stessa abilità, avevano deciso di buttarsi nel mondo finanziario, architettando una complessa operazione di finanza creativa, che avrebbe dovuto concludersi nel 2056. Nel 2017 la Corte dei Conti ci ha messo una pietra tombale sopra: «In quell'operazione sono stati buttati 23 milioni di euro. È come se avessero giocato alla roulette».

E i biglietti? Quello è un altro grande mistero. Stamparli, si sa, è come stampare moneta. Bisognerebbe essere gelosissimi di questa prerogativa. È come avere una piccola Zecca, a disposizione. E invece Atac a chi ha affidato la gestione della macchina che stampa i biglietti? A una società australiana. Proprio così: australiana. Come se la Bce demandasse il compito di stampare l'euro alla Papua Nuova Guinea. Risultato? Rischia di sfuggire tutto di mano. Infatti la situazione dei biglietti Atac è fuori controllo. Certo: sono numerati. Ma come scoprire se un biglietto con lo stesso numero è stampato due volte? Come evitare che qualcuno ne approfitti? Il rischio è evidente. Già nel novembre 2013, una fonte interna all'azienda aveva rivelato a «Repubblica» l'esistenza di una «doppia bigliettazione» utilizzata proprio per creare contabilità parallele e fondi neri. Un giochetto che costerebbe alle casse pubbliche 70 milioni di euro l'anno. Possibile che nel frattempo non si sia voluto provvedere? Perché non mettere una pezza? Risolvere la questione? O forse questa confusione a qualcuno conviene?

La verità è tutta qui: l'inefficienza conviene. La confusione pure. Perché è nelle zone grigie che si muovono gli Avvoltoi. Bisogna avere il coraggio di dire la verità: l'Atac è sempre stata un disastro solo per i cittadini. Per la politica, invece, è sempre stata un forziere pieno di denaro. Una specie di bancomat, da cui partiti e sindacati hanno sempre attinto liberamente. Come? Nel suo dossier Rettighieri solleva, per esempio, il caso delle mense (bar, refezioni, distributori automatici di snack...) affidate dal 1974 all'associazione sindacale Dopolavoro, senza alcun tipo di bando. E già questo, di per sé, è piuttosto discutibile: non sarebbe meglio una gara pubblica? Magari con qualche altro concorrente in lizza? Ma qui c'è di più: infatti, non solo i sindacati hanno sempre vinto a man bassa gli appalti per oltre quarant'anni, ma in tutto questo tempo la loro contabilità è sempre stata gravemente ballerina. Per esempio non c'è mai stata l'abitudine di tenere riscontro dei pranzi effettivamente serviti, che si sospetta siano sempre stati assai meno rispetto a quelli effettivamente pagati. Un giochino che avrebbe consentito, stando alle accuse formulate dalla Procura, a 17 fortunelli di mettersi in tasca illecitamente la bellezza di 14 milioni di euro. Quattordici milioni di euro, capite? E chi lo dice allora che l'Atac non funziona? Per questi 17, per dire, ha sempre funzionato benissimo...

E ha funzionato benissimo anche per chi aveva da piazzare un parente, un amico, un cugino, un cognato. Per le assunzioni, infatti, l'Atac si è dimostrata davvero una macchina da guerra: non a caso oggi ha 11.590 dipendenti, in pratica più degli abitanti della città di Alassio. Il boom si ebbe nel 2009: in un solo anno ci furono 845 nuovi ingressi fra cui parenti di sindacalisti, parenti di politici e alcuni casi mitici come la cubista diventata impiegata amministrativa. Dal ballo alla bolla, si sa, il passo è breve: pur sempre di accompagnamento si tratta. Ma come si fa a entrare così facilmente in Atac? Lo ha spiegato la dipendente pasionaria Micaela Quintavalle, studentessa di giorno, autista di notte: «Ho provato tre volte il concorso Atac, sono sempre stata bocciata. Poi mi sono iscritta al sindacato e mi hanno assunta». Le inchieste, in effetti, hanno scoperto scambi di mail che non lasciano dubbi. «Ce l'hai le domande per domani?» ha chiesto uno alla vigilia del concorso. E il sindacalista, sventurato, rispose.

Ma il risultato di questa onnipresenza e onnipotenza dei sindacati nell'Atac è devastante. Basti pensare che ogni giorno un dipendente su 10 sta a casa. Ad agosto addirittura uno su 5. La percentuale di assenteisti è altissima, quella di assenteisti con il doppio lavoro ancor di più. Il campionario è ricco e variegato: c'è l'autista-piastrellista che sistema la casa di tutti i suoi colleghi, rigorosamente in orario di lavoro. C'è l'autista che non va a guidare l'autobus di giorno però di sera sta benissimo per cantare le canzoni di Califano nei locali. C'è l'autista-autista che mezza giornata guida gli autobus pubblici e mezza gli autobus privati (peccato che si stanchi troppo e si addormenti al volante). C'è l'autista-traslocatore. E c'è l'autista-«cassamortaro», cosiddetto perché arrotonda lo stipendio dell'Atac lavorando alle pompe funebri. Pensate, inoltre, che solo di distacchi sindacali si spendono 131.000 ore l'anno: equivalgono al lavoro a tempo pieno di 82 impiegati…

Con tutto ciò vi sembra che quella del personale Atac sia una situazione da biasimare? Da condannare? Da punire? Sbagliato: loro pensano sia da premiare. Con un sostanzioso regalo aggiuntivo in busta paga. Non ci credete? Leggete l'accordo firmato nel dicembre 2016 che riconosce a 49 dirigenti 2 milioni di bonus arretrati più altri 3,1 milioni per il 2017. Motivazione? «La situazione di estrema criticità economico-finanziaria dell'azienda richiede un contributo straordinario da parte del management.» Ma sicuro: un contributo straordinario. L'azienda è tecnicamente fallita, i bus cadono a pezzi, i cittadini stanno alle pensiline come naufraghi in mezzo al mare («Arriverà qualcuno a salvarci?»), ma loro intanto incassano oltre 5 milioni di euro cash come premio per aver guidato questo sfascio. Contributo straordinario, si capisce. Alla storia delle Facce di Tolla.

PS. Sui bonus del 2016 ha aperto un'inchiesta la Corte dei Conti. Ma nell'autunno 2017 l'Atac ci ha riprovato: distribuiremo premi per 3 milioni di euro ai dirigenti, ha annunciato nel pieno della sua tempesta finanziaria. Poi ha capito che forse non era il caso di fare il bis e ha ritirato la proposta, limitandosi a strapagare qualche consulenza. È riuscita infatti a dare un gettone d'oro da 1,5 milioni di euro al commercialista che deve certificare il suo fallimento. Non è un'idea fantastica? Del resto all'Atac sono fatti così: possono anche morire, d'accordo. Ma solo se riescono a sperperare pure sulla loro morte.

Gtt di Torino: con i soldi dei tram la direttrice si comprava la pelliccia

Un autobus della linea 33 rimane in panne. Non si muove più. Blocca il traffico. I passeggeri allora scendono e si mettono a spingerlo. Tutti insieme, oh-issa, dai che ce la facciamo, qualcuno può dare una mano? Siamo nel centro di Torino, a due passi dalla stazione di Porta Nuova. La foto, scattata nel novembre 2017, fa il giro d'Italia: rimbalza sui siti Internet, fa impazzire i social, viene mostrata anche in Tv. Il mezzo pubblico che viaggia con la benzina umana è l'emblema di una crisi profonda: la Gtt, l'azienda pubblica dei trasporti torinese, infatti, è a un passo dal fallimento. I report, drammatici, di quei giorni parlano di un debito di 542 milioni di euro a fronte di un fatturato di 440 milioni di euro. Roba da portare i libri in tribunale. Infatti, incredibilmente, a fine 2017 non è ancora stato approvato il bilancio del 2016. Si parla con insistenza di stipendi e tredicesime a rischio, mentre i vertici si aggrappano disperatamente a piani di rilancio che sembrano ispirati ai principi contabili di *Salagadula megicabula bibbidi-bobbidi-bu* (fa la magia tutto quel che vuoi tu).

Il disastro torinese della Gtt non ha nulla da invidiare a quello romano dell'Atac, anche se se ne parla molto meno. L'unica volta, infatti, che l'azienda torinese ha conquistato le prime pagine dei giornali è per una vicenda marginale e parallela: quando, nell'ottobre 2017, Paolo Giordana, braccio destro del sindaco Chiara Appendino, chiama il presidente dell'azienda dei trasporti per far togliere la multa a un amico. Ne è venuto fuori un vespaio che ha costretto alle dimissioni Giordana, ha scatenato polemiche infinite sulla Appendino e soprattutto ha fatto passare ancora una volta in secondo piano il vero problema, cioè il buco nero nei conti della Gtt. L'azienda, a lungo feudo della sinistra piemontese, versa infatti in condizioni economiche disastrose. E non certo per colpa di una telefonata inopportuna. O della Fata di Cenerentola *bibbidi-bobbidi-bu*.

Salagadula megicabula, infatti, le magie nei conti economici le hanno fatte coloro che hanno gestito per anni i trasporti torinesi, trasformandoli nel classico orticello per favori elettorali, luogo perfetto per sistemare amici e sostenitori, mucca da mungere per esigenze clientelari. La classica mangiatoia avanti-c'è-pasto, insomma, in cui tutti si sentivano liberi di buttare soldi allegramente. Basti pensare che nel gennaio 2016 è stata cacciata la direttrice finanziaria perché era accusata di fare shopping personale con la carta aziendale. Al momento del licenziamento, secondo i suoi superiori, risultavano spese di oltre 55.000 euro per acquisti di ogni genere, fra cui una bella pelliccia e un divano per la sua casa, oltre all'affitto di un pullman per scorrazzare sui monti i ragazzi di uno ski club. Casualmente, per altro, proprio lo ski club frequentato dal figlio della direttrice finanziaria. Quest'ultima, per la verità, ha continuato a contestare molte delle accuse. Ma poi ha chiuso la vicenda giudiziaria patteggiando una pena di un anno e mezzo per peculato, oltre al risarcimento del maltolto. Si sa, in certi casi, il patteggiamento è più comodo persino di un divano comprato con soldi altrui...

D'altra parte, tutta la storia della Gtt è costellata di episodi assurdi, come le famose consulenze da 1200 euro al giorno (al giorno!) denunciate nel 2007 o le 600 promozioni (600!) in blocco alla vigilia delle elezioni regionali del 2005 che fecero polemica nel 2012. Fino ad arrivare all'autunno del 2017 con i nove avvisi di garanzia per i vertici dell'azienda, tra cui l'amministratore delegato Walter Ceresa. Quest'ultimo è accusato di aver falsificato il bilancio del 2015, nascondendo il rosso, per poter incassare il maxibonus da 118.000 euro. Non è fantastico? L'azienda è sull'orlo del baratro, i passeggeri sono costretti a spingere l'autobus in mezzo alla città, i debiti sono alle stelle e il gran capo che fa? Pensa a darsi un premio. A costo di taroccare i conti.

Il risultato è che Gtt cade a pezzi, proprio come l'Atac, anche se un po' più silenziosamente, alla moda piemontese, con un minimo di understatement come si usa da queste parti. Per carità, i dipendenti ci provano ad alzare la voce: denunciano il servizio che peggiora di giorno in giorno, i bus scadenti, le porte che non si chiudono, i contachilometri rotti, il «Corriere della Sera» solleva uno scandalo per gli estintori scaduti nelle stazioni della metro, ma sotto la Mole tutto è attutito. Tutto passa sotto traccia: il parco mezzi obsoleto, i bus che vanno a fuoco, gli altri che si piantano in mezzo alla città e devono essere spinti dai passeggeri, le

Procure che indagano, i cittadini che si lamentano, i lavoratori che scioperano, il rischio di fallimento o, in alternativa, la cessione di altri pezzi d'azienda a privati. Meglio non sapere, meglio non vedere. E intanto la gestione ordinaria va in panne, gli autobus pure, gli unici a circolare con una certa regolarità nei trasporti urbani torinesi restano i superstipendi dei manager. Una situazione da gelare il sangue nelle vene. Da far venire i brividi, insomma. Sarà per questo che, con i soldi dei tram, si sono comprati pure la pelliccia?

Da Trento a Benevento, gli affari (storti) del Rambo degli autobus

Qual è il film che la rappresenta? *Rambo*, risponde lui al giornalista locale della Basilicata che lo intervista. Evidentemente si sente proprio così: il Rambo degli autobus. Mauro Trotta è il responsabile della Trotta Bus Service di Roma, uno dei giganti italiani del settore: 100 anni di storia, circa 200 addetti, fatturato di oltre 25 milioni di euro (bilancio 2016) che purtroppo si scontra con una montagna di debiti (30 milioni di euro, bilancio 2016), contratti siglati in tutta Italia, da Trento a Potenza, molti incassi e molti nemici, che però non fermano di certo l'aspirante Sylvester Stallone. «Lei mi chiede perché così tante polemiche dal nostro arrivo? Non lo so e non mi interessa» dichiara. Del resto lo diceva anche Rambo in versione autoferrotranviere: Dio perdona, l'autobus no.

Se i trasporti gestiti direttamente dal pubblico sono spesso un disastro (Atac *docet*), va detto che quelli appaltati ai privati dopo la (parziale) liberalizzazione non sempre funzionano meglio. Il Rambo de noantri, per esempio, nel Vietnam degli autobus italiani, sembra trasformarsi in Calimero. Ovunque vada lo fanno nero. Nel 2013 vince a sorpresa la gara per gestire gli skibus del Trentino, ma viene accusato (da ben 7 interrogazioni in Provincia) di non avere mezzi idonei e autisti abituati alla montagna (per rimediare pare li mandi in tutta fretta ai corsi su «come si monta una catena da neve»). Poi vince la gara per gli scuolabus in provincia di Verona, ma entra subito in difficoltà perché mancano alcuni pulmini: «Siamo stati truffati da un macedone» si giustifica. Poi vince l'appalto per il trasporto cittadino a Potenza e dopo pochi mesi i consumatori protestano: «Servizio inadeguato». E la Cisl aggiunge: «Non paga regolarmente gli stipendi». A Cavalese, in provincia di Trento, nell'aprile 2016, proprio per non aver pagato lo stipendio a un autista, la ditta Trotta finisce di nuovo nei guai: le viene pignorato un bus.

Sarà che è troppo avanti per il nostro sistema, sarà che si fida di macedoni inaffidabili, sarà che «ce l'hanno con le aziende private» come mi racconta lui stesso, sarà che i 30 milioni di debiti della sua ditta pesano assai, ma dove arriva Rambo dopo un po' c'è un guaio. Anche a Roma, nella sua patria, dove fino al 31 dicembre 2016 ha giocato un ruolo da protagonista in quell'inferno che sono i trasporti della Capitale, è finito a ripetizione sulle pagine dei giornali: prima alcuni autisti della Trotta Bus rilasciano un'intervista a «Presadiretta» sulle drammatiche condizioni dei mezzi e vengono sospesi, poi altri salgono sul tetto del deposito per protestare («Siamo senza stipendio da tre mesi»). «Alla fine» mi racconta il Rambo in un colloquio ottenuto dopo lungo inseguimento «abbiamo dovuto lasciare il servizio della Capitale. È stata una sconfitta. Ci devono ancora 12 milioni di euro...»

Eppure, nonostante questo curriculum, non proprio da Harvard dell'autobus, la ditta Trotta Bus continua a vincere gare in tutta Italia. Come quella che l'ha portata a gestire l'intero sistema dei trasporti pubblici di Benevento, dopo quello di Potenza. Qualcuno si chiederà: ma come ha fatto a vincere? Semplice: è stato l'unica a partecipare. Ed è sensato che si facciano gare con un unico partecipante? O c'è qualcosa che non va? In ogni caso: l'era di Trotta, a Benevento, è cominciata nel gennaio 2017. Nell'agosto 2017, però, era già ai ferri corti con i sindacati, che lo accusavano di non pagare gli stipendi. È stato subito proclamato uno sciopero, poi sospeso. «Abbiamo sistemato tutto» assicura lui. Comunque maretta c'è stata. Rambo Calimero non si smentisce mai.

E dire che gli affari li sa far bene. «In Trentino ci hanno fatto la guerra, ma con il nostro lavoro li abbiamo conquistati tutti» sostiene. C'è da credergli. Nel 2014, infatti, si scopre che due costosi pulmini Europolis, acquistati fra il 2000 e il 2004 e pagati dalla società pubblica Trentino Trasporti la bellezza di circa 870.000 euro, sono stati svenduti per 3000 euro, cioè quasi 300 volte di meno. Da notare che i due mezzi erano stati utilizzati davvero poco, uno ha percorso appena 45.000 km, l'altro addirittura 25.000. E volete sapere chi è il fortunato acquirente? Provate a indovinare? Esatto, siete stati bravi, proprio lui: Mauro Trotta da Roma, quello che aveva appena vinto l'appalto per la gestione in provincia degli skibus pur avendo autisti un po' in difficoltà con le catene da neve ma poi si era fatto benvolere. Talmente ben volere che, per ringraziarlo, il Trentino gli ha svenduto anche due pulmini. E perché? «Erano veicoli accantonati» ha spiegato l'assessore Mauro Gilmozzi. «Sono stati messi all'asta, poteva comprarli chiunque, li ha comprati l'unica ditta che ha fatto l'offerta...» Replica di un consigliere: «Confesso di non essere venuto a conoscenza di quell'asta. Altrimenti un bus a 1500 euro me lo compravo anch'io per la mia famiglia...».

Invece no: l'ha comprato Trotta Bus. Cioè Rambo. Lui assicura che non ne ha fatto nulla, che quei due mezzi li ha immediatamente rottamati perché erano inutilizzabili. Sarà. Ma resta il fatto che il Trentino ha buttato un bel po' di soldi pubblici con quella compravendita. E noi non possiamo fare a meno di chiederci: ma i soldi pubblici non dovrebbero essere utilizzati diversamente? Per rendere il servizio migliore, per esempio? O, almeno, le tariffe più basse? Perché, invece, li si butta in queste folli compravendite di bus usati che convengono solo a qualche privato?

Ci attacchiamo al tram. Degli stranieri

Il settore del trasporto locale in Italia conta oggi 988 aziende. Il 77,8 per cento di esse, dicono orgogliosi all'associazione di categoria, chiude il bilancio in attivo. Ci mancherebbbe: con 6000 euro al minuto, oltre 3 miliardi di euro l'anno di denaro pubblico su 8 miliardi di fatturato, è difficile pensare che ci sia qualcuno che riesce a perdere. E invece c'è. Eccome se c'è: i debiti accumulati negli ultimi cinque anni dalle aziende di trasporto locale, infatti, sempre secondo il citato rapporto di Mediobanca, ammontano a 1,2 miliardi. Tutti soldi delle nostre tasse. Quanti sono andati in compravendite di autobus sballate? Quanti per acquisti inutili? Quanti in mezzi inutilizzati? Quanti in tangenti? Quanti in pellicce e film porno per dirigenti? Quanti Avvoltoi si sono arricchiti mentre disservizi e tariffe volavano?

Diciamocelo: sui binari non girano soltanto gli zebedei dei pendolari. Girano anche tanti soldi. I business del futuro. Nel gennaio 2018 vengono stanziati dal ministero altri fondi per il trasporto pubblico locale: 1,4 miliardi divisi per 26 diversi progetti: 425 milioni a Roma, 396 a Milano, 223 a Torino, ecc. Pochi giorni prima, alla vigilia del veglione del Capodanno, il governo morente di Paolo Gentiloni aveva dato il via libera alla fusione fra Anas e Ferrovie dello Stato, per creare quella che è stata definita la nuova Iri dei trasporti. Avrà in dotazione investimenti per oltre 100 miliardi di euro e potrà sbaragliare ogni tipo di concorrenza nel settore del trasporto su gomma e su rotaia.

Del resto, che i trasporti locali italiani possano essere redditizi non lo dimostra solo la nascita del nuovo gigante nazionale. Lo dimostra anche l'attenzione con cui le aziende straniere cercano di inserirsi nel nostro mercato: i colossi tedeschi della Deutsche Bahn, attraverso Arriva, già gestiscono le linee di Lecco, Como, Bergamo, Brescia, Cremona, Udine, Trieste, Imperia, una parte di servizi a Torino e ad Aosta. I colossi francesi di Ratp, dopo una breve esperienza a Modena, si sono concentrati soprattutto sulla Toscana, dove hanno vinto nel 2015 la più grande gara di appalto del trasporto locale su gomma mai effettuata (durata 11 anni, valore complessivo 4 miliardi di euro), oggi bloccata dai ricorsi, prima al Tar poi al Consiglio di Stato e ora addirittura alla Corte di Giustizia europea. E dicono che tanti altri sarebbero pronti a intervenire.

Finirà dunque così? Finirà che ci attaccheremo al tram degli stranieri? Ci faremo trasportare alla francese? O alla tedesca? Cederemo il volante agli inglesi o ai cinesi? Al momento siamo stretti in una morsa. Da una parte i nostri gestori locali pasticcioni, i disservizi, gli sprechi, le gare taroccate, le gare farlocche, le gare che finiscono in tribunale, le gare che non finiscono mai, le tangenti, le follie, le spese pazze per le cene al Twiga e le auto di lusso. Dall'altra l'invasione degli stranieri, che per altro ci mettono pochissimo a capire l'andazzo (non a caso Ratp, prima di partecipare alla gara in Toscana, è diventata sponsor ufficiale della festa dell'Unità provinciale di Firenze e ha assunto un collaboratore di tutti i governatori della Regione). *Tertium non datur*. O meglio sì. La via di fuga, fra gestori locali pasticcioni e lanzichenecchi stranieri, è gettarsi in braccio alla nascente Iri dei trasporti, il nuovo aspirante monopolista che, con le spalle coperte dallo Stato, può fare il bello e il cattivo tempo. E può permettersi di tutto. Ma proprio tutto. Persino far credere di essere un operatore privato.

Che cosa è meglio? O che cosa è meno peggio? Difficile dire. L'unica cosa certa è che nel mezzo di questa morsa micidiale, per il momento, ci sono gli italiani. Gli italiani come contribuenti che continuano a sborsare 6000 euro al minuto per avere un servizio che non sta in piedi. E gli italiani come utenti che continuano a pagare tariffe sempre più alte per rimanere lì ad aspettare quei treni in perenne ritardo. E quegli autobus che perdono i pezzi e che non arrivano mai. O che, se arrivano, come è successo al C-80 sulla linea Cantù-Monza, al posto di «Fermata prenotata» hanno già la scritta «Wagen Hält». In tedesco, direttamente. Così magari ci abituiamo prima.

II

Gli Avvoltoi dei rifiuti

C'è qualcosa che puzza

Lo sapete quanto rischia chi traffica in rifiuti? Al massimo 6 anni di carcere. Lo sapete quanto rende trafficare in rifiuti? Molto più che trafficare in cocaina. Ormai anche più che trafficare in immigrati. E soprattutto, come ci spiegherà in questo capitolo un operatore del settore per nulla pentito, è un business che non ha fine: «L'immigrazione, prima o poi, si fermerà. La monnezza si produce per sempre». In effetti: la monnezza si produce per sempre, permette affari pazzeschi e se vieni beccato con le mani nel compost illegale non rischi più di tanto. E allora perché non approfittarne? Si è molto parlato di ecomafie, di casalesi, camorra e criminalità organizzata. Tutto vero. Ma il business della spazzatura non è più Cosa loro. Ormai dilaga. Al Nord, al Centro, al Sud, prende molte strade, s'intrufola nei nostri condomini, ci prosciuga le tasche, ci rovina i terreni sotto casa, s'è messo la grisaglia della finanza, il vestito buono dell'imprenditore, soffia dentro le società quotate in Borsa, produce montagne di quattrini, signorotti locali e nuovi rampanti che riempiono i loro forzieri di denaro e le nostre strade di veleni. Basta annusare un po' l'aria per capire che qui sotto c'è qualcosa che puzza.

Banche, coop e un'«imbarazzante fame di denaro»

Non stanno facendo quasi nulla. Potreste, almeno, pagarli di più? La richiesta viene formalizzata in assemblea l'11 settembre 2017. I consiglieri d'amministrazione della Sei, la società che gestisce i rifiuti nelle province di Siena, Arezzo e Grosseto, sono commissariati da otto mesi. Otto mesi passati a osservare altre persone, i commissari per l'appunto, che prendono quasi tutte le decisioni. Otto mesi passati a guardare il soffitto interrogandosi con angoscia: come ammazzerò il resto del tempo? Otto mesi passati con gli evidenti rischi del mestiere (per esempio: lo slogamento dei pollici a forza di girarli vorticosamente). Tutto ciò non merita forse un aumento di stipendio? Ma si capisce. Per cui, cari contribuenti, mano al portafoglio e alè: la retribuzione sia aumentata da 180 a 300.000 euro l'anno. Centoventimila euro l'anno in più, avete capito bene. L'aver poco o nulla da fare dovrà pur essere ricompensato in qualche modo, non vi pare?

E siccome una ricompensa tira l'altra, i tre esponenti del collegio sindacale, cioè i controllori dei conti, si sono subito mossi a rimorchio. Saremo forse da meno? Perché l'aumento non lo date pure a noi, oltre che ai consiglieri di amministrazione? Giusto, si capisce. I controllori dei conti di una società che ha accumulato 102 milioni di debiti, che è stata appena commissariata, e che è finita nel mirino di Procura e Anticorruzione, non meritano forse un premio speciale? Infatti: prendono 100.000 euro netti l'anno ma ne vorrebbero altri 113.000. Cioè vorrebbero più che raddoppiare lo stipendio. Il motivo: dicono di svolgere «attività extra previste dal codice». E quali sono queste attività extra, di grazia? Forse i revisori dei conti, fra una riunione e l'altra, indossano la tuta e vanno a pulire le strade? Si danno da fare per svuotare i cassonetti? Purtroppo no. E pensare che ce ne sarebbe un gran bisogno, perché il servizio di nettezza urbana, da queste parti, in barba a una delle Tari più alte d'Italia, lascia parecchio a desiderare. Che ci volete fare? In provincia di Siena, Arezzo e Grosseto sono fatti così: negli ultimi anni, purtroppo, con la raccolta dei rifiuti zoppicano un po'. Con la raccolta di quattrini, invece, vanno sempre da dio...

Qualcuno infatti si sarà domandato: ma perché la Sei nel marzo 2017 è stata commissariata? Semplice: perché alcuni mesi prima (il 3 novembre 2016) il vertice era stato decapitato da un'inchiesta della Procura di Firenze. Sei persone indagate e quattro arrestate: il giudice per le indagini preliminari, nel suo provvedimento, parla di un sistema illegale «disinvolto e spregiudicato», che «non presenta elementi di occasionalità» ma invece «tratteggia un illecito consolidato». Un «mercimonio», insomma. In cui si distingue l'«imbarazzante fame di denaro» dei protagonisti. Uno in particolare risulta affamato di denaro: è Andrea Corti, direttore generale dell'Ato Toscana Sud, l'ente pubblico regionale formato da tutti i Comuni delle tre province e incaricato di gestire gli appalti per i rifiuti. Per far vincere la società predestinata (la Sei), Corti si sarebbe fatto pagare da quest'ultima tangenti in ogni modo, comprese le consulenze affidate alla moglie. Che, essendo esperta d'arte, ha fornito preziose collaborazioni sui parchi eolici e sulle traduzioni in tedesco.

A prima vista potrebbe apparire una gara taroccata come in Italia, purtroppo, ce ne sono tante, seppur particolarmente onerosa per le tasche dei contribuenti. E invece in questo caso c'è qualcosa di più: non solo per l'entità della cifra (3,5 miliardi di euro: tanto quanto basterebbe a risistemare buona parte delle cadenti scuole italiane...) e per la durata del contratto appaltato (20 anni), ma per la rete di potere che si nasconde dietro questa vicenda. Non voglio annoiarvi con reticoli azionari, incroci e rimandi, ma vorrei arrivare al punto: come funziona questo meccanismo perverso? Proviamo a semplificare: la legge regionale obbliga i Comuni (tutti) delle tre province a formare l'Ato, l'ente pubblico della Toscana del Sud. L'Ato assegna gli appalti (per 20 anni) a una società, la Sei per l'appunto. E da chi è formata la Sei? Dai medesimi Comuni, oltre che dalle coop rosse (Cooplat, Ecolat, ecc.) e dalle banche (Monte Paschi e, finché è esistita, Banca Etruria). Quindi in pratica i Comuni (che stanno nel Consorzio) assegnano l'appalto a Comuni-banche-coop (che stanno nella Sei): possono essere anche molto generosi, se vogliono, non credete? Tanto è tutta una gestione in famiglia. Chi dà è per buona parte lo stesso che riceve. E chi è che trae vantaggio alla fine da tanta generosità?

Non è difficile da capire. Basta osservare quel che succede. L'appalto alla Sei, giudicato irregolare da Gip e Autorità Anticorruzione, resta comunque valido fino al 2033. Ma il servizio com'è? Non certo eccellente. Molti in zona si lamentano, diffondono foto-denuncia, cassonetti pieni, cassonetti mancanti, strade non ripulite. In compenso la tassa sui rifiuti è una delle più alte d'Italia: secondo la Confcommercio, la Tari è aumentata secca del 10 per cento da quando è cominciata la gestione Sei. E quest'ultima può farsi bella con fatturati da record (171 milioni di euro nel 2016) e utili importanti (1,5 milioni di euro nel 2016). Ora domandatevi: i Comuni possono essere davvero soddisfatti di una società che produce utili e fatturati da record attraverso gare irregolari e servizi scadenti? Possono essere contenti di tartassare i cittadini ricevendone in cambio le loro proteste? E se non sono contenti, perché continuano a tollerare questo sistema? Forse per far felici i soci di minoranza della Sei, cioè banche e coop rosse? Forse perché questo è uno dei meccanismi attraverso cui si soddisfano gli appetiti di quei soggetti privati, foraggiandoli con abbondante denaro pubblico?

Ma sì: è evidente che qui non siamo di fronte soltanto a una gara taroccata. Siamo di fronte a un intero sistema marcio, fin dalle radici. Siamo di fronte a un meccanismo congegnato apposta per far transitare denari dalle tasche dei cittadini ai privati, in questo caso il sistema delle banche e delle coop. «Niente di opaco, anzi ci sono regole chiare, il ruolo è netto» diceva il direttore generale dell'Ato Andrea Corti al «Fatto Quotidiano». Era l'aprile 2016. Sette mesi dopo finiva agli arresti domiciliari, bollato per sempre con quell'«imbarazzante fame di denaro». Nel marzo 2017, su richiesta del procuratore Anticorruzione, il prefetto ha nominato i commissari, dando loro il compito di prendere in mano la gestione per evitare ulteriori guai. Un compito non semplice e comunque ben remunerato: a ognuno dei commissari, infatti, è stato assegnato uno stipendiuccio da

11.833 euro lordi al mese. Ed è a questo punto, come dicevamo, che i consiglieri d'amministrazione si sono irritati: nominate i commissari? E li pagate pure bene? E noi che facciamo? Per lo meno dateci 120.000 euro in più...

NB. Entrambi gli aumenti, sia quelli del consiglio d'amministrazione sia quelli dei revisori dei conti, sono stati bloccati nell'ottobre 2017 in seguito alla protesta dei sindaci e alla polemica sui giornali locali. Il resto del meccanismo perverso, invece, purtroppo continua.

Escort, scapucchioni e il «magna»: i signorotti del Salento

Lo chiamano il «magna» («Di quanto è il magna?»). Oppure lo chiamano la «pila» («Non ti dimenticare la pila»). O anche la «mucaria» («Gli dobbiamo dare una mucaria»). Alla fine è sempre la stessa cosa: magna, pila, mucaria. In pratica: soldi, soldi, soldi. I soldi che servono per comprarsi i sindaci. I soldi che servono per vincere gli appalti. E i soldi che servono per la bella vita. Del resto si sa che, in Italia, chi trova l'immondizia trova un tesoro.

Nel Sud della Puglia il tesoro l'ha trovato Pasquale Leobilla detto Pasqualino. Sessantunenne ruspante, parlata semplice e cervello fino, modi di fare spicci ma conoscenze nei salotti che contano, ha creato dal nulla un piccolo impero, diventando di fatto il signorotto della monnezza salentina. Dalla sua roccaforte di Carovigno, fra un intrallazzo e l'altro, fa girare affari, denari, posti di lavoro e persino escort. Queste ultime le fa arrivare apposta dall'Est Europa per usarle come tangenti in carne e ossa. Le mantiene, vitto e alloggio all'Hotel Sotto le Stelle, concede loro ogni comfort («È una principessa, la dobbiamo trattare da principessa»), quando è il caso le accompagna a fare shopping («Domani andiamo a comprare qualcosa?»), se le porta a letto («È una favola, è una favola»). E poi, dopo averle testate, le offre agli amministratori pubblici in cambio di un appalto («Devi incontrare il sindaco. È un mio amico, un po' malato...»).

Sesso, potere, il «magna», la bella vita e la escort per il sindaco malato. C'è tutto lo spaccato dell'Italia degli Avvoltoi in questa storia, che nell'ottobre 2017 ha portato un terremoto nel Sud della Puglia, 12 arresti, quasi 100 indagati, manette e sequestri. Il dominus di tutto è lui, Pasqualino: ha creato una rete che si estende per vari comuni, arriva fino alle isole Tremiti, gestisce sindaci, organizza assunzioni, maneggia «mucaria» e distribuisce donne come fossero benefit di lusso. E pazienza se alla fine quello per cui i cittadini pagano, cioè il servizio, fa schifo. A un certo punto, per esempio, ci sono problemi in un impianto. E il commento degli uomini della cricca non lascia spazio a speranze: «Non funzionerà mai». E perché? «La macchina sta sbagliata.» E quindi? «Diventerà ferro vecchio.» Soldi buttati? «Soldi buttati.» E Pasqualino chiosa da par suo: «Che scapucchioni di pizzaruni che siamo...».

Già: che scapucchioni di pizzaruni che siamo. Ci divertiamo con le escort, accumuliamo il «magna» e ce la spassiamo. Di tutto il resto, chi se ne importa? A Carovigno, in tre anni, dal 2014 al 2017, la Tari è aumentata del 10 per cento. I 17.000 abitanti pagano quasi 4 milioni per la gestione della loro monnezza. E gli scapucchioni, anziché pensare a come rendere il servizio più efficiente o per lo meno più conveniente, fanno festa. E continuano per anni a realizzare «profitti illeciti» attraverso un «sistematico mercimonio dei poteri pubblici». Il tutto, ovviamente, finalizzato all'«arricchimento», come scrive il giudice per le indagini preliminari che nell'ottobre 2017 decide l'arresto di Pasqualino e dei suoi soci. «È chiaro che ci si trova davanti a raffinate menti criminali...»

Leobilla decide di parlare con i magistrati e torna a piede libero. Ma intanto, in attesa delle decisioni della Procura, dalle carte dell'inchiesta emerge plasticamente come funziona il sistema. Pasqualino & C. sono bravi organizzatori. Sanno come muoversi. Quando c'è da avvicinare i politici, per esempio, sono bravissimi. Quando c'è da gestire l'arrivo in Italia delle escort, sono efficientissimi. Riescono persino a fare avere a una di loro l'iscrizione all'anagrafe, la carta d'identità, il certificato di residenza, l'assistenza sanitaria, il codice fiscale e un conto corrente in banca, tutto basato su un contratto da dipendente farlocco. Nell'organizzazione del malaffare sono quasi asburgici. È quando bisogna gestire il servizio di nettezza urbana nell'interesse dei cittadini, come prevedono gli appalti vinti, che l'atteggiamento cambia. I nuovi cassonetti? Non esistono. I controlli degli impianti? Finti. I sopralluoghi? Inventati. I collaudi? Mai fatti. Del resto, che ci volete fare? Pasqualino è troppo impegnato per preoccuparsi di queste quisquilie. Deve tessere le sue reti con i sindaci. E poi deve telefonare alla escort nell'Hotel Sotto le Stelle: «Tu fai bene l'amore...».

Di persone ne assumono, per carità. Ma non importa che siano brave. Non importa che siano capaci o che abbiano voglia di lavorare. Macché. Conta che siano quelle indicate dagli amici potenti che poi firmano gli appalti. Per esempio: chi viene assunto come responsabile del servizio di igiene urbana? Un tecnico del settore? Un laureato in chimica? Un biomedico? Un ingegnere? Macché: viene assunto l'ex tuttofare del sindaco, noto soprattutto per aver gestito una ferramenta. Il contratto dura cinque anni, giusto il tempo che serve all'ex tuttofare per arrivare alla pensione. L'unica cosa che importa, alla faccia dell'igiene urbana.

E se poi il business dei rifiuti non basta più, dove è che si guarda? Provate a indovinare? Fuocherello, fuochino, fuoco. Bravi: risposta esatta. Si guarda al business dell'immigrazione. Immondizia e profughi, profughi e immondizia, seguite il filo rosso in giro per l'Italia. Il signorotto dei rifiuti del Salento, infatti, risulta anche amministratore di una società (la Agh Resort Srl) che ha ottenuto in gestione circa 400 richiedenti asilo, sparsi in diversi centri di accoglienza. Alcuni di questi centri sono anche finiti sotto accusa per le scarse condizioni di igiene: somministrazione di acqua non potabile, presenza di amianto, cibi serviti accanto a carcasse di auto e cumuli di escrementi, stanze infestate da zanzare, irritazioni cutanee e rischio di salmonellosi. Del resto, chi si occupa di rifiuti mica può perdere tempo con l'igiene pubblica, no?

Pasqualino non si smentisce. Fra l'altro, pur essendo diventato ricco grazie alla monnezza, non rinuncia al suo hobby preferito: truffare l'Inps. Aveva già preso una condanna definitiva per aver incassato sei anni il sussidio di disoccupazione senza averne diritto. Ci ha riprovato. Almeno secondo la Procura che l'ha fatto arrestare: infatti nel 2015 avrebbe fatto finta di essere assunto (prima) e licenziato (poi) dalla società Reteservizi Srl, di cui era di fatto l'amministratore, soltanto per incassare 7148 euro di sussidio di disoccupazione. Non è geniale? Resta solo un dubbio: perché uno che, appalto dopo appalto, si è ormai arricchito, continua a rubare 7000 euro all'Inps con la finta disoccupazione? Ho provato a chiederlo a chi l'ha conosciuto bene. E la risposta è stata: «Perché non ne ha mai abbastanza. E poi con tutte quelle donne...».

D'altra parte Pasqualino non ha mai dimenticato le sue umili origini. Oltre che l'attaccamento al sussidio di disoccupazione dell'Inps e un certo linguaggio piuttosto colorito, lo rivelano anche alcuni suoi atteggiamenti assai parsimoniosi. Se infatti con alcuni amministratori locali non esita a essere generoso, offrendo denaro ed escort a volontà, in altre occasioni gli viene un po' il braccino. O meglio, manifesta quella naturale tendenza al risparmio che distingue l'uomo che si è fatto da sé dai nipoti di casa Agnelli. Per esempio, quando si tratta di ringraziare una funzionaria del Tribunale di Brindisi che gli passa qualche informazione riservata, sapete come la paga? Con un pesce. Proprio così: un pesce del mercato, appena comprato e avvolto in carta da giornale. Mazzetta al tonno. O sogliola di tangente. Del resto, si sa che il pesce puzza dalla testa. Proprio come l'immondizia.

Il colosso dei rifiuti? La coop fondata da Buzzi (che aumenta il fatturato anche quando non funziona)

Nel 2017 Chieti è la città d'Italia in cui l'imposta dei rifiuti aumenta di più: 27,2 per cento rispetto all'anno precedente. Vince per distacco la speciale classifica realizzata dall'ufficio studi della Uil. Tanto per avere un'idea: solo tre città d'Italia hanno una crescita superiore al 10 per cento. In diverse altre la tassa sui rifiuti è anche diminuita (a Pavia, addirittura, dell'11,8 per cento). A Chieti no: a Chieti aumenta. E in modo spropositato: 27,2 per cento. Roba che se invece di buttare monnezza fai un salto dal gioielliere quasi quasi ti conviene.

Va bene, direte voi, ma almeno il servizio è efficiente? Le strade profumano di Mastro Lindo? I cassonetti sono ordinati come un esercito prussiano? La raccolta differenziata marcia a ritmi nordici? Macché. È lo stesso Comune a dire che bisogna «voltare pagina». Nel settembre 2017, infatti, viene pubblicato il bando per l'assegnazione del nuovo appalto, e si specifica: a) che si vorrebbe aumentare la raccolta differenziata, perché negli ultimi anni è diminuita; e b) che si vorrebbe una «città più pulita», perché evidentemente negli ultimi anni non lo era abbastanza. E a questo punto la domanda sorge legittima: ma perché un cittadino deve pagare il 27,2 per cento di tasse in più in un anno per avere un servizio che lo stesso Comune giudica inadeguato? E soprattutto: dove finiscono quei soldi?

E qui dobbiamo darvi una notizia interessante. Sapete da chi è stata gestita la raccolta di rifiuti a Chieti fra il 2013 e il 2017? Da una coop. Ma non da una coop qualunque, macché: dalla coop fondata da Salvatore Buzzi. Sì, proprio lui: quello di Mafia Capitale. Specifichiamo subito, perché è d'obbligo: la coop Formula Ambiente, questo il suo nome, non ha niente a che fare con l'inchiesta. È immacolata come una colomba bianca nel cielo di primavera. Illibata. Certo: è stata fondata da Buzzi (innegabile), Buzzi ne aveva la maggioranza delle quote (innegabile pure questo), la sua compagna sedeva nel consiglio d'amministrazione insieme a un altro degli uomini di Buzzi, mentre un terzo era nel collegio sindacale (ancor più innegabile). Ma con Buzzi e le sue malefatte quelli di Formula Ambiente non c'entrano nulla. Potevano forse accorgersi di qualcosa? Potevano capire che razza di gente era seduta al loro fianco? Potevano farsi venire dei sospetti? Macché. Per loro Salvatore Buzzi era un «ottimo socio». Ma proprio ottimo, ecco. E tanto basta.

Nel dicembre 2014, quando scoppia il bubbone di Mafia Capitale, i dirigenti di Formula Ambiente corrono ai ripari. Escludono la coop di Buzzi, buttano fuori le persone indagate, s'affrettano a rilasciare interviste in cui si dicono «sconcertati». E addirittura arrivano a dichiararsi vittime della situazione, paventando drammatici «effetti negativi» sul loro business. Per la verità mai previsione fu più scentrata: oggi, infatti, la coop rossa che si occupa di nettezza urbana è un colosso che fattura 88 milioni di euro, ha 941 dipendenti ed estende la sua ragnatela per tutta Italia, dall'Emilia alla Sardegna, passando per Abruzzo, Lazio, Veneto, Piemonte. Altro che effetti negativi: da Cesena a Maracalagonis, da Forlì ad Arbus, da Ovindoli al Gennargentu, non c'è comune che sfugga alla coop Formula Ambiente. La quale non afferrò di avere un Buzzi in casa, purtroppo, ma ora, in compenso, è pronta ad afferrare qualsiasi cosa si muova per il Paese. Soprattutto se si tratta di appalti.

Certo: fa sempre un po' effetto vedere lo spirito cooperativo declinato su giganti industriali. E non mancano le situazioni in cui la coop fondata da Buzzi è finita sotto accusa: l'appalto di Pomezia, per esempio, è stato oggetto di numerose contestazioni, oltre che di interrogazioni parlamentari e di segnalazione all'Anticorruzione; qualche polemica è stata sollevata anche a Tortolì, mentre a Rimini la Confcommercio ha protestato, con tanto di foto di cassonetti stracolmi, per il servizio inadeguato e gli spazzini hanno lamentato di lavorare «in condizioni igienico-sanitarie scarse, sotto organico e sotto pagati». Potrebbero essere incidenti di percorso, si capisce: se chi mangia fa molliche, figurarsi chi anziché mangiare lavora con la spazzatura... Ma il dubbio resta: se uno non riesce a distinguere tra Salvatore Buzzi e «un ottimo socio», come potrà poi distinguere tra un rifiuto e un altro? Forse è per questo che la differenziata resta al palo. Anche quando le tasse crescono a dismisura. Proprio come è successo a Chieti, dove Mafia Capitale non è mai arrivata e dunque tutto è pulito, si capisce. A parte le strade.

Il re di Profugopoli: «Con la monnezza guadagno 3,5 milioni in quindici giorni»

Profughi e rifiuti, rifiuti e profughi. È come se ci fosse una linea sottile a collegare i due business. Quella linea sottile l'abbiamo incontrata in Puglia con i signorotti del «magna», l'abbiamo vista in Mafia Capitale con gli appalti di Roma. E la incontriamo di nuovo a Treviso, mentre indaghiamo sul fallimento del Punto Riciclo di Vedelago. Di che cosa si tratti è presto detto: indicato come l'impianto modello d'Italia per la lavorazione dei rifiuti, celebrato da Grillo come esempio da imitare e da esportare ovunque, copiato e ammirato dalle altre città d'Italia, visitato da delegazioni di tutto il mondo, in realtà si è dimostrato assai meno efficiente di quello che sembrava. Tanto è vero che alla fine del 2014 è andato gambe all'aria con un buco di 30 milioni di euro. E sapete chi l'ha rilevato? Un personaggio già noto alle cronache di Profugopoli. Uno che dice serenamente, senza nascondersi: «Quello degli immigrati è un business e io ci voglio guadagnare». E poi aggiunge: «I rifiuti? È l'unica cosa che oggi rende più degli immigrati».

Lui si chiama Stefano Fuso. Nato a Cortina, residente a Ponzano Veneto, 50 anni, si definisce «un uomo di mondo». Ha cominciato la sua attività come consulente nel settore finanziario e dei prodotti elettronici, poi si è occupato un po' di tutto. Le 21 società che ha amministrato o liquidato spaziano in ogni settore, dalle montature per occhiali agli yacht, dai pannelli in legno al trasporto merci su strada. Ha fondato anche una società in Inghilterra, la Self Corporation Ltd, con sede da un commercialista dell'Hertfordshire. E con questa si è buttato nel business degli immigrati. O meglio, come dice lui: ci si è «imbattuto» e ne ha colto «le potenzialità». Il caso che lo ha fatto conoscere è stato quello di Eraclea, che abbiamo raccontato per l'appunto nel libro *Profugopoli* (scusate l'autocitazione): tramite una coop (la Solaris di Carpi) si era fatto affidare dalla Prefettura 135 profughi e li aveva messi nel residence Mimose, accanto agli appartamenti dei vacanzieri. I vacanzieri non avevano gradito, Fuso sì: infatti il residence Mimose, grazie ai soldi dell'accoglienza, è riuscito a comprarselo. E oggi è suo.

Del resto lui non si nasconde dietro un dito. Dopo l'uscita di *Profugopoli* fu intervistato anche da «Striscia la notizia»: «Non sono un altruista, sono uno che fa reddito e profitto» ha dichiarato ai microfoni del Tg satirico. L'abbiamo contattato il 31 ottobre 2017, mentre stavamo scrivendo questo libro. E lui ci ha ribadito: «Io faccio business con i profughi. Non sa quanti mi cercano per affidarmi immobili che non rendono nulla, perché li occupi con gli immigrati. Ci sono anche persone insospettabili. Tanta gente che sui giornali si schiera contro l'accoglienza, poi dietro le quinte mi offre palazzi e mi chiede di fare affari. E io, se posso, li accontento. Infatti sono in trattative in varie zone d'Italia, da Asiago a Vercelli. Spero di fare ancora tanti soldi così...».

Ma mentre spera di fare soldi piazzando profughi negli immobili sparsi per l'Italia, Fuso s'è già gettato a corpo morto nel nuovo business. «Quello degli immigrati non sappiamo quanto può durare, quello dei rifiuti invece andrà sempre a crescere» spiega. Per questo nel 2015 ha comprato il Punto Riciclo di Vedelago con un piccolo esborso: 2000 euro appena, 10.000 euro considerate pure le spese del notaio. Due anni dopo l'impianto fattura 2 milioni di euro («ma potremmo facilmente spingerlo a 4 milioni») e garantisce «ottimi risultati», almeno a sentire lui. Gli «ottimi risultati» però non sono sufficienti: nell'ottobre 2017, infatti, il Punto Riciclo finisce all'asta e viene ceduto a un grande gruppo del settore («il mio nemico», lo definisce Fuso). Una vicenda intricata nella quale saltano fuori anche inchieste della guardia di finanza, proteste per stipendi non pagati, operai messi in mobilità, corsi d'acqua inquinati, denunce e controdenunce, veleni nel terreno e ancor di più nelle aule di giustizia. Non è poco, se si pensa che tutto ciò avviene attorno all'impianto che il mondo intero ci doveva invidiare...

In ogni caso Fuso, anche dopo la decisione del giudice fallimentare, non s'arrende. Presenta ricorso al Tar e si appresta a dare battaglia per ritornare in possesso del Punto Riciclo. Ma soprattutto, ormai ingolosito dal business dei rifiuti, comincia a progettare l'espansione nel settore. Medita di acquistare altri due impianti. Di unire attività di gestione rifiuti ed energia («ci sono grandi margini»). E soprattutto si butta nel settore come intermediario, perché dice che «è così che si fanno i veri guadagni». Davvero? «Sì, c'è tanto bisogno di smaltire. E se uno trova le discariche, poi ha la fila di clienti alla porta.» Lei ha la fila di clienti alla porta? «Sì.» Ma dove le trova le discariche? «All'estero.» Dove? «Nella Repubblica Ceca, dove ci sono ancora i cementifici che assorbono rifiuti.» E poi? «In Polonia.» E quest'attività rende tanto? «Tantissimo.» Quanto? «Le faccio un esempio.» Prego. «Nei prossimi quindici giorni potrei piazzare 250.000 tonnellate di rifiuti. Lo sa quanto valgono?» No. «Moltiplichi 250.000 per 142 euro.» Sono oltre 35 milioni di euro. «Esatto.» Quello è il fatturato? «Sì, il valore della singola operazione.» E quanto guadagna un intermediario? «Il 10 per cento.» Quindi lei nei prossimi quindici giorni guadagnerà 3,5 milioni di euro? «Sì.» Non è poco, soprattutto per i cittadini che pagano... «Eh sì, per loro la tassa sui rifiuti è un po' cara, che ci vuole fare?»

Con la tassa sui rifiuti finanziava la coop della moglie. E lo chalet in montagna

Ma per trovare il caso simbolo del legame perverso rifiuti-profughi bisogna andare a Padova. Anzi, precisamente a Battaglia Terme. Qui abita Simone Borile: 49 anni, ex Dc, ex Forza Italia, ex PdL, poi approdato all'Ncd di Alfano, già consigliere comunale e poi consigliere provinciale, amico dei potenti e affamato di poltrone, Borile transita in vari consigli di amministrazione di enti pubblici, fino a quando assurge al ruolo di indiscusso ras della monnezza nella Bassa Padovana. Nel settore si accaparra tutte le cariche possibili, compresa quella di presidente del Consorzio Padova Sud (l'ente pubblico che dovrebbe controllare la gestione dei rifiuti) e di vicepresidente e direttore della Padova Tre srl (la società di gestione dei rifiuti che dovrebbe essere controllata dall'ente pubblico). Risultato: un patatrac. La società Padova Tre finirà per fallire. Lascerà strascichi infiniti. E il sospetto di vergognose sottrazioni di denaro. Secondo quanto ricostruito dalla guardia di finanza, infatti, Borile avrebbe usato i soldi della tassa sui rifiuti pagata dai cittadini per: a) finanziare le cooperative della moglie che sono così diventate leader nell'accoglienza degli immigrati; b) assumere nelle società controllate una serie infinita di parenti, cugini, nipoti e cognati degli amici potenti; e, già che c'era, c) ristrutturarsi il suo chalet in montagna. Bisogna pur rilassarsi un po' dopo tanta fatica, no?

All'origine di questa storia, come forse avrete intuito, c'è lo stesso meccanismo marcio che abbiamo già incontrato in Toscana. Si prega di notare la coincidenza: cambiano le regioni, cambiano i colori, ma i metodi restano sempre gli stessi. Si crea un ente pubblico (in questo caso Consorzio Padova Sud) e gli si affida il compito di scegliere il gestore della raccolta rifiuti per un'area più o meno omogenea (in questo caso 58 Comuni della Bassa Padovana) e poi si scopre che il gestore scelto è una società (in questo caso Padova Tre) controllata dal medesimo ente pubblico che lo deve scegliere. In pratica l'ente pubblico sceglie se stesso sotto forma di società privata. Così si creano le premesse del malaffare, non vi pare? È ovvio che chi disegna o permette sistemi simili lo fa perché vuole favorire il furto con destrezza: dalle tasche dei cittadini a quelle dei soliti noti.

I soliti noti, però, a volte esagerano. Arraffa di qui, arraffa di là, combinano guai. In questo caso a esagerare, almeno stando alle accuse della Procura di Rovigo, è Simone Borile. Infatti: nei conti di Padova Tre si viene a creare un buco di oltre 30 milioni di euro. La notizia comincia a trapelare nel 2015, grazie a un articolo pubblicato sul «Mattino» di Padova a firma di Elena Livieri. A sollevare i primi dubbi sono alcuni sindaci che si vedono piovere sulla scrivania richieste di denaro superiori a quelle dovute. Infatti la Padova Tre di Simone Borile, per cercare di coprire i buchi di bilancio, addebitava tutta una serie di spese aggiuntive, sperando che nessuno se ne accorgesse. In questo modo, secondo i calcoli degli investigatori, i cittadini avrebbero pagato 10 milioni di euro in più del dovuto. Dieci milioni, avete capito bene. Non è poco. Ma non è nemmeno tutto. Infatti c'è il resto del buco (20 milioni di euro). E come coprirlo allora? Presto detto: Padova Tre s'inventava crediti inesistenti. Proprio così: inesistenti. Li metteva a bilancio pur sapendo che non li avrebbe mai incassati. L'operazione spericolata, evidentemente, non poteva reggere. Il bubbone era troppo grande per rimanere nascosto. E, infatti, nei primi mesi del 2016 è esploso.

A questo punto, ovviamente, viene la curiosità di sapere come si è creato un buco così grande e perché non se n'era accorto nessuno. A questa seconda domanda rispondo subito: nessuno se n'è accorto perché chi doveva accorgersi delle malefatte di Borile a Padova Tre era il responsabile di Padova Sud, cioè il medesimo Borile. Che sia stato un po' tollerante? Ancor più interessante è scoprire dove sono finiti tutti quei soldi (30 milioni di euro). Quando la Gdf ha aperto gli armadi segreti, infatti, è saltato fuori un po' di tutto: a cominciare appunto dalle assunzioni di «un nutrito numero di persone legate a Simone Borile da rapporti di amicizia e di parentela, alle quali sono state riconosciute laute retribuzioni». E poi operazioni spericolate, acquisizioni di società inutili e quasi 9 milioni spesi per comprare immobili che ne valgono meno della metà: capannoni mai terminati, maxiparcheggi senza rampe, terreni che nessuno voleva, una società di elaborazione dati e contabilità elettronica (Tre Consulting), una cooperativa che gestisce ostelli e case vacanze (Terre di Mezzo), una società che doveva realizzare una centrale a biomasse che non è mai stata realizzata (Verdenergia Srl) e l'Elios Park di Monselice che di fatto non è mai nato. In pratica Borile ha sparso, per alcuni anni, denari a pioggia nella provincia di Padova. Peccato soltanto che non fossero denari suoi.

Ma che differenza fa? Quando ci sono affari in vista il ras dei rifiuti si butta a capofitto. Appena scorge un capannone o un terreno incolto o un Park succhiasoldi, zac:

lui ci piomba sopra come un Avvoltoio, per l'appunto. E dunque, volete che si lasci scappare il business dei profughi? Macché: appena lo vede all'orizzonte, lo fa suo. Con abilità pari alla spregiudicatezza. Infatti sua moglie, Sara Felpati, aveva fondato una piccola cooperativa, Ecofficina, che in origine doveva occuparsi soltanto del doposcuola dei bambini: grazie all'aiuto del marito è diventata una delle coop protagoniste del mercato dell'accoglienza, un vero colosso con 240 dipendenti, che in questi anni ha amministrato oltre 10.000 immigrati e attualmente gestisce il 50 per cento di quelli presenti in provincia di Padova e Venezia. Una potenza, insomma. Chi ha letto *Profugopoli* se lo ricorderà, di Ecofficina parlammo già allora. Nel frattempo ha cambiato nome (si chiama Edeco) e ha moltiplicato ancora gli incassi: la piccola coop che nel 2011 con il doposcuola incassava appena 114.940 euro, ha chiuso il bilancio 2016 con un fatturato pari a 26,9 milioni di euro. Cioè quasi 27 milioni di euro. Cioè 234 volte di più. E nel 2017, secondo il «Gazzettino», sarebbe riuscita addirittura a superare i 40 milioni di euro. Cioè circa 350 volte in più. Conoscete qualche altra impresa capace di performance così?

Certo: si tratta sempre di performance alle spalle dei contribuenti. E non solo perché quei 27 milioni di euro sono stati accumulati a suon di 35 euro al giorno pagati dalle prefetture, cioè da noi, ma anche perché, secondo le accuse della Procura di Rovigo, la crescita delle cooperative della moglie di Borile è stata finanziata con i soldi delle tasse sui rifiuti. Ricordate quei 10 milioni di euro pagati in più dai cittadini? Ecco: in parte finivano lì, sempre secondo quanto ricostruito dalla Gdf. A onore e gloria della gentile consorte che così poteva spazzare via ogni concorrenza e diventare leader assoluto nel settore Profughi Spa. Oddio, onore e gloria nemmeno troppo, visto che Ecofficina-Edeco è rimasta coinvolta in vari scandali per maltrattamenti degli immigrati, oltre che per truffa e falso, fino a essere indagata pure (gennaio 2018) per associazione a delinquere. In uno dei centri gestiti, quello di Conetta, c'è stata anche la morte sospetta di una ragazza: esplose allora la polemica per il sovraffollamento ed emerse un video in cui la signora Borile chiamava gli immigrati «macachi». «Sì è vero, li ho chiamati macachi ma non li ho offesi» ha ammesso lei in un'intervista a «Repubblica». In quella circostanza, va detto, onore e gloria sono stati definitivamente sepolti sotto un velo di ridicolaggine. Quello che però non è stato seppellito è il business dei profughi dei coniugi Borile. Il quale, infatti, continua senza sosta.

Nei centri profughi della ditta familiare, adesso, lavora anche Simone, l'ex ras dei rifiuti, che in seguito al fallimento di Padova Tre ha perso ogni poltrona pubblica. E per non perdere l'abitudine, è finito anche qui nei guai, accusato prima di aver truccato un bando in Prefettura (dicembre 2017) e poi, come si diceva, addirittura di associazione per delinquere (gennaio 2018). Ufficialmente lui non ha mai avuto incarichi nella coop della moglie, ma è sempre stato l'«uomo ombra», come l'hanno definito i giornali locali. Il *deus ex machina*. Ora è diventato anche il frontman. Pur non avendo incarichi formali, infatti, parla pubblicamente a nome di Ecofficina-Edeco, concede interviste sul business degli immigrati, si presenta ai giornalisti spiegando le ragioni della coop. Quello che non ha ancora spiegato, invece, è da dove sono arrivati i soldi (150.000 euro) con cui s'è risistemato come un bijoux la casetta sui monti trentini, a Cinte Tesino, località Farinello. Secondo la Gdf anche questi soldi, infatti, sarebbero arrivati dalle bollette dei rifiuti pagate dagli ignari contribuenti: Padova Tre doveva a una società di costruzioni 350.000 euro, invece gliene ha dati 500.000. I 150.000 in più sarebbero per l'appunto serviti per la ristrutturazione della casa vacanze di Borile. E lo so che lo spreco vi fa indignare, ma se ci pensate bene di tutte le spese pazze che quest'uomo ha fatto con i soldi nostri, be', quella di rimettere in ordine un rifugio lassù sui monti fra pascoli e vacche, ai confini di Heidi, è la meno scellerata. Saremmo anche disposti a perdonargliela, per la verità, la casetta ristrutturata. Se solo la usasse per andare a nascondersi e per non farsi mai più vedere a valle.

Il Supremo: da 70 anni re della monnezza romana

«Contratti? Appalti? Boh. Ma di che cosa stiamo parlando?» Diceva così al «Corriere della Sera» nel luglio 2016. E in effetti di contratti e di appalti lui non ne ha mai avuti. Per cinquant'anni ha gestito la spazzatura di Roma senza mai firmare un pezzo di carta, senza che esistesse un impegno formale. Solo strette di mano. «Tu hai bisogno di una cosa da me, no? Allora ci sediamo e trattiamo. Tu poi dici ok, mi sta bene. A quel punto ci alziamo, ci stringiamo le mani, e siamo tutti felici e contenti...» spiega. Se poi tutti sono davvero felici e contenti non si sa. Di sicuro è molto contento lui che, partendo da una famiglia di braccianti del contado romano, una stretta di mano dopo l'altra, è arrivato a costruire un impero planetario: da Rio de Janeiro a Oslo, da Barcellona all'Australia, oltre 114 discariche sparse nei cinque continenti, un fatturato globale che sfiora i 2 miliardi di euro e migliaia di dipendenti. È così che si è guadagnato il titolo di principe dei monnezzari, ottavo re di Roma, imperatore della spazzatura. Anche se per tutti, più semplicemente, è «il Supremo».

Di Manlio Cerroni si è già detto e scritto di tutto. Ma non si può parlare di business dei rifiuti senza citarlo. Per via della sua storia, naturalmente. Ma anche per via del suo presente. A 91 anni suonati (è nato il 18 novembre 1926), infatti, il Supremo continua a giocare un ruolo da protagonista nell'intricata questione dell'immondizia romana: pure la sua acerrima nemica, il sindaco Virginia Raggi, dopo averlo attaccato per l'intera campagna elettorale, dopo aver garantito che una volta eletta avrebbe voltato pagina per sempre, nel settembre 2017 è stata costretta a scendere a patti con lui. A Roma sembra non ci siano alternative: o Cerroni o il caos. L'unica novità è che al Supremo la solita stretta di mano non è bastata. Per la prima volta, dopo cinquant'anni, è stato costretto a firmare un regolare contratto.

L'intesa è per 18 mesi. Manlio Cerroni ritirerà la metà dell'immondizia indifferenziata prodotta dalla Capitale, evitando così l'emergenza, i cassonetti pieni, i rifiuti in strada, le vie del centro che diventano discarica a cielo aperto. Diciotto mesi, poi si vedrà. Ma certo fa effetto pensare che dipenda ancora tutto da lui, che oggi ha la bellezza di 91 anni, di cui 70 passati in mezzo alla spazzatura. Ha cominciato nel 1945, ha visto succedersi 35 fra sindaci e commissari, ha collezionato un arresto (nel 2014) e accuse di ogni tipo, è attualmente sotto processo per reati ambientali e per truffa, la sua azienda è stata commissariata in seguito a un'interdittiva antimafia confermata da sentenza del Consiglio di Stato, eppure tutti continuano a bussare alla sua porta. Del resto lo spiegava lui stesso nella già citata intervista al «Corriere della Sera»: «Tu hai bisogno di una cosa da me, no?». E se abbiamo bisogno di una cosa da lui...

Attualmente i suoi due impianti di Roma smaltiscono 1200 tonnellate di rifiuti al giorno: se si fermassero, la Capitale sarebbe in ginocchio. Per questo, in barba alle accuse, ai processi, alle interdittive antimafia, Cerroni può continuare a spadroneggiare. Anzi, a dilagare. Dopo una vita all'ombra della monnezza, infatti, ora esce alla luce del sole: compare nei salotti tv offrendo alle conduttrici scatole di marron glacés riempite con rifiuti; pubblica sul suo sito lettere aperte a senatori, deputati, leader politici, presidenti del Consiglio e addirittura presidenti della Repubblica; rilascia interviste in cui lancia «progetti fantascientifici» per salvare la città; fa trapelare sottili minacce («senza di me, Roma il problema se lo trascinerà per sempre»); chiede arretrati (17 milioni per aumento tariffe) e si propone per risolvere ogni guaio («sono in grado di portare la Capitale a una condizione di eccellenza in due o tre anni al massimo»). È così convinto delle sue capacità miracolistiche che arriva, lui cattolicissimo, a sfiorare l'eresia: «Sono come la Madonna del Divino Amore»...

Dalla discarica al Divino Amore, dalle aule del tribunale alla Madonna: ci vuole un attimo, si capisce. Del resto, se uno può costruire con i rifiuti un trono milionario e restarci insediato come monarca assoluto fino a 91 anni suonati, poi è anche normale che perda un po' il senso della misura. «Dicono che sia un orco e invece sono un benefattore» spiega lui. Si definisce così: benefattore. Ma anche: «pioniere», «oracolo di Delfi», «genio», «profeta», «eroe» comunque sempre «bello e lindo», «profumato di innocenza come un fiore». Anzi di più: «Sono un vero e proprio missionario». Ma sicuro: il missionario di Malagrotta, aspirante beato della discarica, martire del tritovagliatore, praticamente un angelo. Peccato solo che gli effetti di tutta questa santità, nel corso degli anni, più che i cittadini di Roma, li abbiano visti i direttori delle banche in cui tiene i suoi risparmi. «Se Cerroni chiudesse i suoi conti» ha raccontato un giorno un banchiere «chiuderebbe la metà delle filiali di Roma...»

E dire che è partito da una famiglia umile. Genitori braccianti, come si diceva, cinque figli, pochi soldi, nasce a Pisoniano, piccolo comune alle porte di Roma, di cui poi è diventato sindaco per tre volte. Si vanta di aver amministrato così bene che a una delle elezioni in cui era candidato i suoi avversari (il Pci) non riuscirono nemmeno a formare una lista contro di lui. Cattolico, democristiano e andreottiano, entra nel fatato mondo della monnezza a 19 anni. Per caso. Deve pagarsi gli studi e comincia a fare il «cernitore» per il Comune di Roma, cioè quello che faceva una differenziata *ante litteram*: «Separavamo ferro, vetro e carta da vendere e residui di cibo da dare ai maiali». Dice di essere rimasto «stregato» dai rifiuti e si vanta di aver realizzato, nel settore, imprese mirabolanti. Di sicuro ha realizzato la maxidiscarica di Malagrotta, la più grande d'Europa, chiusa nel 2013 dopo infinite polemiche. Lui ne va comunque orgoglioso. Malagrotta una vergogna? «Macché. Ha salvato Roma.» Era monopolista? «Sì, ma monopolista a vantaggio del cittadino.» Le accuse? «Una montatura per farmi fuori.» Hai finanziato tutti i partiti? «No, non tutti. Il partito radicale per esempio non l'ho mai pagato...»

Modi bruschi, tendenza alla sfuriata, un cappellino da pescatore spesso in testa («è il mio talismano»), Cerroni sembra aver realizzato un sistema indistruttibile. Dice di avere come motto quello imparato al convitto dei benedettini di Subiaco («ora et labora») però riadattato a modo suo: «Labora, labora et aliquem ora». Lavora, lavora e prega qualcuno. Tutti quelli che l'hanno combattuto, prima o poi, si sono dovuti arrendere. «Provai a costruire un modello diverso dal suo monopolio, con il via libera della Presidenza del Consiglio» ha detto per esempio l'ex prefetto di Roma, Giuseppe Pecoraro. «Ma non ci sono riuscito: Cerroni poteva contare su appoggi istituzionali altissimi.» Per i magistrati che lo stanno processando a Roma sarebbe il «dominus incontrastato di un sodalizio criminale».

Dominus? Sodalizio criminale? Guadagni alle spalle dei cittadini? Macché, risponde Cerroni. Con me i cittadini ci hanno guadagnato. Con me Roma ha risparmiato. «Se sono sopravvissuto a decine di sindaci, e se vengono a cercarmi da tutto il mondo, è perché il mio lavoro di monnezzaro lo so fare» si vanta. Nega ogni accusa, allontana tutti i sospetti, si riempie di autoelogi. E rilancia sempre più in alto. Nelle aule dei tribunali si concede veri show, nelle rare ma sempre folkloristiche interviste pure, sul sito Internet aperto dopo l'arresto ingaggia battaglie con chiunque a suon di documenti: «Non sono un ideologo, sono un uomo di azione» c'è scritto sotto la testata. E «Il Tempo», storico quotidiano romano, l'8 gennaio 2018 arriva quasi a santificarlo: *Ridateci Cerroni*, titola un editoriale del direttore.

Del resto uno che si permette di smaltire 150 milioni di tonnellate di rifiuti a Roma senza mai avere un contratto, e che dopo essere stato sospeso dall'attività con il sospetto di mafia viene invocato come unico salvatore persino dai suoi acerrimi nemici, be', è chiaro che ormai, a 91 anni, si sente in grado di poter fare tutto. Ma proprio tutto. Persino di essere santo. Persino di vivere in eterno. Nei faldoni dell'inchiesta che lo riguarda, infatti, viene trascritto un fuori onda tratto da una puntata di «Report». Si sente l'assessore regionale ai rifiuti, ovviamente molto in confidenza con Cerroni, che racconta di avere ricevuto dal re della monnezza una interessante proposta di lavoro. «Ti ha chiesto di sostituirlo?» gli chiedono. E lui risponde: «No, sostituirlo no. Lui non pensa di essere mortale». In effetti, è ovvio: non pensa di essere mortale. Altrimenti perché lo chiamerebbero il Supremo?

I misteri di Madame Déchets, la signora della spazzatura

La chiamavano Madame Déchets, la signora della spazzatura. In francese, perché fa più chic. Per anni è stata lei l'indiscussa regina del Principato Monnezza, figura mitologica tanto quanto il Supremo Cerroni, padrona assoluta, spietata e senza scrupoli, come ora ammette: «Mi sentivo onnipotente, calpestavo tutti quanti, avevo eliminato i sentimenti». Dell'età dell'oro le restano una bella casa nel cuore di Milano, la vita agiata, una sostanziosa pensione, qualche consulenza («ma solo se mi chiamano»), il ricordo dei 133 giorni in carcere e due dita mozzate: un taglio simmetrico, a entrambi gli anulari, attorno a cui sono fiorite mille leggende. «Adesso ho cambiato vita, mi occupo di arte e bellezza» dice, prima di beatificarsi: «Ho riscoperto la fede. Ogni mattina accendo le candeline in chiesa». Subito dopo, però, le torna il ruggito della manager rampante: se la prende con quelli che chiedono l'elemosina («Si dessero da fare»), rifiuta domande sui suoi patrimoni («Che cos'è? Un'indagine fiscale?»). E se le parli del mondo che è stato suo per tanti anni, quello dei rifiuti, risponde con la consapevole amarezza di chi lo conosce troppo bene: «Sarà per sempre malato...».

Nata a Lugo di Romagna, erede di una grande famiglia di imprenditori, Madame Déchets, al secolo Cesarina Ferruzzi, è tornata alla ribalta delle cronache nel dicembre 2016. La Commissione d'inchiesta parlamentare sulle ecomafie, allora presieduta dall'onorevole Alessandro Bratti, ha ordinato infatti una perquisizione nella sua casa: cercavano documenti sulla famosa *Jolly Rosso*, la cosiddetta «nave dei veleni» arenatasi su una spiaggia della Calabria dopo aver trasportato rifiuti tossici dal Libano all'Italia. A occuparsi di quel trasporto era stata proprio lei, Madame Déchets, allora plenipotenziaria della Monteco, la società del gruppo Montedison incaricata dell'operazione. Negli atti della Commissione d'inchiesta ci sono le foto a colori, consegnate dalla stessa Cesarina, di quei fusti che trent'anni dopo fanno ancora paura.

Per carità: il rimpatrio di veleni fu un'operazione assolutamente regolare, richiesta dal ministero degli Esteri, in particolare dalla Cooperazione allo sviluppo economico, e in teoria controllata dalle nostre autorità. Si trattava, infatti, di rifiuti tossici che l'Italia aveva cercato di spargere in giro per il mondo: dopo lungo peregrinare, da Marina di Carrara al Venezuela, quei bidoni pericolosi erano finiti a Beirut. Ma i libanesi non avevano del tutto gradito, come si può immaginare. E ci fecero capire che era meglio se andavamo a riprenderceli. Così abbiamo fatto. Madame Déchets organizzò l'intero rimpatrio: la nave arrivò al porto di La Spezia nel gennaio 1989 e dopo alcune settimane i rifiuti furono smaltiti. Pochi mesi dopo la *Jolly Rosso* (che aveva semplificato il nome in *Rosso*, considerando forse finito il tempo dei Jolly) si arenò ad Amantea (Cosenza). La vicenda è diventata interessante perché, secondo la Procura di Reggio Calabria e secondo la Commissione d'inchiesta sulle ecomafie, sono state decine e decine le navi cariche di rifiuti tossici affondate nel mar Mediterraneo negli anni Ottanta e Novanta. Sarebbe stato, dicono, il metodo di smaltimento più economico, anche se non proprio il migliore per la nostra salute.

Ma pensateci bene: se il metodo di smaltimento più economico è far affondare simili bestioni di navi, be', basta questo per capire che giro di denaro si muova dietro ai rifiuti. Madame Déchets ne era uno dei registi. Eppure, pur avendo raccontato in ogni sede l'operazione di rientro dal Libano, ha sempre detto di non sapere nulla di tutto il resto. Ma sarà vero? Se nel dicembre 2016 le hanno mandato la polizia giudiziaria a sequestrarle documenti in casa, vuol dire che la Commissione d'inchiesta non ne è del tutto convinta. Ma tant'è. Quello che è certo è che la stessa Cesarina, intervistata da Giulio Golia delle Iene, subito dopo la perquisizione in casa sua, ha ammesso: «L'Italia è stata per cinquant'anni il Far West in questo settore. Ognuno faceva quel che gli pareva». Ognuno faceva quel che gli pareva, per l'appunto. Compreso affondare in mare navi cariche di veleni?

Ma non è per questa vicenda che Madame Déchets è finita in carcere. L'accusa che l'ha portata dietro le sbarre nell'ottobre 2009 è stata la classica evasione fiscale. Lei ha patteggiato, anche se poi si è sempre detta innocente. In una chiacchierata con una mia collaboratrice, nell'ottobre 2017, ha dichiarato che «si fidava ciecamente del suo capo». Il suo capo allora era il mitico Giuseppe Grossi, quello degli affari Grossi, fondatore della Green Holding e ras dei rifiuti in Lombardia. «Uno che non fa prigionieri» lo definivano i suoi collaboratori. Anche lui fu arrestato, insieme a Cesarina, nell'ottobre 2009: gli trovarono 6 milioni di euro, Rolex pregiati, una collezione di Ferrari e auto di lusso, oltre che terreni e case sparse in tutta Italia. Anche per lui l'accusa era evasione fiscale: gli addebitarono fondi neri per 22 milioni di euro. Un po' di questi soldi erano finiti anche su un conto a Montecarlo intestato proprio a Madame Déchets. Lei assicura di non averne saputo niente, nonostante i rapporti fra i due fossero strettissimi.

Oggi Giuseppe Grossi è morto. I figli continuano l'attività aziendale con un certo successo (il gruppo Green Holding fattura 108 milioni di euro l'anno) e qualche nuova bufera giudiziaria. Cesarina Ferruzzi ha rotto con loro. Ha una sua società di consulenze, la Chloe Srl, di cui è socio unico e amministratore, e che ha sede a casa sua. «Sono in pensione dal 2015, ho trovato altri valori» spiega. «Lavoro se qualcuno me lo chiede, ma solo in modo estemporaneo. Il passato è finito, il sipario è calato.» Ha scritto un libro e va in giro a presentarlo. Si chiama *Il cielo a sbarre*. Ed è severa con la sua vita da manager rampante: «Mi ero inaridita perché volevo arrivare. Infatti sono arrivata. Ma a che prezzo».

Uno dei prezzi glielo si vede segnato sul corpo. Quelle due dita mancanti. È successo appena uscita dal carcere. Si favoleggiò molto al riguardo, si parlò di minacce, vendette, si tirò in ballo la criminalità organizzata. Cesarina Ferruzzi invece dà un'altra versione. Quella ufficiale. Era andata a Rimini, a un evento che doveva segnare il suo rientro in società dopo la galera. Fece tardi, rimase chiusa dentro il padiglione della Fiera, cercò di scavalcare il cancello e cascò giù: le mani rimasero infilzate nelle grate, aveva due anelli nei due anulari, le dita furono recise. Tutte e due nello stesso modo? Di netto? Uguali uguali? Possibile? «È andata proprio così.» Assicura che da allora non porta più anelli. E che nonostante tutto continua a suonare il piano. Tutto il resto, dalla *Jolly Rosso* alle navi sparite in Calabria, è spazzatura. Quasi un paradosso, per Madame Déchets.

Calabria, monnezza a 24 carati: a loro i diamanti, a noi i veleni

Che poi la Calabria, visto che ne abbiamo parlato, sul fronte dei rifiuti è davvero un caso da studiare. La differenziata? Qui non si fa. Il riciclo? Questo sconosciuto. Valorizzazione scarti? E che roba è? In compenso c'è l'emergenza. Da sedici anni consecutivi. Che già di per sé è un ossimoro: se un'emergenza dura sedici anni non è più emergenza, non vi pare? È routine. Ordinario disastro. Per altro piuttosto costoso per le nostre tasche: almeno 2 miliardi di euro. Ma il risultato di questa ingente spesa qual è? La regione è sommersa dalla spazzatura. E ha un solo record nel settore, quello delle discariche illecite. Ne sono state contate 44. Roba da guinness dell'immondizia.

Voi pensate dunque che l'emergenza non serva a nulla? Sbagliato. L'emergenza è utilissima. Al malaffare. Infatti se c'è l'emergenza, bisogna fare in fretta. Se bisogna fare in fretta, ci sono meno controlli. Così, per esempio, nell'ottobre 2017 si scopre che l'intero ciclo dei rifiuti della piana di Gioia Tauro, un bacino di circa 150.000 persone, sarebbe gestito da un clan di potere al cui vertice c'è l'avvocato Gioacchino Piromalli, boss dell'omonima cosca. Almeno questa è l'accusa della Procura di Reggio Calabria, che fa arrestare 7 persone fra cui un ex sindaco, una poliziotta, alcuni imprenditori già segnalati in operazioni simili e l'insospettabile consulente del commissario straordinario per l'emergenza. Lo vedete? Anche le consulenze: non è vero che sono inutili…

Infatti questi, consulenza dopo consulenza, erano diventati bravissimi. La setta di potere guidata dal boss Piromalli, secondo l'accusa, era riuscita a mettere le mani anche sull'unico termovalorizzatore della Calabria, quello di Gioia Tauro: ne avrebbero condizionato la costruzione, mattone dopo mattone, a cominciare dalla scelta iniziale del luogo dove insediarlo. E poi ne avrebbero amministrato la gestione quotidiana, facendo bruciare là dentro rifiuti di ogni tipo, al di fuori di ogni controllo. Mucchi selvaggi di monnezza. Camion su camion. E per ogni camion una «tassa» aggiuntiva di 80 euro che finiva direttamente nelle tasche della cosca. Ma non è tutto: i fanghi tossici prodotti dal termovalorizzatore, infatti, anziché essere smaltiti come previsto dalla legge, venivano riciclati come fertilizzanti. Cioè portati nei nostri piatti. *Et voilà*, così il ciclo è completo. E il veleno è servito a tavola.

Ve lo dicevo, no? Altro che regione arretrata. La Calabria è all'avanguardia del malaffare. Quasi un prototipo del business criminale. Qui infatti c'è la 'ndrangheta. E come ha spiegato bene nei suoi libri il magistrato Nicola Gratteri, la 'ndrangheta bada al sodo: non si è mai esposta con le clamorose stragi di Stato, come ha fatto la mafia; non si è persa nelle spettacolari sparatorie di periferia, come ha fatto la camorra. Macché. Sta nell'ombra e punta ai soldi. A farne tanti. Con la droga. Con il mattone. Con le frodi agricole. Con le slot machine. Persino con le farmacie. E, ovviamente, con i rifiuti, che ormai rendono più dei diamanti. Monnezza a 24 carati.

Ma se pensate alle forme arcaiche dell'arraffo, a piccoli cabotaggi, discariche di provincia, vi sbagliate. E di tanto. La 'ndrangheta, infatti, fa le cose in grande. E in modo sempre più professionale. Per esempio: costituisce società partecipate con i Comuni. Ci mette a capo insospettabili teste di legno (di legno, si fa per dire) e attraverso di esse gestisce tutte le operazioni di raccolta e smistamento rifiuti. Municipalizzata 'Ndrina Spa. Ma sicuro. E non è successo in un piccolo paesino della Locride, ma direttamente a Reggio Calabria: nel luglio 2016, infatti, Bruno De Caria, l'ex direttore operativo della Leonia Spa, società partecipata al 51 per cento dal Comune di Reggio Calabria, è stato condannato in primo grado a 15 anni e 6 mesi proprio per aver usato la municipalizzata per arricchire le cosche, in particolare la cosca Fontana. Vi siete mai chiesti perché negli ultimi anni le società partecipate si siano moltiplicate? E perché, al di là delle chiacchiere, nessuno riesca ad abbatterle? Forse questa storia può aiutarci finalmente a capire...

Bruno De Caria era, per l'appunto, un insospettabile. Era stato scelto per guidare la società, appena costituita, con l'approvazione di tutti. Applausi e consensi. Era indicato come l'uomo giusto al posto giusto, vero esperto di rifiuti. Ma, stando alla sentenza di primo grado, a beneficiare dei suoi servigi non sono stati tanto i cittadini, che pure gli pagavano lo stipendio, quanto i clan che così si sono arricchiti. Nell'ambito dell'inchiesta Rifiuti Spa, infatti, sono stati sequestrati loro beni per 32 milioni di euro. Avete capito bene: 32 milioni di euro. Fra l'altro, una volta finiti in carcere questi galantuomini hanno cercato di gestire ancora il traffico corrompendo avvocati e amministratori giudiziari. Sono stati smascherati (inchiesta Rifiuti Spa 2). Memorabile l'intercettazione in carcere di uno di loro che spiega alla moglie come remunerare i corrotti: un foulard di Hermès, un gioiello tempestato di diamanti... Ma certo, no? A loro i diamanti, a noi i veleni nel piatto.

Crotone, rifiuti e pallone: l'egemonia dei Vrenna

A Crotone, invece, il re dei rifiuti si chiama Raffaele Vrenna. Cinquantanove anni, per venticinque presidente della squadra locale di calcio, che ha preso tra i dilettanti e portato fino in serie A, già esponente importante della Confindustria regionale, Vrenna ha cominciato la sua ascesa con una radio privata e con una discoteca, il Club 83. La gestiva con il fratello Gianni, con cui ha condiviso l'intera avventura imprenditoriale. Insieme si occupano di rifiuti dal 1987, cioè da trent'anni. E oggi sono i padroni assoluti dell'immondizia in tutta la provincia. Con un patrimonio che è stato stimato in 800 milioni di euro.

Nipote di «Zu Luigi 'u Zirru», al secolo Luigi Vrenna, boss di Crotone negli anni Settanta, Raffaele è passato attraverso vari guai giudiziari ma ne è uscito sempre pulito. La Corte d'Appello di Catanzaro l'ha assolto dal reato di concorso esterno in associazione mafiosa, il Consiglio di Stato gli ha rilasciato di nuovo regolare certificato antimafia e il sequestro preventivo dei beni chiesto dalla Direzione distrettuale antimafia di Catanzaro nel 2016 è stato respinto. Il questore di Crotone dice che tra Vrenna e i mafiosi esistono rapporti «gelatinosi», ci sono posizioni «di reciproco rispetto», ma «ciò non ha avuto un riscontro processualmente rilevante». Lo riporta anche la Commissione d'inchiesta bicamerale sui rifiuti nella sua relazione sulla Calabria. E il questore, in seduta segreta, conferma ancora una volta: «Esiste una sorta di rapporto paritario tra Vrenna e i soggetti mafiosi», ma «nelle indagini fatte non emergono cointeressenze dirette da parte di gruppi criminali nella gestione dei rifiuti».

Dunque, da questo punto di vista, Vrenna è inattaccabile. Le sentenze gli hanno dato ragione. E lui va al contrattacco definendosi «vittima» dei clan. Ma se usciamo dalle aule di giustizia ed entriamo nella realtà, il bilancio è assai meno positivo: dopo trent'anni di egemonia dei Vrenna, la gestione dei rifiuti a Crotone non brilla certo come i conti del gruppo imprenditoriale. Al contrario: la città, secondo i dati del «Sole-24 Ore», è 103esima nella classifica dei 104 capoluoghi di provincia italiani per raccolta differenziata, con il 6,6 per cento (solo Siracusa fa peggio). E nei comuni limitrofi le percentuali si abbassano ancor di più: appena il 5 per cento a Strongoli, lo 0,56 per cento a Casabona... Quasi un record planetario. I ripetuti annunci dell'avvio della campagna per la differenziata cadono regolarmente nel vuoto: finora l'immondizia finisce tutta insieme, appassionatamente. E dove? Nelle discariche. Che sono tutte di proprietà privata, guarda caso. Nemmeno una pubblica. La più grande, quella di Columbra, è per l'appunto dei Vrenna: nel 2016 la Regione Calabria ha dato il via al suo ampliamento per altri 2 milioni di metri cubi di spazio...

Altri metri cubi, altre tonnellate di rifiuti. Altri soldi. Se dopo sedici anni di emergenza non si riesce a far altro che prendere l'immondizia e buttarla in discarica, è evidente che il risultato sarà sempre lo stesso: chi ha la discarica si arricchisce, il paese s'avvelena. Anche perché spesso le discariche sorgono dove non dovrebbero. È il caso di quella di Celico, sempre di proprietà dei Vrenna. Siamo a ridosso del parco nazionale della Sila, a poca distanza dai centri abitati, sul bordo di due torrenti e in un'area riconosciuta come sismica. Cioè in un posto dove una discarica non dovrebbe mai sorgere. Infatti nel giugno 2017, dopo infinite battaglie, proteste, marce, scioperi della fame, voti in consigli comunali, multe e sanzioni, la discarica di Celico è stata chiusa. Lasciando a tutti però un'amara domanda sospesa: ma perché diavolo era mai stata aperta?

È uno dei tanti misteri di Crotone, la provincia dove i malati di cancro abbondano drammaticamente (il tasso di mortalità per tumore è superiore del 10 per cento rispetto alla media nazionale). E dove l'intero ciclo dei rifiuti è gestito in modo egemonico da Raffaele Vrenna, nipote di Zu Luigi 'u Zirru, vincitore dei processi e ammiccante dal suo sito Internet. Qui, sotto un suo maxiritratto artistico, il re dell'immondizia di Crotone spiega di aver lasciato la squadra di calcio al fratello e di essere tornato al suo primo amore, cioè il turismo. Infatti, tra una discarica e l'altra, s'è appena concesso il lusso di aprire il Praia Art Resort, un 5 stelle impreziosito, ci tiene a sottolinearlo, da un ristorante gourmet. E chissà che i profumi dell'alta cucina non riescano a cacciare per sempre la puzza che viene dalle discariche.

Sicilia: così si sono arricchiti i re delle discariche

«Ca tutti ca ceccunu soddi.» Qui tutti che cercano soldi. Dice così il patriarca Salvatore Proto, classe 1939, ai microfoni di «Presadiretta» di Raitre. È il marzo 2015 e suo figlio Mimmo è stato da poco arrestato con l'accusa di corruzione. Secondo i magistrati avrebbe pagato tangenti a un funzionario della Regione per tenere aperta la sua maxidiscarica in provincia di Catania: viaggi di lusso, vacanze a cinque stelle, maxitelevisori, impianti stereo, ovviamente escort (possono mancare le escort in una corruzione che si rispetti?) e soprattutto denaro contante. Tanto denaro. Del resto, che ci volete fare? «Ca tutti ca ceccunu soddi.» Tutti cercano soldi. Li pretendono. E poi manco si accontentano. Vogliono pure far assumere i parenti, come dice sempre il patriarca Proto ai microfoni Rai: «Chistu voli abbissari a so figghia, chistu voli abbissari a so fratri». Quello vuole sistemare la figlia, quello il fratello, poi magari il cugino, il cognato, il nipote...

Tutti lì, in coda, con il parentado che preme, a bussare ai poveri Proto (poveri: si fa per dire). Vi rendete conto? Che qualcuno nella Sicilia orientale abbia scambiato la discarica per un bancomat? E i suoi proprietari per Babbo Natale? Il sospetto viene, di fronte a tante richieste. Per carità: che ci sia stata davvero corruzione è tutto ancora da provare (il processo penale è in corso). Che la discarica sia stata tenuta aperta a suon di mazzette pure. Per poterlo dire bisogna aspettare la sentenza finale, se e quando mai arriverà. Ma intanto cominciamo a vedere le cose sicure: da queste parti i Proto sono una potenza. E di soldi se ne intendono davvero. Infatti ne hanno accumulati a montagne, partendo dal nulla. Salvatore, il patriarca, guidava i camion della ghiaia: ora la sua azienda fattura 50 milioni di euro (49,6 per l'esattezza) con oltre 5 milioni di utile l'anno (nel 2015 e nel 2016). Già una decina d'anni fa, per dire, sua moglie risultava la seconda contribuente della Sicilia. E il figlio Domenico detto Mimmo, 52 anni, casa nel centro di Taormina, a pochi passi dal Teatro Greco, quando esce dagli arresti si presenta ai giornalisti per farsi intervistare nella maxidiscarica con al polso un massiccio Rolex d'oro tempestato di brillanti. Lampi di ricchezza fra montagne di monnezza.

Del resto, la ricchezza dei Proto è stata tutta costruita attorno alla monnezza. E alla maxidiscarica. La prima autorizzazione a crearne una, nel Comune di Motta Sant'Anastasia, la ebbero il 16 settembre 1983. Era un'autorizzazione provvisoria. Da allora sono passati trentacinque anni, e un'autorizzazione provvisoria dopo l'altra, un permesso temporaneo dopo l'altro, sono ancora lì. Quella prima discarica è stata chiusa (non bonificata perché costa troppo), ma nel 2009 ne è stata costruita una ancora più grande di fianco. Ci sono in corso dispute giudiziarie, siamo passati attraverso una storia infinita di chiusure, riaperture, denunce, controdenunce, arresti, commissariamenti, addirittura interdittive antimafia. Ma non è cambiato nulla: alla fine i camion arrivano sempre qui. Nel comune di Motta Sant'Anastasia. Nella discarica dei Proto. I quali, proprio come Cerroni a Roma, si sentono quasi dei benefattori della comunità, ingiustamente perseguitati. E infatti, per i periodi in cui non hanno potuto ricevere rifiuti a pieno ritmo, a causa delle chiusure forzate, stanno addirittura chiedendo i danni allo Stato: 10 milioni di euro. C'è pure il rischio che dovremo darglieli.

Proprio così, preparatevi: finirà che dovremo mettere mano al portafoglio e dare di tasca nostra un contributo milionario ai proprietari della discarica, già chiusa per interdittiva antimafia, su cui la commissione regionale istituita nel 2014 ha individuato una serie infinita di «incongruenze», «anomalie», «non conformità legislative» e violazioni di «norme tecniche», e il cui responsabile è sotto processo per corruzione. Lo dovremo fare non solo perché hanno bravi avvocati, ma soprattutto perché è vero che la Sicilia, senza di loro, non saprebbe dove mettere i rifiuti. E gli stessi tribunali, nell'esaminare il caso, sottolineano l'ambiguità di uno Stato che da una parte fa di tutto per chiudere una discarica contestata e contrastata, e dall'altra continua a mandare lì i camion carichi di immondizia.

Perché questo succede? Siamo alle solite: perché c'è l'emergenza. Da sempre. Negli ultimi vent'anni in Sicilia l'emergenza rifiuti è stata proclamata quasi senza interruzione di continuità: dal 1998 al 2006, poi dal 2010 al 2012, poi di nuovo dal 2014... Anche il nuovo presidente, Nello Musumeci, appena eletto ha denunciato l'emergenza: «Ci vogliono poteri speciali». Ogni volta lo stesso ritornello: c'è l'emergenza, via con i poteri speciali, riaprite le discariche. La differenziata? Il riciclo? E che cosa sono? La Sicilia, in questo campo, è come la Calabria: fanalino di coda.

Sull'isola fino al 2014 la raccolta differenziata era ancora al 12,5 per cento, negli ultimi tempi è salita al 20 per cento del totale. Molto di più, si capisce, ma ancora drammaticamente meno rispetto a quanto dovrebbe (in Italia la media è del 52,5 per cento, in Veneto siamo al 73 per cento...). E comunque sull'isola anche quando la raccolta differenziata viene realizzata rischia di non servire a nulla: nel luglio 2017 il «Giornale di Sicilia» rivela che in almeno cinquanta Comuni i rifiuti separati nelle case dai cittadini vengono poi rimessi insieme subito dopo la raccolta. Proprio così: li separano per gioco. Fanno solo finta. Poi li uniscono tutti. Per buttarli in discarica insieme. Cambia tutto per non cambiare nulla, insomma, come al solito. Siamo pur sempre nella terra del Gattopardo...

Colpa della politica? Colpa dei burocrati? Sicuramente sì. Ma quanto pesa sulla politica e sulla burocrazia il potere dei «signori della monnezza»? Secondo Aurelio Angelini, docente di sociologia dell'ambiente, uno dei massimi esperti siciliani in questo settore, i re delle discariche sull'isola si spartiscono un tesoro da 300 milioni di euro l'anno. E allora diventa inevitabile porsi il domandone centrale di tutta questa storia: le discariche restano aperte perché c'è l'emergenza o c'è l'emergenza per permettere alle discariche di rimanere aperte, continuando così ad arricchire i loro proprietari?

Questo lo dovrà dimostrare il processo. Quello che invece è già stato dimostrato è che la discarica che arricchisce la famiglia Proto è molto vicina alle case, forse troppo. Che i cittadini sentono puzza e non ne vogliono più sapere ormai da anni. Che ci sono state marce, picchetti, manifestazioni, promesse («la chiuderemo, la chiuderemo»), liti, processi, scontri verbali, comitati, sottocomitati, petizioni, sindaci combattivi e appelli pubblici, ma che alla fine nulla cambia, forse perché sono in troppi a trarre guadagno dal disagio altrui. I primi sono proprio i Proto, ovviamente. Ma non sono mica soltanto loro. Ci guadagnano anche altri. Anche insospettabili. Basti pensare a questo: la società della famiglia Proto che gestisce la maxidiscarica è stata commissariata quasi per due anni. Ebbene: due dei cinque commissari, nominati dalla prefettura, ricevevano una retribuzione di 540.000 euro l'anno, oltre 45.000 euro al mese. Proprio così: 45.000 euro al mese per gestire da commissari un pozzo di rifiuti che avvelena l'animo, se non i polmoni della gente. E poi si chiedono perché la discarica delle polemiche non chiude. Ovvio. Non chiude perché «ca tutti ca ceccunu soddi». Tutti cercano soldi. Ma proprio tutti. Perfino i commissari del Prefetto.

PS. Che poi il business dei rifiuti in Sicilia sia ancora per buona parte nelle mani della mafia è acclarato. Lo ha detto in modo esplicito la Commissione d'inchiesta parlamentare sui rifiuti (che parla di «sistema di illegalità diffuso e radicato») e lo hanno mostrato le numerose inchieste della magistratura. Nel 2017 ce ne sono state due particolarmente clamorose: una in marzo tra Palermo, Messina, Catania e Siracusa, che ha portato all'arresto di 14 persone, fra cui anche alcuni funzionari regionali; e una in novembre a Catania, che ha portato all'arresto di 16 persone, fra cui alcuni funzionari comunali, con il sequestro di 30 milioni di euro. I boss mafiosi siciliani gestiscono la munnezza, è chiaro, perché ormai rende più della droga. In cambio i cittadini ne hanno servizi ignobili e costi sempre più alti. A parte la famiglia Riina, s'intende, che di costi di questo tipo non ne ha mai avuti. Il Comune di Corleone si è accorto infatti, nel settembre 2017, che i parenti del Capo dei Capi non avevano mai pagato la tassa sui rifiuti. Ma proprio mai. Nemmeno un centesimo. Allora hanno pensato di mandare loro la cartella, con tanto di arretrati. I Riina non l'hanno accettata. È ovvio: l'immondizia, da quelle parti, non si paga. Al massimo, si fa rendere.

Quei roghi sospetti in Lombardia e Veneto

Nella notte fra martedì 10 e mercoledì 11 ottobre 2017, a Chiari, non distante dal lago d'Iseo, scoppia un incendio. Il cielo della Bassa Bresciana viene illuminato a giorno da vampate spaventose. Poi si levano altissime colonne di fumo nero. E i vigili del fuoco devono faticare non poco per evitare che il rogo raggiunga le case circostanti. Ad andare in fiamme è un impianto di rifiuti in via Vecchia per Pontoglio. Un fatto isolato? Macché. La paura e la puzza non sono ancora smaltite e, fra il 15 e il 16 ottobre, un altro incendio scoppia nello stesso impianto. Di nuovo di notte. Di nuovo le vampate. Di nuovo il fumo. La gente si preoccupa, domanda che cosa stia succedendo, ma nessuno sa spiegare. Un allevatore della zona si sfoga con il cronista di «Bresciaoggi»: «Con noi i controlli sono feroci: a me, per esempio, per ragioni sanitarie, non hanno permesso di tenere due asini nella stessa stalla delle mucche. Qualcuno vigila allo stesso modo sui rifiuti?».

Già: bella domanda. Perché le autorità costituite controllano attentamente gli asini dell'allevatore e non altrettanto gli asini che fanno viaggiare l'immondizia? E perché nessuno interviene sul nuovo fronte settentrionale della monnezza? Perché nessuno cerca di fermare questo strano ripetersi delle fiamme in pianura padana? Forse perché occuparsi di rifiuti, da queste parti, è più sconveniente che occuparsi della cacca delle mucche? Imbarazza di più? Eppure bisogna dirlo con chiarezza: da qualche tempo le regioni del Nord, in particolare Veneto e Lombardia, si sono trasformate nella nuova Terra dei Fuochi. Proprio così. Nessuno ve lo racconta, ma è quello che sta accadendo: alla faccia di Gomorra, la monnezza sfugge alle grinfie della mafia del Sud e va a riempire le tasche degli imprenditori del Nord. I quali, per altro, nel far soldi dimostrano di avere anche meno scrupoli dei clan.

Per questo in Lombardia, da qualche tempo, gli incendi si susseguono a ritmi impressionanti. Il 3 gennaio 2018 è andato a fuoco un capannone a Corteolona, in provincia di Pavia: era pieno di rifiuti stoccati in modo abusivo. Allarme nube tossica, invito ai cittadini a rimanere chiusi in casa, paura e sospetti: chi aveva preso in affitto quell'edificio? Chi ci portava la monnezza? E come poteva avvenire tutto ciò al di fuori di ogni controllo? Ma i casi sono numerosi e ravvicinati. Il 22 novembre le fiamme avevano colpito la Salpo di Gambolò e il termovalorizzatore di Parona Lomellina. Il 2 ottobre era andata a fuoco la Metalmarsa di Cinisello Balsamo di proprietà del gruppo Carluccio. A settembre la Eredi Bertè di Mortara. A luglio la Econova di Bruzzano (sempre del gruppo Carluccio) e la Rottami Metalli Italia di Arese (che aveva già subito tre incendi nel 2016). A marzo la Specialrifiuti di Calcinatello (Brescia) e a maggio la Aboneco, ancora a Parona Lomellina (quest'ultima incendiata anche ad agosto). E prima ancora la Rilecart di Alzano Lombardo e per tre volte la discarica di Bedizzole, che pure era già sequestrata dalla magistratura…

Ma se la Lombardia, e in particolare la provincia di Pavia, risultano particolarmente colpite, il nuovo fenomeno dei roghi di rifiuti coinvolge un po' tutto il Nord, dalla Liguria (come dimostra l'incendio del 7 gennaio 2018 a Cairo Montenotte, nell'entroterra di Savona) al Piemonte (come dimostra il rogo del 5 aprile 2017 a Pinerolo, con il fumo che si è spinto fin su Torino). E il Veneto? Qui il fenomeno comincia addirittura prima. Una serie di roghi, infatti, colpisce la regione già nel corso del 2015 e del 2016. Scattano gli allarmi. *Boom di incendi in centri e impianti*, titola il «Fatto Quotidiano» il 21 ottobre 2016. A scrivere l'articolo è Veronica Ulivieri, che torna poi sull'argomento il 3 gennaio 2017: *Veneto, gli strani incendi nel settore dei rifiuti*. Si parla di più di venti casi in soli due anni, quasi uno al mese. A bruciare sono sempre centri per la raccolta, lo smistamento e il trattamento della differenziata, che in Veneto è a livelli record. «Siamo di fronte alla mafia senza mafiosi» sostengono gli investigatori. Il problema produce una serie di interrogazioni parlamentari che rimangono però rigorosamente senza risposta. È davvero singolare, non vi pare? Abbiamo letto migliaia di articoli e visto milioni di ore tv sulla Terra dei Fuochi in Campania. Abbiamo fatto dibattiti a non finire. Abbiamo registrato appelli, petizioni, indignazioni varie. Perché la Terra dei Fuochi del Nord, invece, sta passando sotto silenzio?

Certo: ogni volta che si alzano le fiamme scatta l'allarme mediatico. Il pronto soccorso tv. Le immagini fanno il giro delle case con annesso panico da avvelenamento. Si parla di nube tossica, rischio diossina, i Comuni invitano gli abitanti a tenere le finestre chiuse. Ma poi finisce tutto lì. Si volta pagina, si spengono i riflettori. Resta il silenzio. Fino all'incidente successivo. Nessuno che s'indigni, nessuno che si scandalizzi, nessuno che verghi pagine angosciate. Eppure il ripetersi ossessivo di episodi del genere, a breve distanza di tempo e a breve distanza di chilometri, dovrebbe suscitare almeno qualche domanda. La Commissione d'inchiesta parlamentare ha contato 260 roghi dolosi a impianti di rifiuti in tre anni, il 40 per cento al Nord. E nel 2017 ha organizzato due missioni in Lombardia e Veneto proprio per cercare di capire: perché succede? Perché continua a succedere? E soprattutto: che cosa sta succedendo?

«C'è una guerra dietro i rifiuti» dice Walter Ganapini, un esperto del settore che di questi temi si occupa da sempre. E spiega: «Dopo aver incassato gli incentivi pubblici per il riciclo, molti imprenditori anziché recuperare i rifiuti plastici li spedivano in Cina. Ora che Pechino ha bloccato il flusso illegale, li bruciano». Non potrebbero farlo, si capisce, ma a chi non viene la tentazione? Il magistrato Roberto Pennisi, della Direzione investigativa antimafia, esperto in crimini ambientali, invita a seguire come sempre il filo verde dei soldi: «Il rifiuto meno lo tocchi più guadagni» spiega. Che significa? Semplice: «Le imprese hanno interesse ad acquisire più rifiuti possibile perché più ne acquisiscono più aumentano gli introiti». Ma poi la normativa richiede trattamenti, lavorazioni, messe in sicurezza, tutte operazioni costose. «Il rifiuto meno lo tocchi più guadagni.» Appunto: se lo bruci, non lo tocchi per nulla. E dunque guadagni un sacco...

Ecco perché bruciano i rifiuti. Ecco perché al telegiornale sentite ogni tanto di una nube tossica. Ecco perché i vigili del fuoco devono intervenire, l'aria si ammorba, i vostri polmoni si riempiono di tossine e le vostre tasche si svuotano di soldi. Perché se i rifiuti bruciano, rendono di più. Semplice, no? Con una novità. La rotta dei rifiuti si è invertita. Non è più da Nord a Sud, dalle industrie settentrionali alla Terra dei Fuochi, dal produttivo lombardo-veneto alle discariche del Mezzogiorno. La nuova rotta è, all'opposto, dalle terre dell'emergenza (che sono al Sud) a quelle dove ci sono più imprenditori, commercianti, faccendieri, mediatori, businessman e uomini d'affari (cioè al Nord). Gente, insomma, che sa benissimo come si fanno i quattrini. Perciò accendono i roghi. Bruciano i rifiuti. Per non toccarli e guadagnare di più.

La rotta Sud-Nord, per la verità, non è una novità assoluta. In passato aveva già riguardato i rifiuti speciali, secondo quanto dichiarato dal pentito Nunzio Perrella, cioè i rifiuti tossici, quelli che partivano dal profondo Sud per arrivare nelle campagne di Brescia o di Vicenza o di Ferrara, ed essere per sempre (e di nascosto) sepolti lì. Perrella lo ha scritto in un libro e lo ha mostrato anche in Tv. Ma ora a intraprendere questa rotta Sud-Nord non sono più i rifiuti tossici speciali, ma quelli normali, cioè quelli raccolti sull'uscio delle nostre case, che negli ultimi anni hanno alimentato un traffico mostruoso. Traffico molto ricco, va da sé, e non sempre lecito, come dimostra una recentissima inchiesta nata proprio a Brescia. E destinata a fare scuola. Quella sul cosiddetto «metodo Bonacina».

Il metodo Bonacina: come guadagnare 10 milioni di euro pipì, pupù, papà

«Perché lì purtroppo pipì, pupù, papà.» Ma si capisce: pipì, pupù, papà. E una montagna di rifiuti. Anzi una piramide. Anzi di più. «Siamo sulla torre Eiffel: capito?» Una tour Eiffel di rifiuti che, per altro, non dovrebbero stare a contatto fra loro. «Tu mischieresti quella roba lì?» «Noi la buttiamo sempre... Quando arrivano i camion la buttiamo sopra in modo che si sparpagli bene.» Certo, sparpagliare non è proprio regolare. Mischiare neppure. E anzi può succedere che a forza di mischiare oggi e mischiare domani, rifiuti su rifiuti, trattamenti mancati e combinazioni illegali, la discarica diventi una specie di bomba chimica. «Madonna che puzza che c'è?» «Qualcuno nel paese comincia a lamentarsi.» Ma pensa un po' che strano: tu li inondi di monnezza e quelli, anziché ringraziarti e darti la medaglia al valor civile, osano pure lamentarsi. Che razza d'ingrati. «Qui è un casino, c'è una situazione di merda.» E che facciamo? «Prepara un buco.» Sotterri tutto? «Sicuro.» E se non basta? «Non preoccuparti: ci pensa lui a "tranquillizzarli".» Pipì, pupù, papà.

Ma sì, avanti: bisogna tranquillizzare tutti. Soprattutto bisogna tranquillizzare i cittadini che hanno pagato le tasse sui rifiuti (a peso d'oro) e che poi dovranno pagare le bonifiche (sempre a peso d'oro). E che nel frattempo possono comodamente usufruire del servizio offerto in cambio di tutti questi soldi, cioè un bel po' di veleni: veleni da mangiare, da bere e da respirare. Non è un bell'affare? Non dovete preoccuparvi, pensano a tutto loro, quelli che tranquillizzano: spargono rifiuti, li mescolano, li sparpagliano, vi avvelenano e incassano. Pipì, pupù, papà. Soldi su soldi: almeno 10 milioni di euro messi in tasca in modo illegale in meno di due anni, come hanno accertato i carabinieri del Noe di Milano con l'operazione che nella primavera 2017 ha portato ad arrestare un ventina di persone. E a svelare quello che è stato definito il «metodo Bonacina».

Paolo Bonacina è un imprenditore di 47 anni, nato a Lecco e residente a Mandello del Lario. Siamo nei luoghi del Manzoni: quel ramo del lago di Como che volge a Mezzogiorno, Renzo, Lucia e la frazione umida tritovagliata. Non so quanto Bonacina sappia dei *Promessi Sposi*, ma della frazione umida tritovagliata di sicuro sa tutto. Ma proprio tutto. Nella sua carriera ha rivestito 26 cariche diverse in molteplici società, dall'immobiliare alla pubblicità. Ma la sua specializzazione è proprio l'immondizia: è una specie di Promesso Sposo della Monnezza, insomma. Dicono di lui che sia un gran lavoratore, sempre sul pezzo, un perfetto conoscitore dei procedimenti operativi, oltre che un abile uomo di relazioni: ha conoscenze nelle amministrazioni di tutti i tipi (sinistra, destra, centro, ecc.) e sa muoversi con disinvoltura nella palude degli appalti. Li vince e poi smaltisce rifiuti. Una piccola parte li porta negli impianti di sua proprietà. Gli altri in inceneritori o discariche sparsi per il Nord Italia. Dove, come risulta dalle intercettazioni, tutti i tecnici lo stanno ad ascoltare manco fosse l'oracolo di Delfi: non sono suoi dipendenti ma lui li comanda a bacchetta. Soprattutto quando devono chiudere un occhio. O, meglio, quando devono chiudere il naso.

Fra il 2014 e il 2015, in particolare, Bonacina si aggiudica una serie di appalti piuttosto ricchi in Campania. La Regione, come è noto, è in costante emergenza rifiuti. Non sa dove mettere l'immondizia. E così è disposta a pagare cifre anche piuttosto alte a chi se la prende. All'uomo di Lecco non pare vero: piomba sulla gara, se la aggiudica a un prezzo significativo (87,95 euro a tonnellata) e poi comincia la distribuzione dei pani e dei bidoni in giro per l'Italia. La parte secca è destinata per lo più all'inceneritore A2a di Brescia, quella umida a una serie di discariche in provincia di Alessandria (Castelceriolo, Tortona, Solero, Novi Ligure…). E fin qui non ci sarebbe nulla di male se il Promesso Sposo della Monnezza non si dimenticasse un piccolo particolare: infatti evita accuratamente di eseguire le lavorazioni che sono obbligatorie prima di mandare i rifiuti nell'inceneritore o in discarica. Come li prende, così li consegna. Il meccanismo è totalmente illegale. Ma assai redditizio. Infatti: i suoi guadagni aumentano a dismisura. E i nostri veleni pure.

Cosa prevede, infatti, la legge? Che cosa dicono i contratti? Semplice: le balle di rifiuti secchi dovrebbero essere aperte per un'ulteriore selezione, in modo da mandare nell'inceneritore solo quello che può essere davvero bruciato. Per quanto riguarda l'umido, i rifiuti dovrebbero stare fermi 21 giorni per «stabilizzarsi» prima di essere portati in discarica. Sono trattamenti necessari per rendere le operazioni sicure. E sono uno dei motivi per cui il prezzo della raccolta rifiuti è così alto. Ma Bonacina se ne impipa: intasca e non fa nulla di ciò che dovrebbe, almeno secondo quanto ricostruito dal Noe e riportato nell'ordinanza del giudice. I video, del resto, non lasciano spazio a dubbi: i camion arrivano negli impianti e ripartono pochi minuti dopo. Ai rifiuti viene cambiata solo l'etichetta. Cioè si finge di fare una lavorazione che in realtà non avviene, un'attività di recupero che non c'è mai stata, un trattamento di sicurezza che sta solo sulla carta. Il motivo? Semplice: si riducono i costi, dunque si aumentano i profitti. Come si diceva: il rifiuto meno lo tocchi, più si guadagna. E se i paesi vengono travolti dai miasmi? E se la gente si avvelena? E se i terreni saranno inquinati per anni? Peggio per loro. Pipì, pupù, papà. Il metodo Bonacina in meno di due anni ha reso 10 milioni di euro. E si sa: la pecunia, a differenza delle discariche, non puzza mai.

Il «metodo Bonacina» è molto interessante per vari motivi. Intanto perché è molto professionale. Il suo inventore è un serio imprenditore brianzolo, figlio di una terra da sempre nota per la sua capacità produttiva. E infatti non si disperde in attività collaterali, non concede nulla al folklore, lavora a testa bassa a quello che il giudice definisce un «progetto criminoso collaudato». A quest'ultimo, per altro, partecipano anche i responsabili di discariche e inceneritori: dovrebbero respingere i rifiuti non trattati o non lavorati, invece fanno finta di niente, prendendo per buone le etichette taroccate come da indicazione dell'oracolo del lago di Como. Infine, il «metodo Bonacina» è la dimostrazione del fatto che, come dicevamo, il normale tragitto illecito dei rifiuti, così come siamo sempre stati abituati a considerarlo, si è capovolto: non va più dal Nord al Sud, ma dal Sud al Nord. S'inverte la rotta, insomma, anche se la sostanza resta uguale: c'è troppa immondizia, smaltirla è complicato e qualcuno ci mangia su.

E siccome da mangiare c'è molto, il «metodo Bonacina» insegna che non bisogna fermarsi davanti a nulla. La discarica di Castelceriolo è esaurita? Si va avanti lo stesso. La gente protesta? Si va avanti lo stesso. Arrivano le prime ispezioni? Si va avanti lo stesso. Si va sempre avanti lo stesso. E quando serve, si ungono le ruote dell'ingranaggio, utilizzando i meccanismi più abusati: l'imprenditore di Lecco, infatti, secondo l'accusa avrebbe pagato una tangente al marito di una sindachessa (quella di Alessandria) sotto forma di una Fiat Freemont del valore di 30.000 euro e qualche contratto di consulenza. Basta così poco? Chi lo sa. L'importante, in ogni caso, è accumulare. Accumulare rifiuti per accumulare soldi. Peccato che sia proprio questa voracità che ha fregato il Promesso Sposo della Monnezza. Infatti un giorno, in un capannone del Bresciano dove era accatastata una montagna di immondizia (troppa), è divampato un incendio. Sono arrivati i carabinieri, è partita l'inchiesta. Lui è stato fermato. Ma chissà quanti ancora, proprio adesso, mentre voi state leggendo, lo stanno imitando nell'ombra di qualche discarica, nel buio di qualche inceneritore. Chissà quanti, camion dopo camion, etichetta fasulla dopo etichetta fasulla, vi stanno svuotando il portafoglio mentre vi riempiono i polmoni di veleni. Metodo Bonacina e via: pipì, pupù, papà. Chi sopravvive pagherà.

E l'Avvoltoio dei rifiuti disse: «I bambini? Che muoiano pure...»

Che il metodo Bonacina, nuovo business trendy della Moda Avvoltoia, sia destinato a ripetersi è inevitabile. E confermato dalla tragica realtà. Il 15 dicembre 2017, infatti, la Procura di Livorno ha arrestato 6 persone con l'accusa di compiere lo stesso reato dell'imprenditore lecchese: buttavano in due discariche (a Piombino e a Rosignano Marittimo) materiali che in discarica non ci dovevano assolutamente stare, come toner, filtri per olio motore, stracci imbevuti di sostanze tossiche. Le telecamere dei carabinieri hanno filmato (proprio come ad Alessandria) le aziende dove i materiali avrebbero dovuto essere separati: i camion entravano e uscivano dopo pochi minuti (proprio come ad Alessandria) senza il tempo di compiere alcuna operazione. Uguali a prima. Con i rifiuti mescolati. Da gettare tutti insieme appassionatamente (veleni e puzza compresi) in mezzo alle contrade abitate da cristiani.

Due le società dove queste «non operazioni» avvenivano: la Lonzi Metalli Srl e la Rari Srl, entrambe di Livorno. Si badi bene: non c'entrano niente con mafia e camorra, anche se hanno adottato gli stessi metodi. Ed è proprio questo il fatto grave: i metodi della Terra dei Fuochi che escono dal recinto della malavita organizzata e diventano business comune in tutta Italia. E che business. Queste ditte, infatti, spedivano nelle discariche almeno tre Tir farlocchi a settimana, per un totale di 200.000 tonnellate di rifiuti smaltiti abusivamente. Il guadagno? Tenetevi forte: 26 milioni di euro. Ebbene sì: si sono messi in tasca 26 milioni di euro. In compenso la Regione ha perso 4 milioni di tasse non pagate. Pare che gli imprenditori godessero anche di particolari protezioni istituzionali. «Sapevano come carpire le notizie su eventuali indagini contro di loro. E sapevano come eluderle» hanno detto gli inquirenti. E poi hanno aggiunto: «Quelle aziende erano protette come Fort Knox».

E per scardinare Fort Knox, ovviamente, non bastano le telecamere che filmano i camion. Ci vogliono anche le intercettazioni. E di qui viene fuori lo spaccato più sconvolgente. Perché non solo questi Avvoltoi giocano con le sostanze tossiche con espressioni del tipo: «Domani mi serve un carico non troppo Chanel» (per dire che non doveva puzzare troppo) oppure «Domani dammelo ben triturato» (per dire che le sostanze tossiche dovevano essere ben nascoste in mezzo agli altri rifiuti), ma dimostrano di essere perfettamente consapevoli dei rischi cui esponevano la popolazione epperò di considerare nulla la salute delle persone. E non solo delle persone adulte. A un certo punto, infatti, viene sollevato un problema perché una discarica è vicina a una scuola. Si rischia seriamente di avvelenare i bambini. E la risata dell'Avvoltoio al telefono è l'inevitabile suggello finale di questo capitolo: «Ci mancavano anche i bambini che vanno all'ospedale. Non m'importa nulla: io li scaricherei in mezzo alla strada, i rifiuti. E che i bambini muoiano pure».

III

Gli Avvoltoi dell'acqua

Quelli che vogliono darcela a bere

■ ■ ■

Vogliono darcela a bere. Non l'acqua, che quella, nell'Italia della grande sete, è sempre più difficile trovarla. Vogliono darcela a bere facendoci credere che i rubinetti restano a secco solo per colpa del cambiamento climatico o perché ci siamo fatti troppe docce (figuriamoci) o abbiamo innaffiato l'orto. Così, noi stiamo lì, con il naso all'insù, ad aspettare la pioggia, e non ci accorgiamo che la pioggia c'è già. Di soldi. Mentre il clima prosciuga i fiumi, infatti, loro prosciugano le nostre tasche. E si gonfiano di stipendi d'oro, poltrone, appalti, consulenze e quattrini da sperperare in allegria. Magari per comprarsi ostriche e champagne alla faccia dei rubinetti a secco. O, più semplicemente, per comprarsi una vaporella. Stira e ammira, d'accordo. Ma forse è il caso di ammirare (si fa per dire) che cosa si nasconde dietro le bollette che vi arrivano a casa, e che sono sempre più care, nonostante il servizio sempre più scadente. Fra grandi multinazionali e piccoli Comuni, carrozzoni regionali e società miste, cittadini tartassati e Avvoltoi miracolati, il risultato finale è chiaro: lo si potrebbe definire un enorme buco nell'acqua. Se solo ci fosse l'acqua, però.

■ ■ ■

Il Campione di Agrigento: condannato per l'ospedale, gli danno l'acquedotto...

A Canicattì, per esempio, ci sono quartieri in cui l'acqua arriva ogni quindici giorni. Un paio d'ore, al massimo. E in quelle due ore è un filo così sottile che non basta nemmeno per riempire le cisterne. Nei quartieri più fortunati, invece, l'acqua arriva ogni tre o quattro giorni. «È un lusso» dicono. Un lusso l'acqua ogni tre-quattro giorni? Vi sembra assurdo? E invece qui, ormai, sembra quasi normale. Nessuno si scandalizza più. Apri il rubinetto e non esce niente. Apri la doccia e non esce niente. Tiri lo sciacquone e non esce niente. Non esce mai niente. A parte le bollette, ovviamente: quelle, infatti, sono le uniche cose puntuali che escono dall'acquedotto di Canicattì. Puntuali e anche piuttosto abbondanti, a differenza dell'acqua. Infatti sono fra le più alte d'Italia. I cittadini le sventolano davanti alle telecamere durante l'assetata estate del 2017. «Ma come? Devo pagare le bollette anche se l'acqua non arriva?» Oppure: «Ma come? 1700 euro l'anno e poi devo prendere l'acqua dalle autobotti?». Oppure: «Ma come? 512,96 euro anche se il consumo è zero?». In tutta la città c'è una sola fontanella pubblica ancora in attività. Ma il getto è così sottile che per riempire una bottiglia ci vuole mezza giornata.

Canicattì, però, non è un caso isolato. Tutt'altro. Non c'è Comune in provincia di Agrigento in cui non si segnalino rubinetti a secco: si lamentano a Licata, si lamentano a Ravanusa, si lamentano ad Aragona, Montevago, San Giovanni Gemini e Casteltermini. A Favara scende in campo il sindaco. A Sambuca di Sicilia pure: intere zone, dice, rimangono senz'acqua per settimane. E il Comune di Sciacca, nel giorno di Ferragosto 2017, diffida ufficialmente la società che gestisce l'acquedotto perché la persistente mancanza di acqua mette a rischio «la salute dei cittadini, oltre che l'immagine della città». Ma di chi è la colpa? Della mancanza di pioggia? Di Giove Pluvio che da sempre tradisce l'isola? Del destino cinico e baro? Macché. O almeno: non solo. È colpa anche e soprattutto della cattiva gestione. Negli acquedotti, infatti, ci sono perdite gigantesche che aspettano di essere riparate da anni. Almeno il 50 per cento dell'acqua immessa va dispersa. Sindaci e assessori non smettono di denunciarlo. E si chiedono sconsolati: «Perché nessuno interviene?».

Già: perché nessuno interviene? Forse perché quelli che dovrebbero intervenire sono impegnati a fare altro? Magari a far quadrare i bilanci? A inseguire utili? A calcolare i profitti? Cose normali per una società privata. In effetti, la verità è questa: in provincia di Agrigento dal 2007 la gestione dell'acqua è affidata, in barba a tutti i referendum, proprio a una società privata. Si chiama Girgenti Acque e diciamo che non è mai stata particolarmente brillante nella cura degli impianti idrici. Volete una prova? Il 14 luglio 2017 la Procura le ha tolto, d'autorità, la gestione di 6 impianti di depurazione, compreso quello famoso del villaggio Mosè, l'unico depuratore al mondo che per anni, sotto la gestione Girgenti, è stato in grado di buttare fuori acque ancor più inquinate di quelle che entravano. Gli impianti erano sequestrati da mesi. «Dovete fare i lavori» aveva ordinato la Procura. «Li faremo» aveva garantito Girgenti. Non li hanno fatti, invece. E sono stati commissariati. Ora la domanda è semplice: se una società gestisce così male i depuratori, perché mai dovrebbe gestire meglio gli acquedotti? L'impressione è che non combini un tubo. Anzi, un tubo bucato, è proprio il caso di dirlo.

Girgenti Acque se ne lava le mani (lei che può) dicendo che quei tubi non sono bucati per colpa sua ma li ha ereditati così. Verità indiscutibile: i 1515 chilometri di rete sono piuttosto vetusti e perdono pezzi non certo da oggi. Ma, santo cielo, può bastare come giustificazione? La società ha avuto la gestione dell'intero sistema nel 2007. Sono passati più di dieci anni. Possibile che non siano bastati per uscire dall'emergenza? O almeno per fare un piccolo passo avanti? Possibile che si resti sempre allo stesso punto? O addirittura un po' più indietro? A Sambuca la dispersione idrica è riuscita a toccare la cifra record dell'81 per cento. A Fanaco l'acquedotto si ferma ogni settimana, puntuale come l'agente delle tasse. Il sindaco di Naro nell'estate 2017 lancia la provocazione: «Farò comprare e distribuire acqua minerale: costa meno». Come mai si arriva a questa esasperazione? Come mai ci sono paesi della Sicilia dove gli impianti sono sempre rotti? E case dove l'acqua arriva ogni quindici giorni? E come mai nessuno ne chiede conto al responsabile?

Ecco: il responsabile, nella circostanza, ha un nome e un cognome. Ed è un Campione. Marco Campione, per l'esattezza. Il fratello di Massimo. Ve lo ricordate? Lo abbiamo incontrato nel capitolo dei trasporti, è quello che andava in giro con il libro mastro delle tangenti e poi piagnucolava «consumatu sugnu», sono rovinato. Buon sangue non mente, pure Marco come Massimo ha avuto qualche guaio con la giustizia, anche se tutte le accuse di mafia che gli sono state rivolte si sono dimostrate infondate. L'arresto? Un errore. Il sequestro preventivo dei beni? Da respingere. Cosa Nostra? Mai avuto rapporti. La Direzione distrettuale antimafia ha documentato i suoi affari, per il porto di Gaeta, con uno degli uomini di fiducia di Totò Riina, ma questo non è mica un reato, no? Evidentemente Campione non sapeva con chi stava trattando. Così anche la Prefettura, dopo aver tenuto un po' il documento in sospeso, alla fine si è decisa a rilasciare all'imprenditore il certificato antimafia. Da questo punto di vista, carte alla mano, il Campione dell'acqua di Agrigento è inattaccabile.

Mafia a parte, però, il suo curriculum giudiziario non è del tutto immacolato. Pesa soprattutto quella condanna, ormai diventata definitiva, legata alla costruzione del San Giovanni di Dio, un ospedale assai sfortunato, che finì sotto sequestro pochi anni dopo l'inaugurazione. Si erano accorti che era stato costruito con materiali non adeguati. «È un castello di sabbia» scrissero i giornali. Campione, che aveva partecipato ai lavori, è stato condannato (sentenza definitiva) per falso e truffa. E ad Agrigento hanno reagito alla notizia da par loro: siccome l'illustre concittadino non è stato propriamente all'altezza nella costruzione del loro ospedale, gli hanno affidato la gestione dei loro rubinetti. Idea geniale: se sulle cose solide non è andata bene, si rifarà con quelle liquide, devono aver pensato. E infatti, per dimostrarsi all'altezza delle cose liquide, nel maggio 2017 Campione è finito indagato, insieme ad altre tre persone, anche per la gestione degli acquedotti. Una truffa da 20 milioni di euro. Dai materiali depotenziati per l'ospedale alle tariffe potenziate per i cittadini: fra le altre cose, infatti, il nostro uomo avrebbe fatto pagare la depurazione anche dove, anziché depurare, inquinava. Ve lo dicevamo che è proprio un Campione...

E siccome i campioni sono abituati a battersi, anche la sua azienda non è da meno. E infatti si difende dalle accuse a suon di comunicati, colpo su colpo. Guasti? «Si tende a generalizzare.» Perdite? «Sono diminuite.» Tariffe? «Non dipende da noi.» Bollette da 1700 euro l'anno? «Sono vecchie.» Bollette da 512 euro anche senza consumi? «Dipende dai costi fissi.» Le proteste? «Sono morosi conclamati.» I paesi senz'acqua? «Episodi occasionali e risolti.» I mancati investimenti? «Non ci sono soldi pubblici.» E quando invece ci sono? Non si riescono a utilizzare per la «farraginosità burocratica». O perché, pensate un po', qualcuno sbaglia a scrivere un numero sui documenti ufficiali. Anche il medesimo Campione si dà un gran daffare: incontra sindaci e parroci, cerca di sedare le proteste, convoca conferenze stampa per lagnarsi... Tutto molto commovente. Ma resta un fatto: sul contratto firmato nel 2007 da Girgenti Acque quando ha preso in gestione l'acquedotto, c'era scritto a chiare lettere che il servizio dell'acqua «deve essere effettuato con continuità 24 ore su 24 e in ogni giorno dell'anno». Come spiegare che ci sono posti dove l'acqua arriva una volta ogni quindici giorni?

Purtroppo il dato è innegabile: nella provincia di Agrigento molti cittadini pagano tariffe alte per avere i rubinetti a secco. I liquidi circolano abbondantemente, sì, ma solo fuori dalle loro case. La Girgenti Acque, per dire, fattura ogni anno 38 milioni di euro. Attualmente ha 195 dipendenti, più una società di servizi controllata che ne ha altri 150 («È un assumificio» ha detto l'allora procuratore di Agrigento

Ignazio Fonzo durante l'audizione parlamentare del 12 marzo 2015). Il titolare e principale azionista, Marco Campione, può personalmente vantare partecipazioni in altre 6 diverse società e cariche ufficiali in 10, di cui 3 come capo assoluto: i suoi interessi spaziano dall'edilizia alla pubblicità, dal calcio al fotovoltaico. Inoltre possiede, da solo o con familiari, un magazzino e 6 alloggi, tutti superiori ai 100 metri quadrati. Non male, no? Per uno che da dieci anni gestisce acquedotti che non sempre danno acqua e depuratori che non sempre depurano...

Ma com'è possibile lasciare ancora nelle sue mani i rubinetti di tante case? La stessa domanda è stata rivolta, durante la già citata audizione parlamentare del marzo 2015, al procuratore Ignazio Fonzo. Perché, gli hanno chiesto, la gestione dell'acqua di Agrigento è stata affidata a uno che era accusato (e che verrà poi condannato) per falso e truffa nella costruzione dell'ospedale di Agrigento? E lui: «Io capisco che molti rimangano sorpresi quando diciamo queste cose». Domanda di un deputato: «Campione ha avuto l'affidamento con regolare gara?». Risposta del procuratore: «Alla gara ha partecipato solo lui». Il deputato: «E può continuare a gestire il servizio?». Risposta del procuratore: «Non mi faccia dire quello che non posso dire». Infatti non lo ha detto. Qualche mese fa il procuratore è stato trasferito. Campione, intercettato al telefono, ha esultato: «Andasse a fare il bagnino...». In mare, ovviamente. Almeno lì l'acqua siamo sicuri che c'è.

Ma l'esultanza dura poco. Nel gennaio 2018, infatti, Marco Campione finisce di nuovo sotto inchiesta. E proprio per via dell'«assumificio» denunciato per la prima volta dal procuratore Fonzo. L'indagine della Procura di Agrigento contesta i reati di corruzione, truffa, voto di scambio, false comunicazioni sociali, ricettazione e inquinamento ambientale. Con Campione sono indagate altre 71 persone fra cui nomi illustri come il padre dell'ex ministro Angelino Alfano, ex governatori, deputati nazionali, deputati siciliani, ex presidenti della Provincia, funzionari locali e il presidente dell'Antitrust Giovanni Pitruzzella. Il prefetto di Agrigento, Nicola Diomede, pure lui indagato, viene rimosso su due piedi. «L'inchiesta su Girgenti Acque è l'almanacco illustrato della Agrigento che conta» commenta il quotidiano «La Sicilia», riportando l'autorevole parere del centralissimo bar di via Atenea: «'Nchia, che terremoto...».

L'isola del tesoro: i privati ci guadagnano, i rubinetti restano a secco

Ma mica solo a Canicattì e dintorni aspettano l'acqua. Conoscete Niscemi? È un paesone di 28.000 abitanti in provincia di Caltanissetta. Visto dall'alto è una distesa di cupole sui tetti: come un paesaggio da mille e una notte, ma in versione «squallor». Quelle cupole, in effetti, sono cisterne di plastica bianca e azzurra. Dentro, c'è l'acqua che serve per sopravvivere. Perché a Niscemi funziona così. O meglio, non funziona così: si pagano regolarmente le bollette, ma dai rubinetti l'acqua non arriva. O, almeno, ci arriva solo ogni tanto, ogni otto-dieci giorni, magari qualche ora il sabato e la domenica. A Niscemi l'acqua bisogna comprarla dalle autobotti e metterla sul tetto. Così si paga due volte: una all'acquedotto, per non averla. Una alle autobotti, per averne poca.

Ma come è possibile? È possibile perché qui siamo nel Regno di Sicilia. Principato di Siciliacque. Feudo di Caltacqua. Nel 2011 gli italiani hanno votato un referendum per chiedere che l'acqua restasse pubblica? Bene: in Sicilia se ne sono impipati. L'acqua è affidata ai privati. Di più: è affidata ai privati non una ma due volte. La Regione, infatti, ha dato in concessione tutte le sorgenti dell'isola a Siciliacque Spa. Ma quest'ultima non distribuisce direttamente ai cittadini, macché: sarebbe troppo facile. Siciliacque Spa si serve di altri soggetti, per lo più privati: Caltacqua, o Girgenti Acque o AcquaEnna... Doppio passaggio, doppio guadagno. Così ci sono più persone che si possono abbeverare abbondantemente. Peccato solo che non siano i cittadini, ma i proprietari delle suddette società.

Il perno di questo folle sistema è Siciliacque. Nel 2004 quest'ultima ha avuto in gestione l'acqua di tutta l'isola fino al 2044, cioè per 40 anni (quarant'anni!). Funziona così: Siciliacque versa il suo obolo alla Regione (7 milioni di euro), poi gestisce pozzi e sorgenti come se fossero roba sua e rivende l'acqua a un prezzo che è 10 volte quello che potrebbe essere pagato (l'acqua alla fonte costa 7 centesimi a metro cubo, Siciliacque la vende a 70). Ovviamente, gli affari di quest'ultima vanno benone: nell'ultimo bilancio disponibile (2016) la società si vanta infatti di aver realizzato un fatturato di 60 milioni di euro, con 3,1 milioni di utili. Dati che, ovviamente, fanno la felicità dei soci, per lo più privati: il 75 per cento di Siciliacque è posseduto infatti da Idrosicilia, controllata a sua volta dalla multinazionale francese Veolia. Tutto molto bello per loro, ovviamente. Tutto giusto, tutto legale. Ma a noi resta il dubbio: perché la Regione ha concesso un business così vantaggioso a una multinazionale? E perché per 40 anni? E nonostante il referendum?

Sia chiaro: qualsiasi imprenditore, cui fosse consentito, farebbe la stessa cosa. Il punto è proprio questo: perché a Siciliacque è consentito? Perché possono realizzare utili e fatturato mentre la regione muore di sete? Fra l'altro, come se non bastasse, nel luglio 2016 il superente gestore delle acque siciliane è riuscito a ottenere dalla Regione un ulteriore sconticino sul canone per il periodo 2016-2019: 10,4 milioni di euro in meno. A patto che «non aumenti le attuali tariffe» (e ci mancherebbe). E a patto che cerchi, poi, di restituire quei soldi nel periodo 2020-2044 (aspetta e spera). Intanto i 10 milioni di abbuono, ovviamente, comportano «una diminuzione della previsione d'entrata» per la Regione, come spiega l'assessore nella delibera. Ma che ci volete fare? La Regione, si sa, essendo pubblica può stringere la cinghia. Siciliacque invece no.

Pubblici costi, guadagni privati: benvenuti nell'isola del tesoro. E per fare in modo che i guadagni privati siano ancora maggiori, Siciliacque si guarda bene dal portare direttamente l'acqua nei rubinetti dei cittadini. Macché. Come dicevamo, la porta ad altre società, per buona parte private. Le quali, a loro volta, la portano nei rubinetti dei cittadini. Gratis? Ci mancherebbe. Pure loro ovviamente devono guadagnarci un po'. Così l'acqua, nel doppio passaggio, aumenta ancora. Siciliacque la prende alla fonte e la vende ai gestori privati a 70 centesimi al metro cubo. I gestori privati la comprano a 70 e la vendono ai cittadini a 1,5, o a 2 e anche 2,5 euro, almeno tre volte di più di quello che costa a Milano. Geniale, non vi pare?

Poi dicono che l'acqua in Sicilia è un problema. Macché: è un affare. Le entrate per le società private, infatti, grazie a questo doppio passaggio prosperano rigogliose: 700 milioni l'anno di bollette, cui si aggiungono complessivamente quasi 2 miliardi l'anno di investimenti pubblici. E se non bastassero, ecco che arriva il bonus da 10 milioni di euro. La domanda è: quei soldi a che serviranno? A migliorare il servizio? A rifare gli acquedotti? A tappare le falle dei tubi formato groviera? Non scherziamo: negli ultimi dieci anni la dispersione idrica negli acquedotti della Sicilia è cresciuta dal 36 al 45 per cento. I razionamenti sono sempre più frequenti anche d'inverno. La qualità dell'acqua assai discutibile. Allora, per rimediare, avranno abbassato le tariffe? Neanche per idea: ad Agrigento, Enna e Caltanissetta ogni famiglia paga 500 euro l'anno contro i 140 di Milano. E allora chi è che ci guadagna? Ovvio: i soci privati che gestiscono gli acquedotti. I signorotti delle concessioni siciliane, fortunati acquirenti del biglietto vincente alla Lotteria Acqua.

Ma chi sono? Uno lo abbiamo conosciuto: è Marco Campione. Gli altri hanno nomi piuttosto noti come Pisante, Virlinzi, Zappalà... I Pisante, eredi della dinastia pugliese già nota ai tempi di Mani Pulite, oggi stanno in Siciliacque con una quota di minoranza ma con molta influenza (non a caso il presidente di Idrosicilia, la società di controllo, si chiama Maria Vittoria Pisante); Giuseppe Zappalà, costruttore di Acireale, amministratore delegato del porto dell'Etna, oltre che di alcune immobiliari e di società per i lavori stradali, è il maggior azionista di

AcquaEnna, nella quale ha una quota di minoranza anche una srl di Roma (la Idrosur) sequestrata nel 2016 nell'ambito di un'operazione contro la 'ndrangheta; mentre nel consiglio di gestione della Sie, Servizi idrici etnei Spa, siede Oreste Virlinzi, fratello di Ennio, ex presidente della locale Confindustria e capo di una famiglia potentissima a Catania (cemento, immobili e parcheggi). E poi ci sono le multinazionali, come i già citati francesi della Veolia o gli spagnoli di Aqualia.

Sono in tanti, insomma, che in Sicilia con l'acqua ci hanno guadagnato. Purtroppo non i cittadini. Per rendersene conto basta andare a Gela. Lì il servizio viene gestito da Caltacqua, controllata per l'appunto proprio dalla spagnola Aqualia. E ovviamente il servizio non eccelle per particolare efficienza. «Paghiamo oltre 1000 euro l'anno di bolletta per non avere l'acqua» si lamentano i cittadini. Alcuni hanno deciso di fare da sé: si sono costruiti un acquedotto privato. Altri, come a Niscemi, ricorrono alle autocisterne sui tetti rifornite con autobotti. In entrambi i casi sono disagi e spese in più. «Perché dobbiamo pagare due volte?» si chiedono. Su Facebook e in Tv hanno mostrato bottigliette con un orribile liquido marroncino. «Le poche volte che viene giù qualcosa dai rubinetti ha questo colore» protestano. Ma l'acqua è potabile? «Potabile ma non bevibile» hanno spiegato una volta gli amministratori locali, con uno di quei lampi di italica creatività destinati a rimanere immortali. Proprio così: è potabile ma non bevibile. Eppure continuano a darcela a bere…

Italia senz'acqua: ma le tariffe sono aumentate dell'89 per cento

È vero, come si sente continuamente ripetere, che l'Italia ha l'acqua meno cara del mondo. Ma è altrettanto vero che negli ultimi anni il suo costo è aumentato a dismisura: dal 2011 a oggi l'89 per cento in più. Più dei trasporti, più dei rifiuti, più del gas, più della luce. Ci sono città, come Reggio Calabria, dove il rincaro ha toccato cifre record: 152 per cento. E la cosa grave è che questi soldi sono andati a gonfiare le casse dei gestori pubblici e privati. Non certo a migliorare il servizio, che continua, è il caso di dirlo, a far acqua da tutte le parti: a Napoli va disperso il 35,7 per cento di quello che passa nei tubi, a Roma il 44,1 per cento, a Palermo il 54,6 per cento. A Potenza addirittura il 68,8 per cento. Al confronto uno scolapasta è a tenuta stagna.

Fa sorridere quando, ogni volta che scatta l'allarme siccità, i Comuni lanciano i vademecum su come risparmiare acqua. Le solite proposte: chiudere il rubinetto mentre ci si spazzola i denti, schiacciare il tasto piccolo dello sciacquone se si fa soltanto la pipì, non innaffiare i gerani dodici volte al giorno... Cose buone e giuste, per carità. Ma a che servono quando i tubi degli acquedotti perdono per strada il 38 per cento (media nazionale) dell'acqua, arrivando in alcuni casi anche al 70 per cento? Quanti spazzolini ci vogliono per compensare tutta questa dispersione? Quanti sciacquoni dobbiamo tirare correttamente per rimediare alla groviera idrica? È stato calcolato che ogni anno si rinnova lo 0,38 per cento dei 425.000 chilometri di tubature degli acquedotti nazionali. Coraggio: ciò significa che, con questi ritmi, in 264 anni ce la facciamo ad avere tutto nuovo. Nuovo si fa per dire, ovviamente, perché quando avremo finito, il primo tubo «rinnovato» sarà già un pezzo d'antiquariato. E pazienza se l'Italia, nel frattempo, sarà morta di sete.

Il problema viene sollevato, periodicamente, ogni volta che un grande caso mediatico fa esplodere l'allarme siccità. Messina resta senz'acqua? Si apre il dibattito. Viene razionata l'acqua a Roma? Si apre il dibattito. I grandi laghi del Nord scendono sotto il livello di guardia? Si apre il dibattito. Poi il dibattito si dimentica in fretta. E tutto il resto pure. Il dato più impressionante è questo: solo il 6 per cento degli interventi sugli acquedotti viene pianificato, il restante 94 per cento viene effettuato all'insorgere dei guasti. Corriamo dietro all'emergenza, insomma, alla rottura, alla falla da tappare. Non siamo capaci di alzare la testa. O, se lo facciamo, finiamo per ricadere nelle solite questioni ideologiche, acqua pubblica contro acqua privata, o di qua o di là, e tu da che parte stai? Senza accorgerci che sull'acqua, in questi ultimi anni, hanno volteggiato Avvoltoi di ogni tipo, e non c'è grande differenza se a prosciugare insieme tasche e rubinetti sia un carrozzone pubblico o un pirata privato. O, magari, tutti e due insieme.

Prendete il tema degli investimenti. Si dice che l'Italia ne ha fatti pochi perché il referendum del 2011, togliendo la gestione ai grandi operatori privati, ha scoraggiato la voglia di investire. Non è vero. In Sicilia, come abbiamo visto, la gestione è rimasta privata, sono arrivate le multinazionali, francesi e spagnole, e nonostante questo di investimenti ne sono stati fatti pochi. Al contrario, in alcune zone del Nord la gestione è rimasta pubblica e si è investito. Ma ci sono anche, d'altra parte, tanti enti pubblici che hanno continuato a divorare risorse, o a sprecarle, o a non utilizzarle, o a farle sparire. Nel 2016, per esempio, il ministero dell'Ambiente ha dato alle Regioni 250 milioni di euro da investire per la riduzione delle perdite. Perché nell'estate del 2017, quando scoppia l'emergenza siccità, ci si accorge che poco o nulla è stato fatto? Dove sono finiti quei soldi?

Un buco nell'acqua. I soldi spariscono così. O vengono spesi male. O alimentano la corruzione. Basta aprire i giornali. A Lecce indagati 4 funzionari: sesso e tangenti in cambio di appalti per l'acquedotto. A Fidenza bando dell'acquedotto truccato, 5 persone arrestate. In Abruzzo tangenti sull'acquedotto, 6 persone arrestate. Ad Alcamo funzionario del Comune indagato per aver favorito i gestori dei pozzi privati, fra cui la cognata di un boss mafioso... C'è bisogno di andare avanti? Nel febbraio 2007 in Sicilia ci fu una grande festa per l'inaugurazione del dissalatore di Porto Empedocle: «L'impianto sarà in grado di erogare 100 litri al secondo, 3 milioni di metri cubi d'acqua all'anno» garantivano ras locali, ingegneri e amministratori, tutti uniti nella festa. Meno di quattro anni dopo, il 10 dicembre 2010, l'impianto era già stato chiuso perché giudicato inutile. È costato quasi 50 milioni di euro e giace lì, fra le erbacce, come uno dei tanti monumenti allo spreco del nostro Paese. Non sarebbe stato meglio utilizzare quei soldi per aggiustare qualche tubo? E perché non lo si è fatto? Viene il sospetto che sia per questo: perché aggiustando i tubi arriva l'acqua e tutti possono bere. Ma, non aggiustandoli, l'acqua non arriva. E tanti possono mangiare...

Roma a secco. E il manager s'intasca 202.000 euro al mese

E poi vennero i giorni di Roma Deserto. Ricordate lo choc? Estate 2017. La Capitale senz'acqua, i rubinetti che si chiudono, le fontanelle pure, gli sfottò del web («Non c'erano riusciti nemmeno i barbari...»), i razionamenti che sfiorano persino il Vaticano e tutta l'Italia che punta gli occhi sul lago di Bracciano, come se da quell'invaso dovesse dipendere la sorte della nazione intera. Eppure basta scavare un po' per scoprire che la mancanza di pioggia è solo una parte del problema. Forse nemmeno la più grave.

Anche a Roma, infatti, i tubi dell'acquedotto assomigliano al groviera: perdono il 44 per cento dell'acqua che vi circola, più della media nazionale. E chi li gestisce, l'Acea, nel periodo 2011-2016 ha investito troppo poco per cercare di ripararli: circa 375 milioni in meno di quanto preventivato dal piano industriale, come rivela uno studio Merian-Research. In compenso la medesima Acea, nello stesso periodo, ha distribuito 381,3 milioni di dividendi ai suoi soci. Che sono al 51 per cento il Comune di Roma e per il resto privati, in primo luogo la multinazionale Suez (23,3 per cento) e il gruppo Caltagirone (5 per cento). La morale? Sempre quella: i cittadini ne hanno le tasche piene dei disservizi. Gli Avvoltoi hanno le tasche piene e basta.

L'Acea è la più grande società di gestione dell'acqua d'Italia. Da sola copre il 15,5 per cento della popolazione italiana. Da Roma si è progressivamente estesa in tutto il Lazio, in Campania (Gori), in Umbria (Umbra Acque), in Toscana (Firenze, Grosseto, Lucca, Arezzo...), arrivando fin oltre Atlantico, da Bogotá a San Pedro. Un vero gigante, insomma, che nel 2016 ha fatturato 2,8 miliardi di euro generando 262 milioni di utili. Non tutti imputabili alla gestione dell'acqua, si capisce: Acea infatti si occupa anche di gas ed energia elettrica. Ma va detto che, a differenza degli altri ricavi, quelli dell'acqua continuano ad aumentare per effetto dell'aumento delle tariffe. Proprio così: le tariffe aumentano, i tubi restano groviera. E mentre tutta Italia si scandalizza perché Roma rischia di rimanere senz'acqua, coloro che gestiscono questo disastro, quatti quatti, si portano a casa dividendi per milioni di euro. Non è meraviglioso?

Del resto non è l'unica insensatezza che scorre nei bilanci dell'Acea. Vogliamo parlare delle retribuzioni dei top manager? E delle loro liquidazioni d'oro? L'ultimo ad averla incassata è l'ex amministratore delegato, Alberto Irace, che il 28 giugno 2017, proprio pochi giorni prima che esplodesse la Grande Secchezza della Capitale, se n'è andato con una buonuscita di 1.700.000 euro, senza nessun patto di non concorrenza, e per di più potendo sfruttare alloggio e auto a carico dell'azienda ancora per alcuni mesi dopo l'addio. Irace è stato in carica tre anni, poco più di mille giorni, nei quali, tra stipendi, bonus e liquidazione, ha incassato 3.601.489 euro, cioè 3600 euro al giorno, cioè 108.000 euro al mese. Ora dico, con tutto il rispetto: ma per 108.000 euro al mese non si poteva, almeno, prendere la briga di far aggiustare qualche tubo in più?

Difficile dirlo. Ma quello che è certo è che Irace, autore di un libro con prefazione di Matteo Renzi, già assessore alle politiche giovanili a Castellamare di Stabia, nonché giornalista pubblicista, non è passato invano. Infatti sarà ricordato, oltre che per i 108.000 euro al mese, anche per la scelta di un superconsulente americano, John Kotter, quello che ha scritto il best seller *Il nostro iceberg si sta sciogliendo*, con le avventure del pinguino Fred. E che appena entrato in carica ha cominciato a sottoporre i dipendenti di Acea a cruciali questionari del tipo: «Che pinguino sei?». Ovviamente, per inventare queste domande fondamentali il superconsulente si è assicurato un'ottima parcella. I denari li ha fatti scorrere generosamente, insomma: non così purtroppo l'acqua a Torvaianica e al Tufello, dove i rubinetti incuranti della superconsulenza sono rimasti drammaticamente a secco. E chissà quanto ci è rimasto male il pinguino Fred.

Però, ecco, non vorrei che ve la prendeste troppo con Irace. Non è mica un caso isolato. Macché. In Acea è abbastanza normale incassare stipendi d'oro e buonuscite di platino. Il suo predecessore, Paolo Gallo, per esempio, aveva preso lo stesso maxiassegno: 1.700.000 euro. Lui era stato in carica appena un po' di più: 1200 giorni in tutto, che gli sono valsi tra stipendi, bonus e benefit la ragguardevole cifra di 4.281.255 euro, come ricorda Gianni Dragoni nel suo sito «Poteri deboli». Siamo a poco meno di 3600 euro al giorno, 107.000 euro al mese. Una cifra che non è bastata a risolvere i problemi idrici di Roma, evidentemente. Però ha risolto se non altro i problemi di sussistenza del medesimo Gallo, il quale non contento dei trionfi Acea ha continuato la sua ascesa accasandosi prima a Grandi Stazioni e poi a Italgas. Del resto si sa: nella Capitale c'è siccità di acqua. Mica di poltrone.

A proposito di poltrone, uno che se ne intende è Marco Staderini. Già consigliere della Rai, delle Ferrovie e di Sogei, amministratore delegato di Lottomatica e presidente dell'Inpdap, attuale presidente di Sogesid e consigliere della Compagnia San Paolo, è stato per quattro anni (2009-2013) amministratore delegato dell'Acea: si è accontentato di una buonuscita di 1.636.667 euro, 33.650 euro per ogni mese in cui è rimasto in carica. Niente in confronto a quello che è riuscito a fare il suo predecessore Andrea Mangoni, che se ne andò dopo appena 22 mesi con una liquidazione monstre di 3.091.000 euro. Se a quest'ultima si aggiungono gli stipendi percepiti, si arriva a cifre da capogiro: in tutto, infatti, il manager ha incassato dall'Acea 4.448.000 euro, che corrispondono a 6700 euro al giorno. Cioè 202.000 euro al mese.

Avete capito? I soldi delle bollette sono serviti a pagare stipendi da 202.000 euro al mese. Salvo poi scoprire all'improvviso che i tubi dell'acquedotto fanno schifo. Il problema, a questo punto, non è tanto quello di Mangoni quanto piuttosto quello dei mangioni. Cioè coloro che hanno considerato l'Acea un distributore di dividendi e di stipendi d'oro. O, in alternativa, un distributore di gettoni. Nei consigli di amministrazione, infatti, ci trovi i nomi *à la page* del bel mondo, che incassano piccole cifre (30-40.000 euro l'anno) senza però fare grandi sforzi: c'è l'avvocato Paolo Di Benedetto, marito dell'ex ministro Paola Severino; ci sono stati Andrea Peruzy (segretario della dalemianissima fondazione Italianieuropei) e Maurizio Leo, già deputato di An ed ex assessore di Alemanno, ci sono persino i Caltagirone, prima Francesco jr poi suo fratello Alessandro, per i quali i compensi da consigliere serviranno al massimo per pagarsi il caffè. Eppure non vi rinunciano. E così viene da chiedersi, citiamo ancora Gianni Dragoni e i suoi «Poteri deboli», «a che cosa sono serviti questi compensi? Quali sono le prestazioni fornite? Come hanno contribuito a migliorare il servizio idrico dell'Acea?».

Forse potrebbe rispondere Enrico Laghi. Lui, infatti, ormai da otto anni è il presidente del collegio sindacale della società. Alla fine del 2016 aveva già incassato 1.610.028 euro lordi, che equivalgono a 20.128 euro al mese. Un ottimo stipendio, anche se l'impegno richiesto non è proprio a tempo pieno. Laghi, infatti, mentre presiede il collegio sindacale di Acea, occupa altre 24 poltrone. E mica roba di poco conto: è commissario straordinario di 14 società, per dire, fra cui l'Ilva e Alitalia, due dei casi più complicati che la storia economica italiana ricordi. Ora la domanda è semplice: uno che deve liquidare l'Ilva e l'Alitalia, e che oltre a quelle deve liquidare altre 9 società, e che poi occupa altre poltrone in aziende le più diverse possibili, dalla Kimbo alla Burgo, dove lo trova il tempo per presiedere anche il collegio sindacale di Acea? I casi sono due: o quest'uomo ha scoperto la ricetta segreta per la giornata di 72 ore, oppure l'impegno richiesto dalla società idrica è limitato. E se per un impegno limitato lui riesce a farsi dare 20.128 euro al mese, ebbene, è la persona giusta per fugare i nostri dubbi: il problema di Roma è davvero il lago o piuttosto sono i Laghi? In altre parole: prima di chiudere i rubinetti delle case non sarebbe meglio chiudere i rubinetti dei gettoni d'oro?

PS. Nell'autunno 2017 il nuovo amministratore delegato di Acea ha presentato (a Milano, per altro) un ambizioso piano industriale che prevede investimenti, miglioramenti e aumenti della redditività, promettendo fra l'altro un intervento straordinario di bonifica su oltre 800 chilometri di rete idrica per un impegno complessivo di 1,6 miliardi di euro. Speriamo per lui, ma soprattutto per noi, che ciò avvenga davvero. E che nei prossimi mesi il nuovo amministratore delegato possa cominciare a incassare i primi risultati. Anziché incassare, come i suoi predecessori, la solita liquidazione d'oro.

Pescara: tanto fumo, poco arrosto. Ma molti arrosticini

Soldi per migliorare gli acquedotti? Tanto fumo, poco arrosto. Ma molti arrosticini. Quattrocento per l'esattezza. Arrosticini abruzzesi, tutti di carne di pecora, cotti alla brace al punto giusto, probabilmente innaffiati da Montepulciano che, si sa, con gli arrosticini scorre a fiumi. A differenza dell'acqua che non scorre un granché. Infatti i dirigenti dell'Aca, la società che gestisce il servizio idrico di 65 Comuni in provincia di Pescara, in tutti questi anni non hanno risolto la questione del depuratore, non hanno riparato le perdite dei tubi, non hanno abbassato le tariffe: però, in compenso, sono riusciti nell'impresa di farsi rimborsare 400 arrosticini a piè di lista. E, già che c'erano, anche bistecche in abbondanza, pesci (rombi) di qualità, funghi pregiati, uova ricercate e le immancabili ostriche allo champagne. Cibo di gran classe, si capisce, in grado di migliorare in un batter d'occhio la qualità della vita. Un po' meno la qualità dell'acqua potabile, ma tant'è: non si può avere tutto.

Avete presente le spese pazze dei consiglieri regionali? Quelli che con i soldi dei contribuenti negli anni scorsi si sono comprati ogni genere di comfort, dalla biancheria intima ai regali per il matrimonio del cugino? Ecco: all'Aca di Pescara non sono stati da meno dei loro confratelli onorevolini. Per accorgersene basta leggere la relazione compilata nel 2014 dal consulente della Procura Gianluca Vita: 142 pagine di divertimento assicurato. Pensate che uno dei dirigenti, che nelle interviste garantiva: «Io, sempre in ufficio a lavorare», riusciva a farsi rimborsare benzina come se percorresse 200 chilometri al giorno per 365 giorni l'anno, sabato e domenica compresi. In pratica risultava aver fatto in un anno una volta e mezza il giro del mondo, come uno degli eroi di Jules Verne. E per fortuna che diceva «io, sempre in ufficio a lavorare...». Fra l'altro, girando il mondo, inevitabilmente ci scappano un po' di spese per lo svago: entrata alla Tor del Pilar di Saragozza, cena per 20 persone a Minsk, concerto per la festa San Romualdo a Teramo, souvenir vari, articoli regalo...

Che poi, per dire, uno gliel'avrebbe anche perdonato: vuoi andare a Saragozza? Vai. Vuoi andare a Minsk? Fatti tuoi. Vuoi mangiare 400 arrosticini fino a farti scoppiare la pancia? Serviti pure. Chiudo un occhio. Te lo concedo. A patto che il servizio pubblico che ti ho affidato funzioni come si deve. Magari senza sperperare troppo i soldi incassati attraverso le bollette. Invece, niente: a furia di portare rombi in tavola, a Pescara il bilancio non quadrava. E, purtroppo, non si trattava di un problema di geometria, ma di trasparenza: ufficialmente venivano presentati conti in ordine, ma in realtà si stava accumulando un debito monstre, circa 100 milioni di euro. L'Aca è arrivata a un passo dal fallimento, poi il 28 aprile 2016 è stata salvata dal concordato preventivo: dei 100 milioni, è stato stabilito, ne saranno pagati solo 69 con un piano di rientro che prevede versamenti a rate fino al 2020. «Non toccheremo le bollette» hanno assicurato i nuovi gestori. Ma certo: e dove li prendono quei soldi? Piovono dal cielo? Li cercano sotto il cavolo? Sperano di vincere al Superenalotto?

Fra l'altro è vero che le bollette abruzzesi non sono tra le più alte d'Italia (323 euro l'anno a famiglia contro i 376 euro di media nazionale). Ma gli incrementi degli ultimi dieci anni sono stati significativi: più 66,8 per cento secondo i dati di Cittadinanzattiva. E nonostante ciò gli impianti non sono stati rinnovati. La dispersione idrica è ancora superiore alla media nazionale (38 per cento). Inoltre ci sono paesini come Cugnoli dove l'acquedotto risale all'anno d'oro 1935. Come stupirsi se poi nei tubi si trova qualche veleno? Come stupirsi se nell'aprile 2017 la distribuzione dell'acqua viene sospesa per la presenza di fluoruro in misura superiore ai limiti consentiti? Per non dire della mancata depurazione: nel maggio 2017 è intervenuta l'Ue. Multa di 1 milione e 100.000 euro. Anche questa, come il resto, la pagherà Babbo Natale? O è più probabile che la paghino i cittadini-utenti?

Poveri cittadini-utenti: cornuti e mazziati. Costretti a pagare per un servizio scadente. E poi a pagare pure la multa, mentre quelli spendono e spandono allegramente. A un certo punto si sono inventati che serviva un «procuratore», cioè un consulente capace di parlare con i sindaci per «migliorare la capacità di ascolto»: hanno affidato l'incarico a un ex politico trombato di 83 anni. Vi pare? Sono davvero i sindaci che hanno bisogno di una persona che li ascolti? O piuttosto è l'ex politico trombato che ha bisogno di un incarico con annesso gettone? Soldi buttati. Come quelli per i dispendiosi acquisti (ha fatto notizia quello dell'inutile software d'oro con manutenzione degna della Nasa e tecnici pagati fino a 860 euro al giorno); o quelli per i premi di produzione distribuiti con eccesso di generosità; o quelli per gli «emolumenti non dovuti» e ovviamente per il «malcostume dei rimborsi», ostriche e arrosticini compresi. «La società» diceva nella sua relazione del 2014 il consulente della Procura Gianluca Vita «è stata utilizzata come centro di potere politico non al servizio del popolo ma personale.» Il partito dell'acqua, l'ha definito.

Certo: dopo la bufera la società è cambiata. C'è stata la crisi, sono stati rinnovati i vertici, si è sfiorato il fallimento, si è varato il concordato preventivo. «Nessun aumento della bolletta nel quadriennio» ha annunciato il nuovo presidente Luca Toro nel settembre 2017, presentando il bilancio dell'anno precedente. Ma qualcuno fa notare che alcune vecchie abitudini erano già riprese: le consulenze, per esempio. Dopo il periodo di stretta, dovuto all'affanno finanziario, il fiume nemmeno troppo carsico del gettone facile ha ricominciato a scorrere: 20 contratti siglati nei primi 8 mesi del 2017, per un totale di 273.000 euro. Roba da far concorrenza agli anni d'oro del partito dell'acqua. Per esempio: colpisce il fatto che un'azienda idrica, con 180 dipendenti a libro paga, debba fare un contratto di consulenza con un perito chimico specializzato nell'analisi dell'acqua. Possibile che su 180 dipendenti non abbiano un perito chimico? Nell'aprile 2017, il nuovo presidente Toro garantisce: quell'incarico non si ripeterà perché «nel piano di assunzioni è previsto un laureato in chimica». Be', meglio tardi che mai, verrebbe da dire. Ma sarà vero? L'11 agosto, approfittando della distrazione estiva, con la determina numero 474 viene assegnata una nuova consulenza da 26.400 euro. A chi? Allo stesso perito chimico, *ça va sans dire*…

Puglia: per gestire l'acquedotto servono 1152 bottiglie di vino. E la vaporella

Come si fa a fare a meno della vaporella? Per far funzionare l'acquedotto, dico: come si fa? Stira e ammira, e avanti con l'appretto: i tubi resteranno sozzi, ma vuoi mettere i colletti delle camicie? Quelli sì che saranno in ordine. E poi, per far funzionare l'acquedotto, servono anche i panettoni, i mobili Ikea e i gadget per la festa della donna, che non saranno come la vaporella, ma raggiungono lo stesso obiettivo: fanno evaporare l'acqua. E, insieme, pure i soldi.

Vaporella, panettoni, mobili Ikea e gadget per la festa della donna sono alcuni degli acquisti contestati all'ex amministratore dell'Acquedotto Pugliese, Ivo Monteforte: in effetti sono stati tutti pagati con carta di credito aziendale, come se fossero per l'appunto una spesa di servizio. Nella lunga lista ci sono anche: lenzuola, federe, cuscini, tende, televisori, lettori dvd, asciugamani da bagno, 150 portafoto, 150 libri, 1152 bottiglie di vino, oltre all'uso spropositato dell'auto con l'autista e all'affitto di una bella casa nel centro di Bari. Dove al mattino, prima di accendere la vaporella, l'amministratore leggeva anche una copia del «Secolo XIX», quotidiano genovese. Ovviamente un altro strumento indispensabile per gestire l'Acquedotto Pugliese.

Non siete d'accordo? Pare incredibile ma non siete i soli: anche guardia di finanza (prima) e Procura (poi) hanno avuto qualche dubbio. Come possono le federe migliorare il servizio idrico di Trani? Che relazione avranno tende e dvd con i rubinetti delle famiglie di Barletta? E poi: perché affittare una casa in pieno centro di Bari, se si ha già a disposizione la foresteria della società? E soprattutto: quale beneficio potranno mai avere gli utenti, se l'auto di servizio dell'amministratore viene usata per scarrozzare la di lui moglie fra Liguria e Puglia nei giorni di Ferragosto? Poco o nulla, è chiaro. Così a fine 2016 i magistrati hanno chiuso le indagini e chiesto il rinvio a giudizio con accusa di peculato e richiesta di sequestro preventivo dei beni. «È un errore, tutte quelle spese sono regolari» ha replicato Monteforte. Pure le tende? Pure. Pure gli asciugamani? Pure. Pure le 1152 bottiglie di vino? Ma certo, pure il vino: così se il piano di rilancio va in bianco, ci si può sempre consolare con il rosso. Del Salento.

Sarà la giustizia a stabilire se quelle spese sono regolari (come sostiene la difesa) o no. Certo che fa un po' effetto vedere i soldi dell'acquedotto che finiscono nei viaggi della moglie o nei gadget per la festa della donna. Anche perché, nel frattempo, le condutture in Puglia continuano a essere piuttosto malandate. Alcuni servizi tv nell'autunno 2017 hanno mostrato tubi che zampillano come fontane in aperta campagna. A Bari le perdite risultano del 51 per cento, a Lecce del 46 per cento, a Foggia l'acqua viene razionata non solo d'estate ma anche a novembre mentre le tariffe superano la media nazionale (435 euro l'anno a famiglia contro le 376). Siamo alle solite: perché bisogna pagare per avere un pessimo servizio? Per offrire la vaporella gratis e il lettore dvd al signor Ivo Monteforte?

Quest'ultimo, va detto, nel 2012 ha lasciato l'Acquedotto Pugliese. Oggi è direttore generale della società che gestisce i servizi pubblici a Pesaro. Voi penserete: va be', dopo di lui le cose saranno cambiate... In effetti, lo pensavamo anche noi. Poi abbiamo letto la relazione della Corte dei Conti sull'Acquedotto Pugliese per gli anni che vanno dal 2013 al 2015. Ebbene: le spese per le consulenze, che già non erano basse, sono aumentate del 70 per cento, quelle legali solo fra il 2014 e il 2015 sono aumentate del 245 per cento. Duecentoquarantacinque per cento in più per gli avvocati, avete capito bene. Ma chi diavolo dovevano difendere? Al Capone? Jack lo Squartatore? Il mostro di Loch Ness?

Nell'aprile 2016 alla presidenza dell'Acquedotto Pugliese viene nominato Nicola De Sanctis, manager ferrarese, proveniente dal settore privato. «È il migliore che ci sia sul mercato» garantisce il governatore Michele Emiliano nel presentarlo. Sarà. Ma passano pochi mesi e anche il migliore che ci sia finisce nella bufera. Pure lui per le consulenze. «Sono eccessive e inopportune» bacchetta il collegio sindacale nell'estate 2017, mentre in Consiglio regionale fioccano le interrogazioni. Nel mirino soprattutto i 440.000 euro a due società per la selezione dei manager (Management Search e Challenge Network) e i 130.000 euro a Bain & Company per la «consulenza strategica volta all'espansione dell'attività» dell'acquedotto. Nel frattempo, alla società viene nominato un nuovo direttore generale. Chi? Il medesimo De Sanctis, si capisce, che così, in una volta, aggiunge i 195.000 euro di stipendio da direttore generale al suo stipendio annuale da presidente.

L'acqua scarseggia, il denaro no. Dev'essere una maledizione da queste parti. Del resto l'aveva già detto Gaetano Salvemini, tanti anni fa: l'acquedotto, più che a dare da bere, forse serve a dare da mangiare. E mica solo in Puglia. Prendete la Calabria: la Soakro, una delle società di distribuzione dell'acqua che serviva diversi comuni nella zona di Crotone, è fallita lasciando un buco di 40 milioni di euro, dopo aver dilapidato soldi in ogni modo, compresi contratti di consulenza da 800 euro al giorno (ottocento euro al giorno!). A gestire le risorse idriche regionali resta la Sorical, un gigantesco carrozzone, controllato dalla Regione insieme con la multinazionale francese Veolia, che nel corso degli anni ha accumulato debiti per 142 milioni di euro. E che oggi conta su un sistema organizzativo che gli stessi vertici definiscono «ingovernabile» e una rete che perde i pezzi (62 per cento di dispersione). L'unica cosa che in Sorical non scarseggia sono i dipendenti: 255. Forse non tutti proprio indispensabili per rendere efficiente il servizio, anche se nessuno osa dirlo. Uno dei pochi a rompere il muro d'omertà è stato, nel gennaio 2017, il sindaco di Cosenza, Mario Occhiuto: «In questo carrozzone non lavorano tecnici ma gente che non ha mai visto un acquedotto» ha denunciato. Lo hanno massacrato.

E così, nell'indifferenza dei più, il carrozzone Sorical continua a gestire l'acqua per la quasi totalità dei comuni calabresi (363 su 409) pur essendo in liquidazione dal 2012. Esatto: dal 2012 l'acqua calabrese è gestita da un ente in liquidazione. Ma vi pare? Se è in liquidazione, lo liquidi, no? Se non è in liquidazione, invece, lo rendi operativo al 100 per cento e smetti di liquidarlo... Per l'amor del cielo: negli ultimi anni qualcosa di positivo è anche stato fatto, i bilanci più recenti chiudono in attivo (2,6 milioni di euro nel 2016), dopo anni di rosso congenito. Ma restano tanti buchi neri. I Comuni che non pagano. Un assetto ingestibile. I dubbi che nessuno chiarisce. Che accadrà nei prossimi anni? I privati se ne andranno? Sarà creato un servizio idrico integrato tutto pubblico? E quanto costerà tutto ciò ai contribuenti?

Che strano incrocio di destini nelle Regioni del Sud: in Puglia il grande timore è che l'acqua sia privatizzata, dal momento che il 31 dicembre 2018 scade la concessione pubblica dell'Acquedotto Pugliese. In Calabria, invece, si ha il timore opposto, e cioè che la gestione torni totalmente pubblica nelle mani della Sorical. Anche perché nel maxicarrozzone calabrese eternamente in liquidazione l'unica cosa che non conosce crisi sembra essere proprio lo stipendio dei medesimi liquidatori. Uno è un commercialista di Palermo, nominato dal socio privato. L'altro è un ex assessore regionale socialista, Luigi Incarnato detto «Tic Tac». Appena entrati in carica si sono aumentati il gettone a 200.000 euro a testa. Non poco per presiedere un disastro. Che anche a loro serva una vaporella?

«Non devi pagare, ma paga lo stesso.» Così il gigante di Sardegna maltratta i cittadini

La società pubblica, nella gestione dell'acqua, può essere anche peggio di quella privata? Il sospetto nasce, se si va in Sardegna per scoprire Abbanoa. Non so se sia vero, come scrivono i blogger dell'isola, che è «la più odiata dai sardi». Non so se sia vero che è «la peggior azienda di servizio d'Italia», come denuncia Adiconsum. Di certo il 14 giugno 2017 il Consiglio di Stato l'ha condannata per le sue pratiche commerciali dal «carattere aggressivo» nei confronti degli utenti. La sentenza parla di «indebiti condizionamenti», di cittadini «indotti a versare somme non dovute», di reclami deliberatamente ignorati, di distacchi effettuati in modo sproporzionato, «persino nel caso di fatture annullate da un provvedimento del giudice». Insomma: «O paghi o ti stacco l'acqua, a prescindere dalle tue ragioni» sintetizzano le associazioni di consumatori. Proprio così: a prescindere dalle tue ragioni. Cioè: hai fatto ricorso? Paga lo stesso. Hai vinto la causa? Paga lo stesso. Non devi pagare? Paga lo stesso. O resta a secco il portafoglio o resta a secco il rubinetto. E comunque tu paghi lo stesso.

Evidentemente Abbanoa si sente più forte dei reclami, più forte delle sentenze, più forte dei giudici, più forte dei numeri, persino più forte del buon senso. Più forte di tutto. Del resto, chi la può contraddire? Nata dalla fusione di diversi consorzi, controllata interamente da enti pubblici, cioè dalla Regione insieme con 342 Comuni, oggi gestisce l'acqua dell'isola in regime di assoluto monopolio. Vuoi lavarti i denti? Chiedi ad Abbanoa. Vuoi farti un bagno caldo? Chiedi ad Abbanoa. Vuoi cucinare la pasta? Chiedi ad Abbanoa. E, ovviamente, paga. Paga sempre. Paga e taci. Solo di bollette l'azienda ha incassato, nel 2016, la bellezza di 288 milioni di euro (287.998.585 per l'esattezza), cui vanno aggiunti 187 milioni di stanziamenti straordinari della Regione (fra il 2013 e il 2017). Un bel mucchio di soldi, non vi pare? È per questo che Abbanoa è diventata un gigante.

E, come tutti i giganti, ha scoperto di avere i piedi d'argilla, oltre che un «carattere aggressivo».

Ma almeno tutta questa aggressività avrà portato a migliorare il servizio? A renderlo efficiente? A giudicare dalle proteste non si direbbe. A Sassari intere zone della città sono ancora senza acqua potabile: nell'ottobre 2016 è stata organizzata una fiaccolata contro Abbanoa (una fiaccolata! Per avere l'acqua dai rubinetti!); un anno dopo, non essendo cambiato nulla, il sindaco ha protestato in modo plateale, chiedendo le dimissioni dei vertici. A Iglesias lamentano costanti interruzioni di servizio, ad Alghero pure, a Nuoro e in Gallura ci sono razionamenti anche in pieno inverno, a Olbia contestano le bollette pazze, a Porto Torres hanno organizzato una class action. La società si difende con orgoglio: «A Porto Torres in tutto il 2016 non si è registrato nemmeno un giorno di non potabilità». Evviva, evviva, fiato alle trombe e campane a festa. Chi l'avrebbe detto? L'acqua potabile, alle volte, è persino potabile. In Sardegna, come in Sicilia, non bisogna mai darlo per scontato.

Colpa, come al solito, della rete di distribuzione obsoleta, spiegano ancora ad Abbanoa promettendo piani di investimento miracolosi per i prossimi anni. Staremo a vedere. Per intanto, oggi, i risultati sono piuttosto scadenti. E come mai? Il colosso sardo gestisce tutti i tubi dell'isola dal 2005, mica da ieri. Tredici anni. E in questo periodo la dispersione idrica è ancora aumentata, passando dal 43 al 52 per cento. In alcune delle città dell'isola, come Iglesias e Tempio Pausania, ormai si supera il 60 per cento. A Cagliari è del 59 per cento. Ma allora viene da chiedersi: che cosa ha fatto in questi tredici anni Abbanoa, oltre che spadroneggiare sui poveri utenti? Non poteva essere un po' meno aggressiva con le famiglie e un po' di più con i tubi guasti? Non poteva rompere un po' meno le scatole ai consumatori e aggiustare un po' di più gli acquedotti?

La società nel 2016 ha registrato un utile di 8 milioni di euro (8.619.840 per l'esattezza). Epperò resta seduta su una montagna di debiti: oltre 600 milioni di euro (624.445.875 per l'esattezza). Non sono troppi? Come hanno fatto ad accumularli? Dove sono finiti quei soldi? E ora come faranno a restituirli? Nel bilancio di Abbanoa si trova pure un'altra montagna di quattrini, questa volta nella casella dei crediti dei clienti, che ammontano a 704 milioni di euro (704.478.811 per l'esattezza). Considerato che in tutta la Regione le utenze sono 712.000, significa in pratica che ogni famiglia, sulla carta, dovrebbe ad Abbanoa 1000 euro. Possibile? Mille euro? Cioè in pratica 430 euro per ogni sardo, neonati e ultracentenari compresi? E, ammesso che sia vero, come pensa di poter incassare queste somme Abbanoa? Con ulteriori pratiche aggressive? Staccando contatori a raffica? Vessando ancora i cittadini?

I dubbi non sono pochi. Per esempio: se davvero Abbanoa ha così tanti soldi da riscuotere, perché non li riscuote, anziché chiedere alla Regione ulteriori stanziamenti (187 milioni in cinque anni, per l'appunto)? Perché i cittadini devono pagare l'acqua due volte (prima con le bollette, poi con i contributi regionali, e dunque con le tasse?). Ma soprattutto: alla fine chi ci guadagna? Se i cittadini pagano due volte, se gli utenti sono maltrattati e i tubi restano malandati, a che servono quelle centinaia di milioni che transitano nelle casse di Abbanoa? Forse solo a mantenere in piedi la medesima Abbanoa? Per carità, non è poco: stiamo parlando di quasi 1400 dipendenti. Millequattrocento dipendenti, capite? Costano, di stipendi, 58 milioni di euro ogni anno (58.787.533 per l'esattezza nel 2016). Senza contare consulenti, collaboratori, avvocati, tecnici, esperti, amministratori. Una marea di soldi da distribuire, insomma.

Soldi e posti di lavoro. Appalti e spese. Sull'acqua in Sardegna si è costruito un piccolo impero. Gli utenti protestano, dai rubinetti non sempre scende liquido potabile, ma che importa? Abbanoa è una delle 20 aziende più importanti dell'isola, la terza società del servizio idrico per l'Italia, un colosso, per l'appunto, che realizza, grazie al generoso contributo degli utenti e dei soldi regionali, un fatturato di 325 milioni di euro e può distribuire denaro a pioggia. A chiunque. Basta consultare il sito della medesima società per rendersene conto (tutto le si può imputare tranne che la mancanza di trasparenza): solo nel 2016 ha stipulato contratti per un valore di 162 milioni di euro (162.369.767 per l'esattezza). Si tratta di una serie infinita di acquisti, acquistini, appaltucci, rifornimenti vari: spesso materiali di servizio, beni di stretta utilità, attrezzi o cancelleria, ma anche i contributi a Legambiente Sardegna per il «supporto all'organizzazione di un evento» (3896 euro), il «monitoraggio su specie floristiche» (8511 euro), il «progetto educazione scolastica 10 in condotta» (12.700 euro), il master in sviluppo manageriale (19.600 euro), l'affitto di stanze di hotel per le gare d'appalto e anche per le riunioni sindacali (ma non ci sono le sedi della società?) oltre che campagne pubblicitarie, cornici per campagne pubblicitarie, realizzazione video e financo noleggio di proiettori (che fa tanto cineforum d'antan). Tutto perfetto, tutto regolare. Anche quando nel 2014 il servizio di riscossione crediti viene affidato a due società, una della quali, la Consult Service Company Srl, ha sede a Firenze ed è molto vicina al mondo renziano. Il titolare, Francesco Spanò, è noto per aver organizzato manifestazioni legate al vino all'ombra di Ponte Vecchio: chianti e brunello, prosit. Che gli sia venuta voglia di cannonau?

Non c'è niente di male, si capisce. Non fosse che in Sardegna la gente, nel frattempo, scende in piazza per fiaccolate e proteste. Non fosse che i sindaci tentano regolarmente la fuga dal monopolio Abbanoa, lamentandone i soprusi. Non fosse che le perdite continuano e nei tubi ogni tanto l'acqua si avvelena. Non fosse per i razionamenti. Non fosse per i debiti. E non fosse per le «pratiche vessatorie». La multa dell'Authority era di 1 milione e 80.000 euro, il Consiglio di Stato l'ha ridotta a 680.000. E tanto è bastato alla società di gestione per far festa, autoproclamandosi moralmente vincitrice. Ma si può essere moralmente vincitori quando si fanno pagare ai cittadini somme non dovute? Si può essere moralmente vincitori quando non si ascoltano i reclami e neppure le sentenze dei giudici? Una società pubblica non dovrebbe comportarsi in modo diverso? Per lo meno: non dovrebbe vergognarsi di quella multa, anziché accoglierla come fosse una medaglia? Anche perché, diciamolo chiaro: se Abbanoa non fosse pubblica al 100 per cento, quei 680.000 euro, almeno, li avrebbe pagati qualcun altro. Invece così finiranno per pagarli i medesimi utenti vessati. L'ennesima beffa su un'isola che sente ormai l'acqua alla gola.

In Toscana i cittadini pagano le tariffe più alte d'Italia, la multinazionale incassa

In Toscana hanno un record: pagano le tariffe per l'acqua più alte d'Italia. Proprio le più alte. Secondo i dati di Cittadinanzattiva, la media è di 590 euro a famiglia contro i 376 euro della media nazionale. Fra il 2007 e il 2015 il prezzo della bolletta è aumentato dell'89,3 per cento, in alcune città (Carrara, Grosseto, Siena, Massa) addirittura più del 100 per cento. In compenso, voi penserete, godranno di un servizio eccellente. Macché: stando ai dati Istat del marzo 2017 la percentuale di utenti che non si fida di quel che esce dal rubinetto di casa in Toscana è più alta che in tutte le Regioni del Centro-Nord (38,9 per cento). A livello di scassati acquedotti meridionali. A livello di quelle città del Sud dove, come abbiamo raccontato, l'acqua esce una volta ogni tanto. Da non credere: la verde Toscana, il Chiantishire, la terra agognata da ogni americano che si rispetti, cuore dell'Italia che il mondo c'invidia, ebbene scivola proprio sull'acqua. Qui dove è sgorgato il genio di Leonardo, si fatica a far sgorgare un servizio potabile. Si sciacquano i panni in Arno, ma se devi sciacquarli in casa, stai attento che potresti non riuscirci. E, se ci riesci, ti costa un occhio della testa.

Che gli acquedotti toscani siano piuttosto malandati lo testimoniano, ancora una volta, le fredde cifre. A cominciare proprio da Firenze, dove la dispersione idrica è superiore al 40 per cento, più alta dunque della già pessima media nazionale. Vi ricordate la voragine sul Lungarno di Firenze? Nel maggio 2016 la terra collassò, a due passi da Ponte Vecchio, come un budino venuto male, inghiottendo auto e asfalto. Le immagini fecero il giro del mondo. Il Comune accusò Publiacqua, la società che gestisce l'acquedotto di Firenze (e di altri 46 comuni della Toscana), per non aver curato i tubi. La società si autoassolse e nessuno ne parlò più. Del resto si sa: in Italia anche la polemica, come il Lungarno, ci mette un attimo a sprofondare nel nulla.

In ogni caso, dopo un disastro di quel genere, che cosa ci si aspetterebbe? Ci si aspetterebbe di vedere Publiacqua, la più grande società della Toscana, quella che gestisce un terzo della popolazione regionale, che si dà un gran daffare per tappare le falle, che si affanna a rinnovare i tubi, che spende fino all'ultimo centesimo possibile per dare un servizio migliore (e magari evitare che Ponte Vecchio finisca in fondo all'Arno...). Spiace deludervi, ma abbiamo un vizio: non ci fidiamo delle parole di circostanza. Leggiamo i bilanci delle società. E che cosa ci dice il bilancio del 2016 di Publiacqua? Primo: i toscani hanno effettivamente versato, con le loro bollette, più denaro nelle casse della società (216 milioni, cioè il 12,4 in più rispetto al 2015). Ma, secondo: la società si è ben guardata dall'investire queste somme nella manutenzione degli impianti (anzi, gli investimenti sono calati rispetto al 2015). E dove sono finiti allora i soldi? Hanno generato un maxiutile di quasi 30 milioni di euro (29,8 per l'esattezza) che è stato in gran parte distribuito tra i soci. E siccome il 40 per cento delle azioni appartiene a una società privata, Acque Blu Fiorentine, di cui fanno parte anche Caltagirone, tramite l'Acea, e la multinazionale Suez, ebbene sì, i soldi sono finiti anche nelle loro tasche. E mica pochi: 7,2 milioni di euro solo nel 2016.

Scusate, sarò strano io, ma c'è qualcosa che non mi torna: si pagano tariffe alte, la rete continua a cadere a pezzi, e i soldi finiscono nelle tasche di Caltagirone e di una multinazionale? Ma perché? Fra l'altro, quello di Publiacqua non è mica l'unico caso del genere in Toscana. Se da Firenze ci spostiamo a Pisa, infatti, scopriamo che lì c'è la Acque Spa: nel suo piccolo in tre anni ha distribuito quasi 3 milioni e mezzo di utili (3.476.249 per l'esattezza). Di questi, 1 milione e mezzo (1.564.312 per l'esattezza) sono finiti alla Abab, società privata composta da Acea, Vianini e Suez. Da notare: a Pisa gli incassi da tariffe continuano ad aumentare (9 milioni di euro in più fra il 2015 e il 2016) e le perdite della rete non diminuiscono (anzi aumentano: da 12,37 metri cubi al giorno per chilometro di rete nel 2013 a 12,61 metri cubi nel 2015, ultimo dato disponibile). Ora ripeto la domanda: perché i pisani devono pagare 9 milioni di più, mentre l'acquedotto peggiora e la Suez incassa? Sono forse dei benefattori della multinazionale? Davvero? E non hanno nessun soggetto più bisognoso con cui sfogare la loro irrefrenabile filantropia?

Se da Pisa, poi, passiamo ad Arezzo, la situazione non cambia molto. Lì l'acqua è gestita da Nuove Acque, il cui capitale è per poco più di metà in mano ai Comuni e per poco meno di metà in mano a un socio privato (Intesa Aretica Scarl) controllato anch'esso da Suez. Il bilancio 2016 di Nuove Acque registra un aumento del fatturato (da 54 a 57 milioni di euro in un anno), pur in presenza di una riduzione dell'acqua fornita ai rubinetti. Lo vedete come sono bravi? Vendono di meno, guadagnano di più. Il risultato finale non può essere che un corposo utile (5,2 milioni di euro) che viene in parte (1,9 milioni) distribuito ai soci. E dunque finisce, ancora una volta, anche nelle tasche della multinazionale che, ovviamente, incassa e festeggia. E gli acquedotti di Arezzo? Leggere il bilancio alla voce «Riduzione perdite idriche»: «Per quanto riguarda l'attività di riduzione delle perdite è stato ulteriormente implementato il monitoraggio permanente...», «si sta mettendo in atto lo studio e il monitoraggio del sistema idrico», che è «volto anche eventualmente all'implementazione della distrettualizzazione...». Implementazione della distrettualizzazione? Implementazione del monitoraggio permanente? «Volto anche eventualmente»? Peccato che il grande Gastone Moschin se ne sia andato, altrimenti avrebbe potuto continuare lui: supercazzola prematurata con scappellamento a destra. Solo le tariffe aumentano, quelle sì, in modo chiarissimo...

Latina, 100 giorni di siccità. E l'acquedotto?
In mano a una banca irlandese

Cento giorni di siccità. Consecutivi. Un inferno di docce sognate e sciacquoni latenti, roba da piangere se non si fossero seccate persino le lacrime. Fra maggio e settembre 2017 la provincia di Latina sembrava il deserto del Sahara. Acqua? Niente. Tu l'hai vista? No, era un miraggio. Così sono partite le prime proteste, all'inizio timide, poi sempre più esasperate. Del resto provate voi a stare 100 giorni con il rubinetto chiuso. A un certo punto i manifestanti hanno occupato la strada con un sit in: sono stati denunciati per interruzione del pubblico servizio. Un paradosso, no? Il servizio pubblico dell'acqua può essere interrotto per 100 giorni senza che nessuno paghi. Ma guai a interrompere per qualche minuto lo scorrere del traffico…

A Latina l'acqua è competenza di Acqualatina. È una società nata nel 2002, a maggioranza pubblica ma con il 49 per cento di proprietà della multinazionale francese Veolia, che la controlla attraverso la Idrolatina Spa. Sono loro a gestire i rubinetti di 38 comuni della provincia per un totale di 270.000 utenti. Il fatto significativo è che ai primi di giugno 2017, all'inizio di un periodo di siccità infernale, i vertici di Acqualatina, tutti trionfanti, avevano presentato un bilancio con un utile di 17,8 milioni di euro. Ora il contrasto fra i due elementi appare piuttosto significativo: a che servono 17,8 milioni di euro di utile se poi l'acqua non arriva nei rubinetti delle case? Il dubbio è ancora più grande se, al di là dei proclami ufficiali, si va alla ricerca della voce di bilancio che riguarda gli investimenti per il recupero dispersioni idriche: appena 445.000 euro. Ma come? Fai 17,8 milioni di utile e investi solo 445.000 euro per il recupero delle dispersioni idriche? Mentre la gente resta a secco?

Se la gente è a secco, infatti, dipende solo in minima parte dalla mancanza di pioggia. La responsabilità maggiore è proprio delle perdite dei tubi. Questo è vero in tutta Italia, ma è vero soprattutto in provincia di Latina dove le perdite toccano la vetta inusitata del 67 per cento: in pratica su

100 litri immessi nell'acquedotto soltanto 33 arrivano a destinazione. Il dato, oltre a essere abbondantemente sopra la media nazionale, è anche in clamorosa crescita: cinque anni fa, infatti, il livello di dispersione era di poco superiore al 60 per cento. Ora si avvia a sfiorare il 70. E la società che dovrebbe mettere fine a questo spreco assoluto investe in «recupero dispersioni idriche» appena 445.000 euro? Su 17,8 milioni di utili? Mentre le famiglie della zona sono in strada a protestare perché non riescono nemmeno a farsi il bidet?

Il fatto più singolare, però, è un altro. Ne aveva già parlato il combattivo sito internet locale, Caffè.tv, ma emerge chiaramente a pagina 42 del bilancio: di fatto, le azioni di Acqualatina sono in mano a una banca. Proprio così: una banca. La Depfa Bank, per l'esattezza, un gigante che ha sede in Irlanda ma è di proprietà tedesca, ed è diventata famosa in Italia perché partecipò alla discussa vicenda dei derivati venduti al Comune di Milano (finì anche sotto processo: condanna in primo grado, assoluzione in appello). Ma che c'entra la Depfa Bank con i rubinetti di Formia e Gaeta? Semplice. Il 23 maggio 2007 Acqualatina ha sottoscritto un accordo con scadenza nel maggio 2031: in cambio di un finanziamento di 114 milioni di euro, ha concesso in pegno al colosso finanziario tedesco-irlandese quasi il 75 per cento delle azioni. In particolare ha dato in pegno l'intero 49 per cento di proprietà del socio privato e un 24,8 per cento di proprietà dei soci pubblici (hanno accettato dieci Comuni: Sperlonga, Sonnino, Cisterna di Latina, Lenola, Minturno, Terracina, Fondi, Santi Cosma e Damiano, Sabaudia e Latina). Gli amministratori di Acqualatina si premurano di specificare che «nelle condizioni ordinarie i diritti di voto e quelli amministrativi rimarranno in capo ai Comuni». Cioè in condizioni ordinarie la banca non può intervenire per sostituirsi ai soci e decidere in vece loro. Ma se le condizioni non sono più ordinarie? Che succede? La banca di fatto decide per conto di tutti? Anche dei Comuni che non hanno accettato di dare le loro azioni in pegno? In teoria sì, lo potrebbe fare. E nemmeno tanto in teoria: Depfa

Bank ha già lasciato intendere di essere pronta a intervenire se lo ritenesse opportuno. Si capisce: ci sono in ballo 114 milioni di euro, e una banca non può ammettere perdite. A parte le perdite dei tubi, s'intende, che tanto quelle le pagano solo i cittadini.

Gori Spa (Napoli): i cittadini pagano e i privati prendono il premio…

«Gori, il disastro continua: a Nola senz'acqua da un mese.» «Qui Fisciano: Gori sotto accusa per ingiusti addebiti.» «A Marigliano si vota contro gli aumenti tariffari di Gori.» «A Ercolano pure.» «A Castel San Giorgio è spuntato un nuovo aumento in bolletta di 10 euro.» «San Vitaliano, colabrodo Gori: stessa riparazione di un tubo, 5 volte.» «Anche a Vico Equense: 4 volte, e non è finita.» «Ma secondo voi ci mettono lo scotch?» «Andiamo a Roma.» «Avanti.» «Non ci fermiamo.» «Ci aumentano le bollette, ma i vertici hanno a disposizione 10 auto di lusso.» «Che scandalo.» «In piazza.» «Avanti.» «È vero che mentre ci tartassano si aumentano gli stipendi?»

Se ci fosse l'hit parade delle società idriche più odiate d'Italia, la Gori Spa, società a maggioranza pubblica che gestisce 76 comuni dell'area vesuviano-sarnese, conquisterebbe facilmente il podio. E probabilmente anche la medaglia d'oro. È una delle poche a vantare un apposito comitato di oppositori: No Gori, attivissimi sui social e anche nelle strade. Organizzano anche il No Gori Day, per tutti coloro che desiderano liberarsi dall'odiato gestore. D'altra parte bisogna ammettere che la società ha fatto di tutto nel corso degli anni per non farsi amare: bollette pazze, balzelli nascosti, aumenti a raffica, conguagli ingiustificati, richieste assurde. È stata anche condannata dall'Antitrust per le pratiche commerciali scorrette. Poi è stata nel mirino della guardia di finanza. Ed è stata portata più volte in tribunale dagli utenti, fino a beccarsi anche una reprimenda per violazione della Costituzione. A parte il Tribunale internazionale dell'Aia e i caschi blu dell'Onu, pare che a difesa dei poveri utenti della Gori siano intervenuti un po' tutti. Senza ottenere grandi risultati, però.

In effetti Gori continua a resistere, anche se con le sue beghe giudiziarie e contabili ci si potrebbe costruire un piccolo monumento dello scandalo. La valorosa consigliera regionale 5 Stelle della Campania, Valeria Ciarambino, che da anni si batte contro il mostro dell'acqua, è in grado di produrre così tante carte che a stamparle tutte si rischierebbe di danneggiare la foresta amazzonica. Perdersi in mezzo ai numeri è facile. Ma la sostanza è chiara. E si può riassumere in poche parole: la Gori Spa tartassa i cittadini con tariffe alte e richieste d'arretrati, e nello stesso tempo accumula debiti con la Regione (90 milioni solo per il biennio 2013-2014, che si vanno ad aggiungere ai 282 milioni degli anni precedenti). Poi chiede alla medesima Regione sconti e dilazioni, che vengono regolarmente concessi. Tanto si sa, sono soldi pubblici. E quindi, alla fine, il cittadino paga due volte.

Ora la domanda è sempre la stessa: ma dove diavolo finiscono tutti quei soldi? Trecentosettantadue milioni di debiti, le tariffe che aumentano, un fatturato di quasi 180 milioni di euro: come viene utilizzato quel denaro? Anche in questo caso dobbiamo deludere le vostre aspettative: il denaro non serve, come sarebbe auspicabile, a migliorare il servizio. Soprattutto non serve a tappare le falle degli acquedotti. Il caso della Gori, in questo senso, è anzi particolarmente clamoroso: nel 2002, quando il livello delle perdite era pari al 52 per cento, si varò un piano ambizioso con l'obiettivo di portarle, entro il 2018, al 31 per cento. Risultato? Le perdite dell'ultimo bilancio sono pari al 55 per cento. Oltre venti punti in più rispetto all'obiettivo prefissato. Tre punti in più rispetto a quando si è partiti con il piano di riduzione. In un'audizione del Consiglio regionale, gli amministratori di Gori hanno assicurato di aver investito a questo scopo 280 milioni di euro dal 2002. Troppo pochi? O buttati via? Sicuramente non spesi bene, visti i risultati...

D'altra parte, come sorprendersi? Di spese efficaci la Gori Spa in questi anni ne ha fatte poche, essendo uno dei tipici grandi carrozzoni del Sud con poltrone ambite da politici dediti più alla politica delle clientele che a quella della buona amministrazione. Non a caso, a lungo ne è stato presidente Amedeo Laboccetta, ex deputato di An, poi finito nei guai per l'inchiesta sul maxiriciclaggio dei soldi delle slot machine. I dipendenti sono 658. Un esercito. Quanti sono parenti e amici dei sindaci azionisti della società? Anche qui siamo alle solite, è uno schema che si ripete: i Comuni non possono più assumere, così creano le partecipate e le gonfiano a dismisura. Più personale e più consulenze. Per accontentare tutti. Ma proprio tutti. A parte i contribuenti, ovviamente.

Ma il fatto più singolare è un altro. E va direttamente al cuore del sistema di potere. Riguarda, infatti, il controllo di Gori Spa. Quest'ultima, come si diceva, è una società pubblica: i Comuni dell'area vesuviano-sarnese hanno la maggioranza assoluta, ma c'è un 37 per cento di capitale di proprietà di un socio privato, cioè l'Acea di Roma. E qui viene il bello. Perché in base ai patti parasociali sottoscritti nel 2006 (durata 6 anni, con tacito rinnovo), il socio privato, pur essendo in minoranza e pur essendo escluso da qualsiasi responsabilità, ha il diritto di nominare l'amministratore delegato, cioè colui che gestisce l'azienda, con ampi poteri. Come mai? Perché i Comuni lasciano che a decidere sia, di fatto, l'Acea? Che, fra l'altro, non si prende neppure un po' di responsabilità? Difficile da dire. Ma le stranezze non sono finite. Il gestore privato, infatti, non solo controlla la società senza risponderne fino in fondo, ma gode anche di un altro privilegio: un premio di gestione automatico. Proprio così: un premio che scatta in modo indipendente dall'andamento del servizio. Si tratta di tanti quattrini: 6,9 milioni di euro nel 2015, addirittura 9,3 milioni nel 2016... Non è meraviglioso? Gli utenti pagano, la Regione pure, i privati (leggi Acea) incassano il «premio di gestione automatico». Anche se la gestione non sarebbe affatto da premiare. E poi lo chiamano servizio pubblico...

Se arriva il gigante, la bolletta diventa cinque volte più cara

Cercivento è un piccolo paese, 677 abitanti, sperduto nella Carnia, estremo Nordest. Nella sua storia ne ha passate di tutti i colori: occupazioni militari, devastazioni naturali, fucilazioni di alpini e altri drammatici fatti storici. Adesso deve passare anche attraverso la guerra dell'acqua. Questo, infatti, è l'unico fra i 217 Comuni del Friuli a non aver affidato l'acquedotto al gigante regionale, Cafc Acque del Friuli. Proprio l'unico. In pratica è circondato. Assediato. Sotto pressione. Non passa giorno senza che qualcuno provi a testare la sua capacità di resistenza. Lo sapete che siete rimasti soli? Lo sappiamo. Che pensate di fare? Niente. Ma non vi arrendete? Manco per idea. «Siamo montanari, gente tosta» dice il sindaco Luca Boschetti. Gente tosta e per nulla fessa, verrebbe da dire: a Cercivento, infatti, dove l'acquedotto è gestito dal sindaco, per un anno d'acqua una famiglia paga appena 46 euro. Basta fare due chilometri e arrivare nel vicino paese di Paluzza per scoprire che la medesima bolletta dell'acqua, a parità di consumo, arriva a 235 euro. Cinque volte di più. A due chilometri di distanza.

Un caso isolato? Macché. Sono molti i Comuni in lotta contro gli Avvoltoi dell'acqua, da Nord a Sud d'Italia, piccoli eroi della resistenza idrica, fieri avversari dei mostri moltiplicatori delle tariffe. A Saracena, per esempio, in provincia di Cosenza, pieno parco del Pollino, l'acqua costa 29 centesimi a metro cubo: una famiglia di tre persone paga 101 euro l'anno. Ma basta fare qualche chilometro per scoprire che nel vicino paese di San Lorenzo del Vallo, dove il servizio viene gestito dal già citato colosso malandato della Sorical, una stessa famiglia di tre persone, con un consumo uguale a quella di Saracena, paga la bellezza di 284 euro l'anno. Quasi il triplo.

Vi sembra strano? Ma no. Succede così anche in Toscana. Il paesino di Zeri, per esempio, mille abitanti fra i boschi della Lunigiana, uno dei più poveri della zona, sta combattendo da dieci anni la sua battaglia contro i giganti dell'acqua. E continua, unico Comune sui 274 della Toscana, a gestirsi orgogliosamente il suo acquedotto, difendendolo da Gaia, una società per azioni a capitale interamente pubblico, che dove arriva triplica le tariffe. Lo continuano a ripetere gli abitanti di Zeri, mostrando le loro bollette davanti alle telecamere: per 83 metri cubi d'acqua, con la gestione comunale, si pagano appena 84 euro l'anno. Se ci si sposta in uno dei paesi assoggettati a Gaia, bastano 74 metri cubi d'acqua per generare bollette da 208 euro. Quasi tre volte di più.

Nella Liguria di Ponente, in provincia di Savona, s'avanza invece l'incubo Rivieracqua, il gestore pubblico che a poco a poco sta assorbendo tutti i 70 Comuni dell'area. Per il momento ne ha già fatti cadere dentro la sua rete 39. «Una scelta obbligata» si giustificano alcuni sindaci. Altri si dicono pentiti. Quando arriva Rivieracqua, infatti, i disservizi aumentano, la manutenzione latita, le bollette pazze si moltiplicano. Per esempio: una frazione (San Damiano) resta senz'acqua, i tecnici del nuovo gestore dicono che non c'è niente da fare, che ci vogliono le autobotti perché il pozzo è a secco. Poi un operaio del posto si accorge che, in realtà, avevano solo sbagliato a chiudere una saracinesca. Disattenzione? Noncuranza? Prepotenza? Chi lo sa. Quello che è certo è che in uno dei Comuni appena acquisiti, Stellanello, nell'ottobre 2017 Riveracqua riesce a totalizzare un record che sarà difficilmente superabile: 680 bollette pazze su 680 utenti. Tutte sbagliate, insomma. Nemmeno una giusta. Nemmeno per errore. «Siamo all'esasperazione» ha commentato il sindaco affranto. Ovviamente anche lui con in mano la sua bolletta rigorosamente pazza.

Cercivento, Saracena, Zeri, Stellanello. Storie esemplari. Sindaci coraggiosi, cittadini combattivi. Ma quanto potranno resistere ancora? Il 1° luglio 2017 s'è rotto il fronte di Cassino, ed è un po' come se avesse ceduto la Linea Gotica. A Cassino, infatti, hanno combattuto per anni contro l'avanzata di Acea, che generava una situazione surreale: nella periferia della città, dove era già arrivato il colosso romano, le tariffe andavano da 0,43 a 4,13 euro al metro cubo; in centro, dove resisteva la gestione del Comune, le tariffe andavano da 0,26 a 1,14 euro al metro cubo. E tutti si domandavano: possibile che nello stesso comune una famiglia sia costretta a pagare il doppio (se va bene) o anche il triplo (se non il quadruplo) solo perché ha la sventura di vivere in periferia anziché in centro? Una sentenza del Consiglio di Stato ha messo fine all'anomalia. Adesso tutti pagano di più. Sarà il nostro destino?

Il ritornello l'avete sentito mille volte: è finito il tempo dei piccoli Comuni e delle gestioni autonome, basta improvvisazioni, piccolo non è bello, ci vogliono i grandi gestori capaci di fare investimenti. Non a caso oggi i padroni dei rubinetti italiani sono quattro grandi sorelle: la già citata Acea, poi Hera, Iren e A2a. Insieme servono oltre 16 milioni di italiani, il 26,9 per cento della popolazione (l'Acea è la più grande: copre il 15,5 per cento, seguono Hera 6,1 per cento, Iren 3,8 per cento e A2a 1,5 per cento). Sono tutte società per azioni, quotate in Borsa, anche se la maggioranza del loro capitale è controllato da enti pubblici, Comuni e consorzi di Comuni. Tutte e quattro le grandi sorelle dei nostri rubinetti stanno facendo campagne acquisti sfrenate: Acea ha appena comprato gli acquedotti lucchesi, Iren ha rilevato l'Atena di Vercelli e 31 acquedotti di Acque Potabili Spa nel Nord Italia, A2a si è espansa a Como e Lecco… Nel 2016, insieme, hanno fatturato 15,4 miliardi (il quintuplo della Barilla, per intenderci) con un utile pari a 847 milioni di euro, il 33 per cento in più dell'anno precedente. Proprio così: nell'anno della grande crisi dell'acqua, degli italiani a secco e delle fontanelle chiuse, le quattro grandi sorelle si sono intascate 847 milioni di utili, 279 in più rispetto all'anno precedente. Non tutti quei soldi arrivano dal settore idrico, si capisce, perché queste società gestiscono anche altri servizi (gas, elettricità, ecc.). Ma come negarlo? L'acqua oggi è un grande business. Soprattutto se si aumentano le tariffe senza fare investimenti per migliorare le strutture. O facendo pagare servizi che non esistono…

E allora? Piccoli gestori comunali? L'acqua del sindaco? Ministrutture che non hanno i mezzi per ammodernarsi?

Oppure le grandi Spa quotate in Borsa che puntano a gonfiare utili e dividendi? È meglio rimanere una gestione alla vecchia maniera, che rischia di essere fuori dal tempo? O finire nel futuro, se il futuro sono giganti assetati di profitti, che appena arrivano triplicano le bollette? Bisogna aver fiducia nelle multinazionali? O, peggio, bisogna far rinascere vecchi carrozzoni pubblici, che poi pensano soltanto a piazzare negli organici politici trombati e amici dei ras locali? Dove andare? Che cosa scegliere? Chi decide? Ma anche solo: chi sa? Chi è informato? Chi controlla? La gestione dell'acqua oggi è in mezzo al guado. C'è una grande confusione. E in mezzo alla confusione gli unici che riescono a prendere il volo sono, per l'appunto, gli Avvoltoi.

Se ne sono accorti anche nel condominio La Caravella di Rapallo: l'Iren faceva loro pagare la depurazione, anche se la depurazione non si faceva. Si sono informati. Hanno fatto causa e hanno vinto. Ora le associazioni consumatori stanno cercando di mettere insieme oltre mille palazzi, 18.000 alloggi, per una gigantesca class action. Una causa di massa è partita anche in Valtellina contro il gestore Secam, colpevole (a giudizio dei ricorrenti) di far pagare i contatori a peso d'oro e di chiedere forfait folli, che producono superbollette con aumenti fino al 400 per cento. È un po' – spiegano – come se il panettiere ti chiedesse di farti carico del costo della bilancia: «Devi comprarmela al prezzo che dico io» dicono. E fino a quando non la compri, ti fanno pagare il pane come se pesasse più del piombo. «Le pare? Chi entrerebbe ancora in quella panetteria? Nessuno. E invece l'acqua siamo costretti a comprarla lì...»

Esatto: l'acqua siamo costretti a comprarla lì. Il problema è chi la vende. I grandi gestori sono davvero una garanzia di efficienza per gli utenti? Di investimenti utili? Di buona amministrazione? Non si può fare a meno di sollevare qualche dubbio. Anche nei casi migliori, anche dove nessuno se lo aspetterebbe. Prendete BrianzAcque. Siamo nel cuore dell'operosa Lombardia. Siamo in uno degli epicentri italiani dell'efficienza e della produttività. Anche qui è in corso un feroce processo di aggregazione: fra il 2012 e il

2016 la società ha acquisito 11 aziende e aziendine locali, con 114 dipendenti, diventando di fatto l'unico operatore della Brianza. Ebbene: nel gennaio 2017 la Corte dei Conti, con un'analisi spietata, individua molti punti oscuri sulla gestione. Perché, per esempio, pur avendo di fatto più personale, le spese per le consulenze aumentano? E come mai vengono assegnate con affidamento diretto, «senza pubblicità preventiva» e senza «valutazione comparativa»?

«Correggeremo gli errori» promette il presidente di BrianzAcque, Enrico Boerci. Ma basta scorrere la lista 2017 per capire che le consulenze continuano a piovere. E gli affidamenti diretti pure. C'è bisogno di avvocati? Affidamento diretto. Consulenza notarile? Affidamento diretto. Periti? Affidamento diretto. Servizio fotografico? Affidamento diretto. La hostess per l'evento «Sagra degli asparagi»? Affidamento diretto. Voi capite la meraviglia? BrianzAcque è totalmente pubblica, gestisce un bene pubblico, ma può comportarsi con la libertà di un soggetto privato, financo con la hostess della sagra degli asparagi. E tutti noi qui a chiederci: ma tutto ciò sarà davvero un bene? È davvero questa la soluzione? Le finte società pubbliche che si comportano come private, come BrianzAcque o Iren o Acea? O la soluzione sono le grandi società davvero pubbliche come Acquedotto Pugliese o Abbanoa? O le piccole gestioni pubbliche dei Comuni? O le multinazionali? O le società miste come Acqualatina che lasciano a secco per 100 giorni intere province d'Italia? Ci fosse un modello che in Italia ha dimostrato di funzionare davvero. Invece niente. Facciamo acqua da tutte le parti. Tranne che dai rubinetti, purtroppo.

IV
Il casello dalle uova d'oro

Questo è un capitolo che non dovevo scrivere. E che, infatti, nessuna persona di buon senso finora ha mai scritto. Non perché sia complicato o perché i dati non siano conosciuti: anzi, a differenza delle imprese di altri Avvoltoi, raccontate nelle pagine precedenti, queste sono sotto gli occhi di tutti. Non c'è bisogno nemmeno di ricorrere a fonti segrete o a documenti inediti per scoprirle. Basta leggere contratti e bilanci. E cercare di capirli. Però nessuno lo fa. Perché la materia è un po' ostica, certo. Perché ci si perde nei corridoi dei ministeri fra norme e circolari, certo. Ma soprattutto per un altro motivo, molto più semplice: nessuno lo fa perché nessuno vuole farlo. In effetti: chi ama mettersi contro i signori del casello? Sono ricchi, potenti, gestiscono tanti soldi, fanno assunzioni, distribuiscono appalti, pagano pubblicità e controllano la rete degli autogrill, dove si può decidere la fortuna di un prodotto, forse anche di un libro. Perché andare a disturbarli? Così uno dei più grandi scandali legalizzati italiani passa sotto silenzio. E sotto silenzio si rinnova ogni giorno, si allunga nel tempo, ipoteca il nostro futuro continuando a svuotare i nostri borsellini con un sistema che è palesemente truffaldino. Anche se nessuno lo dice, tranne pochi coraggiosi che vengono regolarmente zittiti. Proveremo a farlo noi. Sperando, con il vostro aiuto, di non fare la stessa fine.

Quel regalo da 5 miliardi all'Autobrennero

Qualcuno vi ha mai regalato 5 miliardi di euro? No? Forse perché non vivete a Trento. O forse perché non gestite l'autostrada del Brennero. Invece chi vive a Trento e gestisce l'autostrada del Brennero merita un regalo di almeno 5 miliardi di euro. Ma sicuro: 5 miliardi di euro, puliti puliti, e poi che ne so?, uno strudel alle mele in sovrappiù. Roba che ti sorridono i monti e le caprette ti fanno ciao, proprio come a Heidi. Stupiti? Ma no: pensate che la concessione della A22 è stata appena rinnovata per i prossimi trent'anni. Trent'anni, capite? Fino al 2045, quando forse viaggeremo su auto volanti e ci fermeremo al bar a prendere un caffè con gli alieni. Quando tutto sarà cambiato, insomma, tranne che per l'Autobrennero. La quale, infatti, attraverso i pedaggi continuerà a produrre quattrini come se piovesse. Ben sapendo che piove sempre nelle tasche dei soliti noti.

Va detto: gestire l'Autobrennero è proprio un affare. Quei 314 chilometri di asfalto, da Modena a Bolzano, scorrono infatti fra le montagne, in tutti i sensi: montagne di rocce e montagne di denari. Ogni anno si calcolano oltre 100 milioni di transiti, per ricavi superiori ai 300 milioni (370 nel 2016). D'altro lato le spese non sono moltissime: quelle sostenute per la costruzione sono state recuperate da tempo (almeno da metà degli anni Novanta) e quelle di manutenzione sono piuttosto limitate (42 milioni nel 2016). Risultato finale? Soldini freschi, guadagni netti. Nel 2016 gli utili sono stati pari a 71,7 milioni. Ma potrebbero essere anche di più. È stato calcolato che mettendo all'asta per trent'anni l'Autobrennero con una gara pubblica lo Stato avrebbe potuto incassare, per l'appunto, 5 miliardi di euro. E perché, allora, nel novembre 2017 ha deciso di rinunciarci?

Il fatto meraviglioso è che a gestire l'autostrada è sempre la stessa società dal 1961, cioè da quando fu siglata la prima concessione. Era l'anno in cui veniva costruito il Muro di Berlino, Luciano Tajoli vinceva il festival di Sanremo e gli Stati Uniti d'America cominciavano (cominciavano!) la lunga guerra in Vietnam. Vi sembra un'altra epoca? In effetti lo era. Ma la concessione dell'Autobrennero è fatta così: attraversa le stagioni, supera i limiti del tempo. Non conosce fine. O meglio: doveva conoscere la fine (nel 2005), ma è stata prolungata fino al 2014, e poi ancora automaticamente e tacitamente fino al 2017, e poi nel novembre 2017, con apposito emendamento al decreto fiscale, fino al 2045. E ogni volta è stata rinnovata con trattativa privata, alla faccia dell'Europa che chiede gare e bandi pubblici. E con la stessa società, alla faccia della concorrenza, noto strumento che ormai viene usato soltanto per massacrare i poveracci. Di sicuro non per disturbare i colossi del casello.

A questo punto so che vi è venuta la curiosità di conoscere chi sono i fortunelli che stanno seduti sotto le Dolomiti e sopra al tesoro. Se vi aspettate finanzieri spregiudicati, pirati della Borsa, raider o costruttori senza scrupoli, vi sbagliate. Solo le briciole della A22, infatti, al momento sono in mano a privati (si tratta di due finanziarie, una banca e un costruttore che in tutto hanno il 14 per cento delle azioni). E, per altro, costoro saranno costretti presto a mollare la preda. Il resto è proprietà degli enti pubblici locali, Comuni, camere di commercio, ma soprattutto Province autonome e Regione Trentino-Alto Adige. Quest'ultima è l'azionista principale con il 32 per cento del capitale. È lei che tira le fila del privilegio. Del resto, si sa, in materia è una specialista.

Dai maxistipendi ai vitalizi d'oro, in effetti, in Trentino-Alto Adige non si sono mai fatti mancare nulla. Hanno sempre nuotato nell'oro e non hanno fatto niente per nasconderlo. E allora la domanda è: perché i contribuenti italiani devono fare al Trentino-Alto Adige questo ulteriore regalo? Perché, ogni volta che passano per l'A22, devono pagare una tassa ai potenti locali? Che cos'è? Un nuovo Medioevo autostradale? Il neofeudalesimo del pedaggio? O, più semplicemente, uno scambio politico? C'è chi, come il senatore Lucio Malan, lo sostiene da tempo. Secondo lui, l'autostrada dalle uova d'oro è figlia proprio dell'enorme potere che ha avuto il partito locale, Svp, nel Parlamento nazionale. Sempre pochi deputati, ma sempre decisivi. E sempre pronti a battersi per gli ideali che contano. Tipo: se io ti voto, tu mi rinnovi la concessione?

Non so se sia andata davvero così. Di certo i legami tra la A22 e la politica sono evidenti, anche nelle persone che la gestiscono. Nel novembre 2017 viene eletto il nuovo presidente: è Luigi Olivieri, ex parlamentare dell'Ulivo per due legislature, con tanto di vitalizio alle spalle. Il potente direttore generale, Carlo Costa, è un pezzo grosso del Pd locale, ed è stato cooptato anche nella direzione nazionale del partito. Che il regalo di 5 miliardi sia maturato anch'esso sull'asse di ferro Pd-Svp? Il giorno in cui l'emendamento chiave è stato approvato al Senato (14 novembre 2017), il segretario del Pd Matteo Renzi si trovava in tour elettorale proprio a Bolzano. Una casualità? Una coincidenza? E quando si è trattato di trovare un collegio sicuro per Maria Elena Boschi in fuga da Arezzo, dove la si è paracadutata? A Bolzano, ovviamente.

In ogni caso, il risultato è sotto gli occhi di tutti: altro che code, traffico e intasamenti come si sente dire continuamente a Isoradio. Sull'Autobrennero si corre veloce. Ma solo se si sta seduti negli uffici ai piani alti. Proprio così: se si percorrono le carreggiate da nord a sud (o da sud a nord) s'incontrano soverchi ostacoli, se invece le medesime carreggiate le si gestiscono, no. Nessun ostacolo. Anzi, a gestire l'Autobrennero si ha un vantaggio che in Italia, negli ultimi anni, hanno avuto in pochi: il borsellino pieno di soldi. La società, infatti, si è arricchita, anno dopo anno, pedaggio dopo pedaggio, aumento dopo aumento (16 per cento fra il 2008 e il 2017): grazie ai rinnovi della concessione, è diventata una piccola holding con partecipazioni in 18 diverse società (dalla trazione ferroviaria ai servizi immobiliari) e un organico di circa 1000 dipendenti. E si appresta a gestire nuovi investimenti per 3,4 miliardi di euro. Il tutto con notevole disinvoltura: infatti, quando c'è da stipulare contratti, distribuire appalti, pagare stipendi o assumere personale, si muove come una qualsiasi azienda privata. Ma poi, quando c'è da rinnovare la concessione, torna a sentirsi molto pubblica.

Anima double face. E in effetti l'escamotage per avere il regalo da 5 miliardi di euro per i prossimi trent'anni si basa proprio su questo: la Autobrennero Spa espelle dal suo azionariato i soci privati e diventa al 100 per cento proprietà degli enti pubblici locali. Così il governo può dire: non c'è bisogno di bando, non c'è bisogno di gara, non c'è bisogno di concorrenza perché la gestione dell'autostrada non esce dai confini del settore pubblico. Rimane «in house», «in casa», per l'appunto. Ma se quella è casa dello Stato perché allora viene gestita come una qualsiasi società privata? E perché gli italiani, per entrarci, devono pagare un balzello ogni anno un po' più salato? E dove vanno a finire quei soldi? Davvero a beneficio di tutti? O solo a beneficio dei signorotti funghi&speck, che di tutto hanno bisogno tranne che di altri regali?

Fra l'altro rimane un ulteriore dubbio. Dal 1997 la Autobrennero Spa ha accantonato somme annuali per la realizzazione del tunnel ferroviario, che non è mai stato costruito. Si è accumulato un tesoretto di 650 milioni di euro. La nuova convenzione prevede che questa somma passi prima al ministero dell'Economia e in seguito a Rfi. Benissimo. Ma c'è una cosa che nessuno dice: a quanto ammontano gli interessi maturati su quel tesoretto? Venti milioni? Trenta? Cinquanta? E soprattutto: quei soldi chi li ha intascati?

PS. Nel gennaio 2018, l'autostrada del Brennero ha ottenuto un aumento del pedaggio dell'1,67 per cento, che è andato a sommarsi al già citato aumento del 16 per cento nel periodo 2008-2017. Ma per il presidente Olivieri è troppo poco. Si appella al Tar: «Negli ultimi tre anni le tariffe erano bloccate. L'aumento dev'essere del 5 per cento». Ma sicuro: e perché non del 50 per cento? Incontentabili, 'sti Avvoltoi.

Il miracolo di Toto: gli aerei non volano, l'autostrada sì

A lui, invece, nessuno ha regalato 5 miliardi di euro: si è dovuto accontentare di 121 milioni. Povero Toto: avrà protestato con Babbo Natale? Con le renne? Con la Befana? O semplicemente avrà ringraziato lo stellone abruzzese per quel pacco dono fuori stagione? Era la notte del 23 maggio 2017 quando nel caos della manovrina economica spuntò come per magia l'emendamento giusto: al costruttore abruzzese Toto furono abbuonati i debiti con l'Anas, con buona pace della medesima Anas, dove il contabile per riprendersi ebbe bisogno dei sali. Raccontano le cronache che quell'emendamento fu molto dibattuto, che il ministro non lo voleva, che si scatenarono battaglie feroci a suon di subemendamenti e sub-subemendamenti, roba che nemmeno Maiorca è mai stato tanto sub. Alla fine però la norma è stata approvata. Centoventun milioni. Sull'unghia. Praticamente un Totoregalo.

Il costruttore abruzzese Carlo Toto, 74 anni, è il proprietario della Strada dei Parchi, la società che gestisce le autostrade A24 e A25, la Roma-Teramo e la Torano-Pescara. Sono 281 chilometri d'asfalto sui quali transitano ogni giorno 150.000 vetture. Nel 2016 i pedaggi hanno reso 164 milioni di euro. Toto ha cominciato a mettere le mani su questo piccolo tesoretto nel 2003, insieme ai Benetton. Poi nel 2011 ha comprato le quote degli imprenditori veneti ed è rimasto in pratica l'unico proprietario, con in mano il 98 per cento del capitale. Può fare il bello e il cattivo tempo fino al 2030, quando dovrebbe scadere la concessione. Se mai scadrà.

Il bello e il cattivo tempo, del resto, lo ha cominciato a fare fin da subito. Soprattutto il cattivo, per la verità. Appena arrivato a gestire le autostrade, infatti, Toto s'è subito distinto per gli aumenti choc: +21,4 per cento il primo anno (2003), +21,7 per cento il secondo anno (2004). «Sono tariffe salate, anche se di sale non se ne vede» chiosò velenoso Ottaviano Del Turco, futuro governatore dell'Abruzzo, lamentando prezzi alti e, insieme, ghiaccio sulle strade. Da allora, comunque, i rincari non si sono mai fermati: in quindici anni ci sono stati aumenti del 227 per cento. Avete capito bene: 227 per cento. L'ultimo (12,89 per cento) è scattato il 1° gennaio 2018 e ha scatenato la rivolta dei pendolari e dei sindaci della zona, che hanno minacciato di restituire le loro fasce tricolori. Anche perché non pare che tutti quei soldi siano serviti a migliorare il servizio. Almeno a giudicare dall'interrogazione sconsolata del deputato Sel Gianni Melilla nel gennaio 2017: «Per quali ragioni vengono concessi aumenti di pedaggio, se in 100 chilometri da Chieti a Magliano dei Marsi non c'è nemmeno una stazione di rifornimento con annessi servizi?».

Ora possiamo immaginare le risposte: fra Chieti e Magliano dei Marsi non c'è nessuna stazione di servizio perché nessuno fa mai pipì. Oppure: fra Chieti e Magliano dei Marsi si fa pipì controvento sulle piazzole di sosta. Oppure ancora: fra Chieti e Magliano dei Marsi si fa pipì dentro il serbatoio così si risolve anche il problema della mancanza di carburante. Oppure, semplicemente, si può immaginare che mister Toto abbia altro a cui pensare, piuttosto che migliorare i servizi. In effetti, dev'essere proprio così. Non accontentandosi degli aumenti di tariffe da guinness dei primati, infatti, che cosa s'inventa l'imprenditore abruzzese? Semplice: smette di pagare il canone di concessione dovuto allo Stato. Approfitta del fatto che, nel 2013, cambia il soggetto deputato a ricevere i soldi (prima era l'Anas, dopo il ministero dei Trasporti), e smette di versare le rate per due anni. Semplicemente si tiene i soldi. «Ma come?» protestano quelli. S'infuriano, ululano, minacciano. Lamentano la violazione dell'accordo. Niente da fare. Lui fa spallucce e tira dritto senza pagare. Più che abruzzese, praticamente un portoghese.

Ne nasce un contenzioso complicatissimo, di cui vi risparmio i particolari perché rischierei di incappare nel reato di tortura. Vi basta il finale, che per altro conoscete già: l'emendamento notturno del maggio 2017 abbuona a Toto 121 milioni dei 425 che dovrebbe restituire. O meglio: lo impegna a usare quei soldi per migliorare la manutenzione dell'autostrada, salvo poi restituirli in comode rate a partire dal 2031. Inutile dire che la decisione, presa di notte come tutte le cose di cui ci si vergogna, lascia parecchi dubbi: la società non dovrebbe fare manutenzione già di per sé? Non è per quello che si fa pagare il pedaggio, con tanto di sostanziosi aumenti (+227 per cento)? E allora perché c'è bisogno di ulteriori aiuti statali? Dove sono finiti gli altri quattrini? Come sono stati utilizzati? E inoltre: se si prevede una restituzione, perché rimandarla al 2031, cioè dopo che la concessione sarà scaduta? Non è che, in questo modo, si dà a Toto uno strumento di pressione per avere un ulteriore rinnovo?

Dall'uomo, del resto, ci si può aspettare di tutto. È scaltro, capace, piuttosto spregiudicato. Nato a Chieti nel 1944, comincia a lavorare nell'azienda paterna, che si occupa di subappalti tra Chieti e Pescara. Ma appena prende in mano le redini dell'azienda, punta in alto: «Subappalti? E perché limitarsi ai subappalti? Dobbiamo prendere direttamente gli appalti» dice. E in pochi anni mette le basi di un impero che cresce senza intoppi fino agli anni Ottanta, quando incappa in una serie di guai giudiziari. Prima viene arrestato lui, poi suo fratello Ignazio, spuntano mazzette («mi hanno costretto a pagare»), ponti che crollano, processi e patteggiamenti. Nonostante i quali, però, il gruppo continua a crescere. E, anzi, comincia a volare.

Dall'asfalto al cielo, dalla terra all'aria: Carlo Toto realizza il suo sogno. Si butta sugli aerei. Parte con una piccola compagnia locale, una di quelle che organizzavano i voli sulle spiagge con gli striscioni pubblicitari, e da lì s'ingrandisce fino a fondare Air One, prima compagnia in Italia a fare concorrenza all'Alitalia. E quando Air One vacilla, che fa? La rivende proprio ad Alitalia, di cui è appena diventato azionista nella cordata dei capitani coraggiosi. Un piccolo capolavoro: Toto spende 60 milioni per entrare nel capitale di Alitalia, ne incassa 454 per cederle la sua azienda (Air One). E poi firma un contratto per diventare fornitore della medesima Alitalia, attraverso una società irlandese che poi però non è in grado di mantenere l'impegno. Tutto incredibile. Ma soprattutto tutto positivo per Toto. Un po' meno per Alitalia, ma che importa? Tanto si sa che quelli sono soldi nostri...

Di lui dicono che sia un «imprenditore vecchio stampo». Amante dei risparmi, poco amante dei sindacati, Carlo Toto sicuramente ci sa fare con i politici che scorrazza sul suo aereo privato da Chicago a Istanbul, da Abu Dhabi a Santiago de Compostela. Non ama più di tanto, invece, la vita mondana: una passione per le Ferrari e per gli orologi antichi, una bella villa a Pescara, costruita da un nobile inglese e frequentata da d'Annunzio, e poco altro. Niente barche, niente feste cafonal, niente serate vip. Solo la famiglia, i quattro figli. E il lavoro che gli ha permesso di sovvertire l'antico detto kennedyano: non chiedere quello che puoi fare per lo Stato, chiedi quello che lo Stato può fare per te.

Solo in Italia, infatti, un medesimo imprenditore può ottenere dal settore pubblico nell'ordine: un'autostrada da mungere per trent'anni; aumenti delle tariffe del 227 per cento; il salvataggio della propria azienda aerea in difficoltà (Air One); l'aggiunta di un contratto di fornitura (che nemmeno riesce a onorare) da parte dell'azienda salvatrice e 121 milioni di euro in regalo con un emendamento *ad hoc*. Poi dicono che lo Stato sa essere spietato. Macché: a volte è dolcissimo. Generoso. Eppure, nonostante questo, Toto non si è accontentato. Così ha fatto ricorso contro il blocco delle tariffe autostradali, imposto nel 2014. E nell'estate 2017 ha vinto: potrà continuare ad aumentare liberamente i pedaggi, riprendendosi anche gli arretrati. E a chi si preoccupa e gli chiede: «Non starai un po' esagerando?» risponde con comunicati straordinari. Uno dice: «Strada dei Parchi trova stucchevoli le polemiche sugli aumenti». E poi ricorda che gli automobilisti «con il telepass possono risparmiare fino al 20 per cento, ma il servizio viene spesso ignorato dagli utenti». Insomma, è chiaro: se l'autostrada è cara non è per gli aumenti del 227 per cento. Macché: è solo perché qualche screanzato non usa ancora il Telepass.

PS. Carlo Toto non ama molto i giornali, i giornalisti e le interviste. Ma il 25 gennaio 2018 ha rotto il suo tradizionale silenzio e si è concesso a Pietrangelo Buttafuoco e Antonello Caporale del «Fatto Quotidiano». Una pagina imperdibile. Il costruttore è riuscito a dire di tutto. Air One? «Era un gioiello.» La vendita ad Alitalia? «Ci ho perso.» Anzi di più: «Mi hanno preso al laccio come un bambino». L'aumento delle tariffe? Nessun eccesso. Non si sente esoso? Macché: «Faccio la figura del cattivo». Ma la colpa di chi è? «Del governo.» Come se gli aumenti dei pedaggi non venissero autorizzati proprio su richiesta dei concessionari. In ogni caso ha giurato che dalla gestione dell'autostrada non ci guadagna molto: «Per 10 euro che incasso solo 5 restano a me e devo pure far fronte agli investimenti...» ha detto. Noi ci crediamo, per la carità. Però gli investimenti non devono aver dato grandi risultati se, come ha ammesso lui stesso, «quest'autostrada cade a pezzi, col terremoto i ponti sono tutti infragiliti come fuscelli al vento, il cemento è farina, il ferro è ruggine». Il ferro è ruggine? Il cemento è farina? E lui aumenta le tariffe del 227 per cento? Com'è possibile? Per fortuna Toto ha la soluzione a tutto ciò: un bel supertunnel per bucare l'intero Abruzzo, da Roma a Pescara, 26 chilometri, 6 miliardi di investimento. «I soldi ce li metto io» assicura. In cambio chiede solo la proroga della concessione. Che, come è noto, per lui non è per nulla vantaggiosa...

Per loro una cuccagna, per noi una tassa occulta

L'ex ministro Di Pietro la definì «una cuccagna». Che c'è di meglio che gestire l'autostrada? Stai lì al casello, aspetti che passino le auto e fai i soldi. A ogni Capodanno, cascasse il mondo, arriva l'aumento delle tariffe. Ormai fa parte della tradizione: ci sono il veglione, il panettone, zampone, lenticchie, il conto alla rovescia a Times Square. E i rincari al casello. Dal 1999 a oggi le tariffe autostradali sono aumentate del 75 per cento, a fronte di un aumento dell'inflazione solo del 37 per cento. Non basta? Macché. Infatti nel gennaio 2018, puntuale come il botto dello spumante, è arrivato il botto di un ulteriore aumento: in media 2,7 per cento in tutta Italia, ma con punte del 12,89 per cento sulla appena citata Strada dei Parchi, del 13,91 per cento sulla Milano-Genova nel tratto Milano-Serravalle e del 52,69 per cento sull'Aosta-Morgex. Ci sono state proteste, rivolte di pendolari, sindaci in piazza con tanto di fascia tricolore, il magistrato anticorruzione Cantone ha aperto un'inchiesta, Milena Gabanelli si è indignata sul «Corriere» («perché tutti parlano dei sacchetti di plastica e nessuno interviene sui pedaggi?»). Ma nessuno è riuscito a rispondere alla domanda fondamentale: perché le tariffe dell'autostrada aumentano anche quando gli altri prezzi restano fermi? E soprattutto: dove finiscono quei soldi?

Ogni anno gli italiani hanno pagato pedaggi per quasi 6 miliardi di euro, molto più di quanto pagavano con la tassa sulla prima casa, il triplo di quello che pagano con il canone Rai. Di questi soldi, solo una minima parte va allo Stato: 842 milioni. Il resto rimane nelle tasche delle 24 società che gestiscono le 25 concessioni in cui è divisa la nostra rete autostradale. E voi direte: come li spendono questi soldi? Per pagare il personale (circa 1 miliardo). Per gli investimenti (circa 1 miliardo). Per la manutenzione (646 milioni). Per le altre spese. Ma poi alla fine una bella fetta (1,1 miliardi) viene distribuita sotto forma di moneta sonante ai soci, per lo più privati. Ai quali, per l'appunto, non sembra vero di aver trovato l'albero della cuccagna.

Ma perché gli automobilisti italiani devono pagare tariffe, sempre più care, per arricchire i signorotti feudali del casello? Questo è uno dei grandi misteri italiani che nessuno è mai riuscito a spiegare. Il pedaggio, come è noto, nasce per ricompensare gli investimenti effettuati. Il principio è semplice: il concessionario costruisce, l'automobilista paga. Casello dopo casello, esodo dopo esodo, vengono così rimborsate tutte le spese sostenute per realizzare l'opera. Il punto è questo: che succede quando tutte le spese sono state recuperate fino all'ultimo centesimo? Si continua a pagare il pedaggio? E perché? È un po' come se uno che ha fatto un mutuo con la banca, arrivato allo scadere dell'ultima rata, si sentisse dire: abbia pazienza, ma deve pagare ancora per i prossimi vent'anni. Ma per quale motivo? Per arricchire la banca? Come se non avesse abbastanza soldi?

I concessionari delle autostrade di soldi ne hanno molti. Ma proprio molti. Non è un caso se, oltre a spartirsi dividendi, vanno a fare shopping in giro per il mondo. Spendono e spandono, tanto a loro che importa? C'è sempre un pedaggio che li fa ricchi. Secondo il professor Giorgio Ragazzi, uno dei massimi esperti del settore e uno dei pochi che ha cercato di far luce sull'intricato mondo dei signori del casello, tutti gli investimenti effettuati per costruire le autostrade erano già ampiamente ricompensati alla fine degli anni Novanta. Eppure, da allora si è continuato a rinnovare le concessioni, fino al 2038, fino al 2046, fino al 2050, sempre in via diretta, sempre senza gare, anche rischiando sanzioni dall'Ue. Ci si è sobbarcati qualsiasi rischio e onere pur di riempire di denaro le tasche di questi fortunati. Ancora nel luglio 2017 il governo è andato a Bruxelles per ottenere il prolungamento delle proroghe e l'ha presentato come un suo successo. Ma siamo sicuri che sia un successo? Il prolungamento delle proroghe? Davvero gli italiani non desideravano altro?

Macché. Il fatto è che gli italiani sono stati tenuti all'oscuro. Vietato parlarne. Mi è capitato una volta, in una popolare trasmissione tv di Raiuno dedicata al tema della concorrenza, di citare le autostrade, sono stato sommerso di messaggi stupiti: davvero? Hai parlato di autostrade? Ci sei riuscito? Come hai fatto? Eppure il pedaggio al casello lo paghiamo tutti, e ogni anno più caro. Fra il 2011 e il 2016 l'aumento medio delle tariffe è stato del 14 per cento. Nello stesso periodo gli investimenti si sono dimezzati. E ciò dimostra che quel pedaggio non è il prezzo per un servizio reso né la ricompensa per un investimento fatto: è semplicemente, come spiega ancora il professor Ragazzi, «un'imposta *tout court*». Un'imposta il cui gettito, però, per una buona parte non finisce nelle casse dello Stato, ma nelle tasche dei soci delle aziende, molto spesso privati, che si sono conquistati questa roccaforte d'oro e non la mollano più. Anzi, ogni anno contrattano un aumento.

Infatti questa imposta, che non avrebbe più ragione d'essere, non solo non viene mai rimessa in discussione, ma diventa ogni anno più salata. Come mai? Il calcolo dell'aumento tariffario avviene in una maniera molto complicata, ma sostanzialmente sulla base di quattro elementi: l'inflazione, la qualità del servizio, il «fattore X» e il «fattore K». Già la qualità del servizio è piuttosto discutibile (è un complesso parametro basato su pavimentazione e indici di mortalità: ma se, per esempio, la mortalità si riduce perché viene introdotta la patente a punti o perché la polizia stradale aumenta i controlli, che merito ha chi gestisce l'autostrada?). Gli altri due indici, poi, sono totalmente fumosi, anche perché sono tenuti rigorosamente segreti. In teoria il fattore X dovrebbe tener conto della produttività e il fattore K dovrebbe tener conto degli investimenti. Ma, di fatto, sono così misteriosi che sembrano studiati apposti per lasciar spazio alla trattativa tra ministero e gestori, una specie di braccio di ferro che si ripete ogni anno e che è il vero meccanismo con cui si decidono gli aumenti delle tariffe. Ovviamente, sempre a scapito degli automobilisti-contribuenti.

Bankitalia ha calcolato infatti che ogni chilometro di autostrada nel nostro Paese rende 1,1 milioni di euro (il doppio della Spagna, il triplo della Grecia, infinitamente più della Germania dove le autostrade sono gratis). Di questi la gran parte (850.000 euro al chilometro) finisce alle concessionarie. Che, per altro, ci aggiungono ulteriori guadagni: per esempio gestendo le attività commerciali sulla rete autostradale e assegnando appalti per i lavori di manutenzione a società che fanno parte del loro stesso gruppo. Non è un incastro meraviglioso? Questi sono i famosi imprenditori privati italiani, bravissimi come sempre ad assumere il rischio d'impresa a patto di avere le spalle ben coperte dal denaro pubblico: ottengono concessioni senza gare, gestiscono appalti senza concorrenza e soprattutto non rischiano mai un soldo di tasca loro, perché gli investimenti (quando ci sono) se li fanno pagare in anticipo dagli italiani. Quando la società Autostrade era pubblica, si diceva fosse la «gallina dalle uova d'oro» dello Stato. È rimasta tale, evidentemente. Solo che le uova d'oro finiscono direttamente dal casello alle tasche dei Gavio o dei Benetton, che non a caso guidano la classifica dei Paperoni 2017: il patrimonio dei primi è cresciuto del 101 per cento, passando da 1,9 a 3,9 miliardi di euro; il patrimonio dei secondi è cresciuto del 20,2 per cento, passando da 6,8 a 8,1 miliardi di euro. Fortunati loro, si capisce. Ma noi potremo almeno chiederci se è giusto farci spennare al casello per renderli sempre più ricchi?

I Gavio incassano 3,5 milioni di euro al giorno

Andate in autostrada da Milano a Torino? Date un contributo a Gavio. Andate da Parma a La Spezia? Date un contributo a Gavio. Andate da Torino a Piacenza? Da Torino ad Aosta? Da Torino a Savona? Non cambia nulla: date sempre un contributo a Gavio. E anche se andate da Savona a Ventimiglia, sull'autostrada dei fiori. O se vagate sull'autostrada toscana fra Sestri Levante, Livorno, Lucca e Viareggio. O se attraversate il traforo del Fréjus. O il traforo del San Bernardo. O le tangenziali di Torino. Non potete scappare: in ogni caso, volenti o nolenti, quando passate dal casello, lasciate un obolo per rendere sempre più grande l'impero dei signori di Tortona. Sono entrati nel settore autostrade nel 1995 con un piccolo investimento. Si trovano oggi a capo del quarto gruppo mondiale. Le loro due principali società quotate in Borsa valgono 3,9 miliardi di euro.

In Italia i Gavio gestiscono 11 concessioni, per un totale di 1460 chilometri di asfalto. Nell'ultimo anno (2016) hanno incassato, solo di pedaggi, 1.239.342.464 euro, cioè quasi 3,5 milioni al giorno. Proprio così: i signori di Tortona hanno un negozio che ogni giorno che il buon Dio manda sulla Terra mette in cassa 3,5 milioni di euro. Guadagni quasi sicuri, rischi quasi nulli. Una bella fortuna, no? Saranno pure bravi, nessuno lo mette in dubbio. Ma lo Stato è sempre stato piuttosto generoso con loro. Lo dimostra il fatto che alcune di queste concessioni proseguiranno ancora per anni e anni: una scade nel 2031, un'altra nel 2032, un'altra nel 2035, un'altra nel 2038, una addirittura nel 2050. Il 2050, ci pensate? Se sarò al mondo, avrò 84 anni. E la mia unica certezza è che i Gavio saranno ancora lì, ad aspettarmi al casello per chiedermi l'obolo...

Sapete qual è la giustificazione di queste concessioni così lunghe? Sempre la stessa. Dicono di dover recuperare il denaro investito. Abbiamo già visto che non è così, abbiamo visto che le concessioni si prolungano ben oltre il recupero dei capitali investiti, ma tant'è: i Gavio vengono da Tortona, terra di timorati e timorassi, e vogliamo metterli alla prova. Facciamo due conti: fra il 2008 e il 2016 le concessionarie del gruppo, come si vede dalla seconda tabella a fine paragrafo, si erano impegnate a fare investimenti per 5,3 miliardi. Ne hanno effettuati in realtà solo 3,1, cioè all'incirca il 60 per cento del dovuto. In compenso nello stesso periodo la holding dei Gavio ha messo a disposizione dei soci utili per 522 milioni di euro. Quindi la domanda è la seguente: chi ottiene una concessione fino al 2050 per fare investimenti, non dovrebbe almeno avere il buon gusto di farli? E se invece ne fa 2 miliardi in meno, è giusto che si metta in tasca mezzo miliardo di utili? In altre parole: perché gli automobilisti devono pagare i mancati investimenti e le tariffe sempre più alte, mentre alcuni privati, benedetti dal casello, si arricchiscono alle loro spalle?

I Gavio non amano i salotti, non compaiono sulle pagine dei giornali patinati. La loro base è ancora a Serravalle, belle ville e bocche cucite, la passeggiata in piazza e il bar del paese: come faceva papà Marcello (scomparso nel 2009) così fa oggi il figlio Beniamino detto Nino. Massima riservatezza in perfetto stile piemontese, poche interviste, pochi eventi mondani. Di abbandonare le colline alessandrine nemmeno se ne parla. Anche se adesso, va detto, l'impero si è esteso in tutto il mondo. E vuole estendersi sempre di più: i Gavio hanno comprato le autostrade in Brasile, fanno affari negli Stati Uniti, partecipano a progetti in Cile, Colombia e Perú, costruiscono ponti in Botswana e fanno acquisti un po' dove capita, dalla Tomato Farm di Pozzolo Formigaro alla città dello shopping di Abu Dhabi. Si capisce: i soldi non mancano. Ci sono sempre quei disgraziati che lasciano l'obolo al casello di Rondissone e Santhià.

Beniamino Gavio pigliatutto, titolava «Panorama» qualche tempo fa. Il figlio di Marcello ha proprio preso da papà. La retorica aziendale racconta la crescita impetuosa di questi ultimi vent'anni come se fosse figlia solo della fortuna e della fatica. Invece ci sono fortuna, fatica e tanta politica. Marcello Gavio era di casa nei palazzi dei ministeri: vicino al Psdi (Romita, Nicolazzi), poi alla Dc, senza mai disdegnare la sinistra (scalata Unipol). Ai tempi di Tangentopoli fu costretto a fuggire all'estero per evitare l'arresto. I dirigenti del gruppo ammisero di aver foraggiato i partiti. Più di recente, nell'era del Giglio Magico dominante, Beniamino e il cugino Marcello si sono segnalati per aver prenotato un tavolo alla cena elettorale di Renzi. Qualcuno ha fatto trapelare la notizia, ne è nata una piccola polemica, e loro non si sono presentati all'appuntamento. Del resto l'abbiamo detto che non amano molto la mondanità. L'unica debolezza di Nino è la nautica. Adora le barche. Ma le adora così tanto che, anziché comprarsene una, si è comprato un paio di cantieri navali, lo storico Baglietto di La Spezia e Bertram Yacht, icona della nautica a stelle e strisce. Che ci volete fare? Navigazione d'altobordo, vele spiegate e lusso a gogò. Lui può. Sempre grazie al casello di Rondissone e Santhià.

Va ricordato che, come dicevamo, lo Stato ha sempre mostrato una certa simpatia nei confronti dei Gavio. Sarà che sono più bravi degli altri, sarà che sono più furbi degli altri, non lo so: fatto sta che quando ci sono di mezzo loro, il cuore duro dell'amministrazione pubblica diventa dolce come uno zuccherino. Prendete la Milano-Torino. Nel 1999 i Gavio ottengono un prolungamento della concessione dal 2014 al 2026. Il motivo ufficiale della proroga? Sempre lo stesso: bisogna pagare gli investimenti per la terza corsia. Benissimo. Però ogni anno, su quel tratto, i Gavio chiedono anche un aumento significativo delle tariffe. Il motivo ufficiale dei rincari? Il medesimo: bisogna pagare gli investimenti per la terza corsia. E il dubbio è inevitabile: ma quante volte li dobbiamo pagare questi investimenti per la terza corsia? Se lo domanda anche il professor Giorgio Ragazzi, chiedendo poi trasparenza sui conti della società «per decenza verso i supertartassati utenti di questo tronco». In effetti, dal 2008 al 2017 sulla Milano-Torino i rincari sono stati dell'83 per cento. Ottantatré per cento. Dal 1° gennaio 2018 è scattato un ulteriore e significativo +4,31 per cento. E la terza corsia non è ancora stata completata...

Ma a questo proposito il caso più clamoroso è quello dell'Asti-Cuneo. Quando se ne comincia a parlare è il 1987. Ci sono ancora il Muro di Berlino, la Ddr e Ceauşescu. In Italia il capo del governo è Giovanni Goria. Si decide che, anziché indire la gara, i lavori vengano affidati direttamente ai Gavio, con una norma *ad hoc* e la seguente spiegazione: se diamo l'appalto ai signori di Tortona, i lavori saranno rapidissimi. Infatti, s'è visto come sono stati rapidissimi: quarant'anni dopo non sono ancora finiti. Sono stati realizzati appena 55 chilometri su 90, sono stati buttati una marea di soldi, ci sono cantieri fermi e una striscia d'asfalto che ancora oggi «finisce in un campo di grano tra mille papaveri rossi, come il Piero della canzone di De André» (copyright senatore Malan). L'Asti-Cuneo si è guadagnata sul campo il titolo di grande incompiuta. Nel 2018, infatti, è annunciato l'inizio (se va bene) dei lavori che dovevano essere finiti quarant'anni fa. E meno male che dicevano «saremo rapidissimi»...

Ci si aspetterebbe che chi tradisce così la fiducia venga punito. Invece i Gavio no. Non vengono puniti. Vengono premiati. Ve l'avevamo detto che con loro lo Stato ha il cuore di pastafrolla: infatti, anziché chiamarli per chiedere conto dei ritardi (avete avuto un'assegnazione privilegiata: perché dopo quarant'anni non avete ancora finito?), il ministro dei Trasporti li chiama per concedere una carezza e un babà. Scusate, signori Gavio, potreste investire qualche dindino per completare l'opera?, chiede con inusitata dolcezza il ministro, dimenticando che i dindini, i Gavio, avrebbero dovuto metterceli già da un pezzo. E loro accettano, come se ci facessero un favore. E in cambio ottengono, fra l'altro, l'allungamento della concessione (per quattro anni, cioè fino al 2030) della assai redditizia A4 Milano-Torino. Un bell'affare, si capisce. Per loro. Infatti gli investimenti da fare sulla Asti-Cuneo ammontano a 350 milioni di euro. E la proroga della gestione della A4 Milano-Torino per quattro anni vale 880 milioni di euro. Chi di voi non sarebbe disposto a promettere di investire 350 milioni se gliene regalano 880? E perché a nessuno di voi capita? Solo perché non vi chiamate Gavio?

PS. E pensate che tutto ciò ai signori del casello neppure basta: infatti avevano chiesto, sempre in cambio di quei 350 milioni di investimenti che già dovevano investire da tempo, anche la proroga diretta, cioè senza gara, per la Torino-Piacenza, oltre che per la Milano-Torino. In effetti, perché no? Se chiedono anche un camion d'oro in camera da letto e Miss Universo che si spoglia sotto le finestre di Tortona, c'è il rischio che al ministero qualcuno possa pensarci...

Ricavi dai pedaggi sulle autostrade gestite da Gavio (2016)

Asti-Cuneo	17.438.364
Autostrada della Cisa	95.709.751
Traforo del Fréjus	126.353.409
Quincinetto-Aosta	67.466.000
Autostrada Ligure-Toscana	183.866.181
Autostrada dei Fiori	152.898.000
Traforo del San Bernardo	10.783.000
Torino-Savona	64.569.759
Tangenziale Torino/Torino-Quincinetto	123.343.000
Torino-Piacenza	169.292.000
Torino-Milano	227.623.000
TOTALE	1.239.342.464

Differenza tra investimenti previsti e investimenti effettuati sulle autostrade gestite da Gavio (2008-2016)

Torino-Cuneo	988.382	456.901	-531.481
Torino-Savona	223.467	157.018	-66.449
Torino-Bardonecchia Traforo Fréjus	508.456	398.509	-109.947
Quincinetto-Aosta	51.662	46.898	-4764
Torino-Piacenza	190.376	151.319	-39.057
Torino-Milano	1.427.888	809.791	-618.097
Autostrada Ligure-Toscana	398.105	216.260	-181.845
Milano Tangenziali	651.034	430.853	-220.181
Savona-Ventimiglia	129.053	94.202	-34.851
Autostrada della Cisa	563.071	177.631	-385.440
Tangenziale Torino/ Torino-Quincinetto	147.575	170.074	+22.499
Traforo Gran San Bernardo	74.245	74.245	0
TOTALE	5.353.314	3.183.701	-2.169.613

Benetton/1. United Colors of Pedaggio

Chi mi ama mi segua. Ma prima paghi il pedaggio al casello. C'era una volta un'impresa simbolo del genio italico, Nordest creativo, colori e futuro, cardigan e pubblicità. La Benetton e quegli slogan choc di Oliviero Toscani: chi se li dimentica più? Solo che oggi andrebbero un po' rivisti. Bisognerebbe dire, per esempio: United Colors of Pedaggio. Oppure: non avrai altro Telepass al di fuori di me. E al posto del corpo scheletrico dell'anoressica ci dovrebbe essere il borsellino dell'automobilista, altrettanto prosciugato.

La famiglia di Treviso, che partì povera e si arricchì con i vestiti, si appresta oggi a diventare leader mondiale delle autostrade, grazie all'acquisizione della spagnola Abertis. In Italia leader delle autostrade lo è già: attraverso le sue holding gestisce 3020 chilometri dei 5886 dati in concessione dal ministero dei Trasporti. Quindi oltre la metà. Sono 6 diverse concessioni che coprono una quantità infinita di tratte, dal Nord al Sud, a cominciare dalla Milano-Napoli, passando poi per la Milano-Serravalle, la Voltri-Gravellona Toce, la tangenziale di Napoli, il Traforo del Monte Bianco, l'autostrada Tirrenica, l'autostrada della Valle d'Aosta... Ogni anno 2 miliardi di transiti al casello: ciò significa 5 milioni e mezzo al giorno, 230.000 l'ora, 63 al secondo. Proprio così: ogni secondo che passa ci sono 63 veicoli che stanno versando il loro generoso obolo nelle casse dei Benetton. Provate a contare: un secondo. Ne sono passati 63. Un altro secondo, zac: altri 63. Sentite il tintinnar dei quattrini?

Non ci si può stupire se, in questo modo, si costruisce un impero. Laddove c'era il maglioncino, adesso c'è un colosso delle infrastrutture, che si estende dal Cile all'India, dal Brasile alla Polonia, gestisce gli aeroporti di Roma, compra gli aeroporti (tre) della Costa Azzurra, ha imprese di costruzioni e ingegneria, e controlla pure il monopolio del Telepass. Nel 2016 ha incassato 5,4 miliardi di euro, in Borsa ne vale circa 8,1. La maggior parte delle entrate arriva proprio dalla gestione delle autostrade, soprattutto da quando maglioncini e vestiti trendy hanno perso creatività e forza innovativa, come ha ammesso lo stesso Luciano Benetton in una storica intervista a «Repubblica» (30 novembre 2017) in cui, a 82 anni suonati, ha annunciato: «Torno in azienda. Avevo lasciato i manager ma loro hanno spento i colori. Ci siamo sconfitti da soli».

Ovviamente parla di vestiti, mica di asfalto. Perché invece lì, sull'autostrada, il tocco geniale dei Benetton non si è mai esaurito. E i guadagni, di conseguenza, neppure. È ovvio dunque che chi è capace di compiere simili magie vada retribuito in modo adeguato. È per questo che Giovanni Castellucci, l'uomo forte dei Benetton nel settore autostradale, amministratore delegato e direttore generale della holding Atlantia e amministratore delegato di Autostrade per l'Italia Spa, compare da anni nella lista dei manager più pagati d'Italia, con quasi 3 milioni di euro l'anno (ma è arrivato a prenderne anche più di 5). Tutti guadagnati, s'intende. Anche per il coraggio con cui si è presentato a Montecitorio a difendere l'azienda, quando il Parlamento (molto timidamente) ha provato a fare chiarezza sul mondo delle concessioni autostradali (aprile 2015). «Siamo la società che investe di più» e le tariffe aumentano «meno della media italiana», ha detto. E i deputati si sono mostrati così ossequiosi che, se andava avanti ancora un po', organizzavano una colletta per dare una mano ai poveri imprenditori Benetton, così generosi nei confronti del Paese. In ogni caso, si sono affrettati a chiudere l'indagine conoscitiva prima che potesse disturbare troppo.

Come non capirli? Contraddire il potente Castellucci è sempre pericoloso, mettersi contro la lobby autostradale al sapor di radicchio e maglioni colorati è sconsigliato. Però, scusate l'ardire, noi non possiamo fare a meno di leggere i dati ufficiali: tra il 2008 e il 2016 le tariffe sulla rete gestita dai Benetton sono aumentate del 25 per cento, ben oltre l'inflazione. Sul tratto autostradale della Val d'Aosta addirittura del 50 per cento. Se l'avesse fatto Gaetano al Bar Sport di Usmate-Velate la gente sarebbe scappata in massa. Invece dall'autostrada si può scappare solo un po'. È per questo che al casello i ricavi aumentano anche quando il traffico diminuisce, chiaro no?

Passiamo agli investimenti: nonostante l'indiscutibile risultato ottenuto con il valico dell'Appennino, la «società che investe di più» indubbiamente investe meno del previsto: manca almeno 1 miliardo e mezzo a quanto concordato al momento della concessione, che proprio per questo era stata prolungata fino al 2038. Avete capito bene: la concessione (stiamo parlando di quella di Autostrade per l'Italia, la più importante delle 6, che riguarda 2857 chilometri su 3020) dura fino al 2038 perché i Benetton avevano promesso quasi 10 miliardi di investimenti. Ne sono stati fatti 1 miliardo e mezzo in meno. Eppure al ministero, nel novembre 2017, hanno dato il via libera a un bel prolungamento: quattro anni in più. Fino al 2042. Più un indennizzo di subentro, a fine concessione, di 5,7 miliardi. Ma vi sembra normale?

Guardate che questo meccanismo è ben strano. È un po' come se uno studente svogliato riuscisse a convincere i suoi genitori a farsi comprare il motorino: se me lo comprate vi prometto che studio e sono promosso a giugno. Poi, invece, a giugno viene bocciato e i genitori, anziché togliergli il motorino, gliene comprano un altro nuovo di zecca. Assurdo? È quello che sta succedendo. Qualcuno che protesta? Macché: silenzio generale. Nessuno se ne accorge, nessuno capisce. E quei pochi che se ne accorgono e capiscono si guardano bene dal sollevare obiezioni perché hanno paura. O perché ci guadagnano pure loro. In effetti quelli che ci guadagnano, da questa assurda situazione, non sono pochi: in questi otto anni l'azienda, con i soldi incassati grazie a tariffe sempre più alte, non solo ha fatto shopping nel mondo, non solo ha aumentato il suo patrimonio, ma ha anche distribuito copiosi dividendi ai suoi soci. Tre miliardi e mezzo, euro più, euro meno. Non è bellissimo? Un miliardo e mezzo di investimenti in meno, 3,5 miliardi di soldi in più in saccoccia. I soci privati fanno festa. E noi rinnoviamo loro la concessione. Ma si capisce: dobbiamo pur ringraziarli del fatto di essersi arricchiti alle nostre spalle, no?

Benetton/2. Quanti regali ai signorotti di Treviso

Inutile dire che anche la concessione autostradale ai Benetton, come quella ai Gavio, viene prolungata (ripetiamo: fino al 2042) automaticamente. Senza che venga indetta alcuna gara. Eppure sarebbe obbligatorio in base alle regole europee, oltre che conveniente. Per aggirare l'impiccio di Bruxelles, e scialare in santa pace, viene usato, però, sempre lo stesso escamotage: ci si appiglia cioè agli investimenti (in questo caso la Gronda di Genova, la terza e la quarta corsia in Emilia e Toscana), dimenticando che in fondo quegli investimenti erano già previsti nei piani finanziari, e dunque negli aumenti di tariffa autorizzati negli anni passati. Ma che ci volete fate? Noi siamo fatti così. Generosi. Pur di permettere ai signori di Treviso di dormire sonni tranquilli fino alla metà di questo secolo, siamo disposti a tutto. Anche a forzare le regole, che prevedono la gara pubblica. Anche a far innervosire Bruxelles. Anche ad aprire estenuanti trattative con i commissari europei. Anche a subire sanzioni e richiami.

Lo dimostra il caso della tratta tirrenica, 202 chilometri previsti e mai completati fra Livorno e Civitavecchia, sempre gestiti dalla società che fa capo a Treviso. A tutt'oggi i chilometri aperti sono appena 55, il piano di investimenti è fermo al 12 per cento di realizzazione (dodici per cento!), eppure la concessione è stata prolungata dal 2028 al 2046. Perché? Perché sì. L'Europa ci ha provato in tutti i modi a dissuadere l'Italia dal fare questo regalino senza motivo: «non puoi farlo», «meglio se eviti», «lascia stare», «lascia perdere», «apri alla concorrenza», «è troppo sporca», «non va bene». Niente da fare. Noi testardi come dei muli. Quando c'è da dare una mano ai Benetton non ci fermiamo davanti a nulla. E così il 17 maggio 2017 la Commissione europea ha deciso di deferire l'Italia alla Corte di giustizia per violazione del diritto dell'Unione. Finiremo anche a pagare una multa per loro? «Torno a colorare il mondo e a difendere i diritti» ha detto Luciano Benetton nella già citata intervista a «Repubblica», che ha segnato il suo rientro in azienda. Ecco, d'accordo: vanno bene i diritti civili, i diritti umani, lo *ius soli*, i gay, United Colors, i bimbi bianchi e neri, i preservativi, ecc. Ma i diritti dei contribuenti, quelli, Benetton non li difende mai? Nemmeno una volta? Nemmeno per sbaglio?

Fra l'altro, non ho mai capito perché abbiamo sempre dovuto fare dei gentili omaggi ai signori di Treviso. Ce lo ha ordinato il medico? È obbligatorio? È un vincolo costituzionale? Non so rispondere. Ma so che è così. Infatti la nuova vita post-maglioncino dei Benetton è cominciata proprio con un affarone con lo Stato: era il 1995, tempo di privatizzazioni spinte, e loro comprarono dall'Iri, per 704 miliardi delle vecchie lire, i supermercati Gs. Cinque anni dopo li rivendettero ai francesi di Carrefour per circa 5000 miliardi delle vecchie lire. Così si trovarono in tasca un buon gruzzoletto con cui poterono far fronte ai nuovi impegni: nel 1999, infatti, l'Iri aveva deciso di mettere sul mercato quella che era definita la «gallina dalle uova d'oro», cioè la società Autostrade, e i Benetton ne erano diventati gli azionisti di riferimento, prima con il 30 per cento, poi con il 100 per cento del capitale. Così le uova d'oro, da quel momento, sono finite direttamente dal casello a Treviso, senza passare dal via.

In questi anni ci si è fatti molto spesso (ma sempre molto sommessamente) diverse domande. Per esempio: perché l'Iri vende una gallina dalle uova d'oro? Perché a quel prezzo? E perché lo fa subito dopo che la società Autostrade ha ottenuto il rinnovo della concessione fino al 2038? L'economista Giorgio Ragazzi, che ha studiato a fondo la materia, sostiene che in quel momento l'Iri non aveva bisogno di far cassa, dal momento che gli obiettivi di risanamento finanziario per l'entrata nell'Ue erano già stati raggiunti: perché vendere quel tesoro, allora? E perché venderlo senza mettere clausole più severe sulle tariffe? Oppure chiedendo in cambio più soldi, come è accaduto in altri Paesi europei? La vendita della gallina delle uova d'oro, infatti, rese allo Stato 6,7 miliardi di euro. Se non fosse stata venduta, in questi vent'anni avrebbe portato nelle casse pubbliche molto di più.

Invece quei soldi sono finiti ai privati. E, a proposito di privati e di soldi, mi sia concesso un inciso: lo sapete chi era il presidente dell'Iri fra il 1997 e il 1999, cioè quando sono state prese le decisioni fondamentali per la privatizzazione delle autostrade? Gian Maria Gros-Pietro, pezzo grosso dell'economia italiana, professore universitario alla Luiss, origini torinesi, frequentazioni in tutti i salotti che contano, forte amicizia con Prodi. E lo sapete che incarico ha avuto, dopo la privatizzazione delle autostrade, il professor Gros-Pietro? Fra il 2003 e il 2010 è stato presidente di Atlantia, la società del gruppo Benetton che controlla, per l'appunto, le autostrade privatizzate. Succede anche questo in Italia: uno è presidente di una società pubblica, vende a un privato un pezzo del suo impero e poi va a lavorare con il medesimo privato. Tutto legale, tutto regolare, come il compenso che Gros-Pietro percepiva dai Benetton: oltre 1 milione di euro l'anno. Fra l'altro: adesso il professore ha cambiato azienda, ma è rimasto nel settore. È diventato presidente della Astm, la holding che controlla le autostrade private del gruppo Gavio. Si deve accontentare di 340.000 euro l'anno che però arrotonda con i 900.000 euro che gli dà Intesa Sanpaolo, dove è presidente. A lui, se non altro, il rincaro al casello non pesa troppo.

Finanza allegra e firmette misteriose: tutt'altro che Serenissima

La chiamano «la Serenissima», ma tanto serena non lo è stata mai. La terza autostrada d'Italia per traffico e incassi è quella che attraversa il ricco Nordest: da Brescia a Padova e poi su, lungo la Valdastico fino ai piedi dell'altopiano di Asiago. Sono 235 chilometri che ogni anno producono ricavi per 400 milioni di euro. Un bocconcino prelibato che da cinquant'anni è nelle mani della stessa società. Peccato solo che la società abbia cambiato mille volte i proprietari: prima solo enti pubblici, poi le scorrerie dei privati, poi le banche, poi l'arrivo degli spagnoli, che sono gli attuali proprietari. E che però stanno per essere comprati dai Benetton. United Colors of Pedaggio, la collezione continua.

La Brescia-Padova viene inaugurata nel 1962, sei anni dopo l'assegnazione della prima concessione. Negli anni Settanta cominciano i lavori della Valdastico, l'autostrada detta «Pirubi», Piccoli-Rumor-Bisaglia, i tre politici della zona che l'avevano voluta a tutti i costi. Entrambe le tratte fanno parte della A4 Holding: la società per anni è stata affidata agli enti locali, fino a quando nel 2005 è entrato in scena il re dei rubinetti, Rino Mario Gambari, da Lumezzane, che ne ha assunto il controllo. Sognava in grande, lo chiamavano il Gavio del Nordest. Cinque anni dopo è stato costretto a lasciare il tesoro autostradale: la società, infatti, fra sprechi e acquisti folli, era arrivata sull'orlo del fallimento.

Così la A4 Holding è rimasta nelle mani delle banche, in modo particolare Intesa Sanpaolo, che aveva finanziato generosamente il re dei rubinetti. E che a sua volta l'ha ceduta agli spagnoli della Abertis. Questi ultimi hanno pagato 594 milioni per comprare il 51,4 per cento delle azioni. Poco prima della firma del contratto era stato stabilito il prolungamento della concessione fino al 2026. Dunque gli spagnoli comprano un gioiellino che garantisce loro dieci anni di ricchi incassi (a circa 400 milioni l'anno, come si è detto, sono circa 4 miliardi di euro) in cambio di una spesa di 594 milioni. Non è male, no? Spendo 594 milioni, incasso 4 miliardi. Affare sicuro come l'allergia in primavera.

Il solito senatore Lucio Malan presenta interrogazioni su interrogazioni e chiede perché il governo abbia prolungato la concessione, poco prima della vendita agli spagnoli, senza rimettere l'autostrada a gara come vorrebbe l'interesse del Paese oltre che la norma europea. «Si trasferisce patrimonio pubblico a una società privata senza nessuna motivazione» protesta. E presenta anche un esposto alla Corte dei Conti lamentando «un'ingente perdita per le casse dello Stato di quasi 600 milioni di euro». Si frega le mani invece Banca Intesa, che al momento della conclusione dell'affare ha come presidente il solito Gian Maria Gros-Pietro (proprio lui: guarda alle volte le coincidenze). E si fregano le mani gli spagnoli di Abertis, che avevano più volte cercato di entrare nella gestione delle autostrade italiane senza riuscirci.

Ma l'aspetto più incredibile e paradossale dell'intera vicenda arriva ora. Cercate di seguirmi perché ne vale la pena. Come si fa a rinnovare una concessione aggirando la norma europea che pretende regolare gara d'appalto? Ormai dovreste averlo imparato: si lega il rinnovo alla necessità di fare investimenti, dimenticando che questi ultimi dovrebbero essere già ampiamente ripagati dagli aumenti delle tariffe (qui +32,3 per cento fra il 2008 e il 2016). In particolare, il rinnovo per tredici anni (dal 2013 al 2026) della Serenissima viene legato ai lavori per il completamento della Valdastico verso nord, da Piovene Rocchette all'Autobrennero. Sono

18 chilometri in Veneto e il resto in Trentino, un progetto piuttosto invasivo (13 chilometri di gallerie), oltre che costoso (1,3 miliardi di euro), che prevede lo sventramento di un'intera valle, e che non suscita ovviamente l'entusiasmo della popolazione locale. Ma che, soprattutto, probabilmente non sarà mai completato perché da Trento hanno fatto sapere che per quanto riguarda la loro tratta non se ne parla. «Se i veneti vogliono buttare i miliardi facciano pure» hanno detto in tono sprezzante.

Siccome i miliardi che si buttano, nella fattispecie, sono anche un po' nostri perché arrivano dalle tasse palesi (imposte) o dalle tasse occulte (pedaggi), il fatto un po' ci dispiace. Anche perché non tutto, in questa vicenda, accade in modo trasparente: il progetto della Valdastico, infatti, doveva essere pronto nel 2013. «Se nel 2013 non sarà pronto il progetto della Valdastico, la concessione cadrà» recitava la convenzione. E invece nel 2013 il progetto non era pronto e la concessione non è caduta. Come mai? Semplice: il termine è stato spostato in avanti. Ma chi l'ha permesso? Per quale motivo? Come? In base a quale documento? Da anni il senatore Malan si batte per scoprire chi sono gli autori della magica firmetta che ha permesso il rinvio e impedito il conseguente decadimento della concessione: ha presentato interrogazioni, ha chiesto l'accesso agli atti, ha coinvolto l'Anticorruzione di Cantone. Ma niente: il segreto della firmetta per la Valdastico viene custodito come il Sacro Graal.

In ogni caso, rimanda oggi, rimanda domani, firma oggi, firma domani, la concessione che doveva saltare nel 2013 per l'evidente inadempienza è rimasta invece eroicamente in piedi. Fino a quando, nel settembre 2017, con quattro anni di ritardo, le procedure per la Valdastico sono state finalmente avviate. Almeno per i 18 chilometri in terra veneta. E qui sorgono i nuovi dubbi: i lavori partiranno mai? E nel caso, verranno finiti? Anche se il Trentino si oppone? O si costruirà soltanto un pezzetto di asfalto che non porta da nessuna parte? E quel pezzo d'asfalto che non arriva da nessuna parte è davvero un'esigenza così sentita? O l'unica esigenza sentita è quella di fare investimenti alla carlona per giustificare la concessione? Perché, se così fosse, il paradosso sarebbe completo: con una firmetta misteriosa si sposta la scadenza, anno dopo anno, per arrivare all'obiettivo agognato, e cioè spendere 1,2 miliardi e costruire 18 chilometri di asfalto inutili in mezzo alle montagne. Il tutto con un unico fine: consentire a qualche privato (oggi spagnolo, domani forse italiano) di continuare a fare profitti a suon di pedaggi. Roba da von Masoch. Altro che Serenissimi.

I casi delle autostrade friulane e della Brescia-Cremona

La gara pubblica? La concorrenza? Macché. È «pericolosa», come scrive il «Messaggero Veneto» il 3 luglio 2017. «La presidente Debora Serracchiani è stata chiara durante l'audizione in commissione.» Ma certo: è stata chiarissima. Per le autostrade friulane bisogna evitare la gara pubblica. E bisogna evitare la concorrenza. La concessione deve essere rinnovata fino al 2038, ma per via diretta, in barba alle regole di Bruxelles. Del resto, è noto: se le regole di Bruxelles chiedono sacrifici ai cittadini, si applicano. Se chiedono sacrifici a lorsignori, si interpretano. O meglio, si aggirano.

Vorrete mica che la Regione Friuli-Venezia Giulia corra il «pericolo» di perdere quella macchina da soldi che sono le Autovie Venete, no? Duecentodieci chilometri d'asfalto fra Trieste, Udine, Gorizia, Mestre e Conegliano, 5 tratte che valgono 65 milioni di transiti l'anno, un fatturato che nel 2016 ha superato i 200 milioni di euro, con 17,6 milioni di utili: la società è un piccolo bijou al sapor di brovada e sauvignon. E anche se non rispetta gli impegni presi al momento della concessione (mancano investimenti per 45 milioni di euro), ogni anno ottiene comunque dal ministero la possibilità di applicare generosi aumenti di tariffe (+48 per cento tra il 2008 e il 2017, con un ulteriore +1,88 per cento al 1° gennaio 2018). Senza che nessuno provi mai a obiettare: ma è giusto sborsare sempre di più? E perché? E stiamo pagando davvero un servizio? O è un modo per tassarci di nascosto?

D'altra parte mettetevi nei panni della Regione: controlla una società che ogni due giorni mette in cassa 1 milione di euro. Perché dovrebbe rinunciarvi? È ovvio che faccia pressioni perché la concessione, scaduta il 31 marzo 2017, venga prolungata automaticamente fino al 2038. Fra l'altro le trattative sono più facili se il governatore che chiede la proroga (Debora Serracchiani) e il ministro che avvia la pratica per concederla (Graziano Delrio) sono compagni di partito, amici di avventura renziana. Resta solo da aggirare il veto europeo. Ma non è difficile: basta seguire la strada già intrapresa nel vicino Trentino, dalla società che gestisce l'Autobrennero. Autovie deve fare allo stesso modo: espelle i soci privati che hanno ancora una piccola quota di azioni e resta un'azienda tutta pubblica. Così il ministro potrà sostenere la solita tiritera: posso rinnovare la concessione senza gara e senza concorrenza perché questo è un affidamento «in house», cioè «in casa», dal momento che i due protagonisti (governo e Autovie) sono entrambi pezzi di Stato. A Bruxelles se la berranno anche stavolta?

Può darsi. Del resto così va il mondo dalle parti del Telepass. Finora, nonostante le pressanti richieste e le norme europee, una sola concessione è stata affidata con gara pubblica: quella delle autostrade padane, la Piacenza-Cremona-Brescia. Inaugurata nel 1971, è lunga 105 chilometri, garantisce un flusso di 26 milioni di transiti all'anno per incassi totali (2016) di 67 milioni di euro con oltre 10 milioni di utili. Una sorgente di denaro inesauribile, in pratica, che per quarant'anni è andata a gonfiare le casse della società Autostrade Centro Padane di proprietà degli enti locali del Bresciano (Provincia, Comuni, camere di commercio, ecc.). I quali, però, alla scadenza del contratto nel 2011, hanno dichiarato di voler gettare la spugna. Anche perché, gettando la spugna, dovrebbero intascare un maxibonus omaggio, una liquidazione d'oro insomma, chiamata «subentro» e calcolata intorno ai 260 milioni di euro. Lo prevede il contratto.

Perché il contratto debba prevedere di pagare una simile somma, per altro, è uno dei piccoli grandi misteri del mondo autostradale. Non l'unico, purtroppo. La giustificazione ufficiale, in questo caso, è il «mancato rientro da investimenti». Però è davvero singolare che uno gestisca per quarant'anni un bene pubblico come le autostrade, ottenga aumenti di tariffe considerevoli (24,7 per cento tra il 2008 e il 2017), intaschi fior di utili tutti gli anni, e poi al momento di salutare la compagnia scopra di aver diritto a 260 milioni in più per il disturbo. Non vi pare?

In ogni caso: siccome il ministero non si decideva a indire la nuova gara e a scegliere il successore che avrebbe pagato il «subentro», la società Autostrade Centro Padane nel 2013 è arrivata perfino a citare in tribunale il medesimo ministero, vincendo la causa e ottenendo il diritto al pignoramento. Ma sicuro, abbiamo visto anche questa: il ministero che rischia di essere pignorato da una società autostradale controllata dagli enti locali. Comunque la causa ha avuto un effetto positivo: il ministero, infatti, pur di non pagare quella somma e di scaricarla sui nuovi gestori dell'autostrada, è stato costretto ad accelerare le pratiche per il rinnovo della concessione. Ed è per questo che si è arrivati alla prima gara pubblica secondo le norme europee.

Ora la situazione è questa: la gara è stata fatta. Autostrade Centro Padane, la società degli enti pubblici, non ha partecipato. Ha partecipato invece un gestore privato. E ha vinto. Sapete di chi si tratta? Beniamino Gavio, proprio lui. Ha aggiunto un'altra tratta nel suo carnet. Il contratto è stato firmato il 31 maggio 2017, ma siccome la gara europea prevede un sistema di pagamento nuovo (Eurovignette) basato sull'inquinamento provocato da ogni veicolo, i tempi per il subentro effettivo si sono allungati. Al momento Centro Padane continua la gestione ordinaria, senza avere il contratto (dal 2011). Senza fare investimenti, ovviamente. E senza incassare gli agognati 260 milioni di euro, con i quali chiuderà i debiti con le banche.

Ma una volta incassati quei quattrini e chiusa la pratica della Piacenza-Cremona-Brescia, che farà la società

Autostrade Centro Padane? Forse sarà sciolta. Forse si occuperà d'altro. O forse continuerà a occuparsi di autostrade. In ogni caso, qualche poltrona da spartirsi serve sempre. Lo dimostra una delle sue società satelliti che si chiama Stradivaria e che è stata creata appositamente per occuparsi della costruzione della Cremona-Mantova. Di costruire quel tratto se ne parla ormai da quattordici anni. Non si è mai mosso nulla. Eppure Stradivaria non molla. Vive e lotta insieme a noi. Il suo bilancio è un piccolo gioiello di quest'Italia di stranezze e assurdità: alla voce ricavi, infatti, ci sono solo 773 euro, la rendita di un terreno agricolo. In compenso la società consta di un presidente, 10 consiglieri d'amministrazione e 5 sindaci. Sedici persone in tutto per gestire l'affitto di un campo da 700 euro? E un'autostrada che forse non si farà mai? E poi dicono che le poltrone delle cosiddette partecipate si devono ridurre...

Incubo Lombardia: quanto ci costano Brebemi e Pedemontana

E poi c'è la prima autostrada d'Italia che è totalmente controllata da una banca. Non lo sapete? Per forza. Certe cose non si sbandierano troppo. L'operazione è stata fatta d'estate, lemme lemme, quatta quatta. La Brebemi, la società che gestisce i 62 chilometri alternativi fra Brescia, Bergamo e Milano, fulgente opera del nuovo millennio, nonché bersaglio di infinite polemiche, è passata nelle mani di Banca Intesa. La quale, per la verità, aveva dichiarato ufficialmente: entro il 2017 uscirò da tutte le partecipazioni non legate all'attività bancaria tradizionale. Infatti: nell'agosto 2017 è diventata azionista di maggioranza di un'autostrada, cioè non propriamente di un'attività bancaria tradizionale. Da casello a sportello, da sportello a casello: che farà Banca Intesa per rispettare le sue promesse? Offrirà un mutuo a chi si ferma all'autogrill? Un finanziamento per chi non ostruisce la corsia d'emergenza? Un prestito ipotecario a chi chiama dalla colonnina Sos?

Del resto non bisogna stupirsi dell'incoerenza. La breve storia della Brebemi è un concentrato di contraddizioni. Quando fu inaugurata, il 23 luglio 2014, l'allora premier Renzi celebrò con enfasi la prima opera pubblica finanziata interamente con capitali privati. «Non sarà speso nemmeno un euro di denaro pubblico» festeggiavano trionfanti i giornali in pieno clima Expo. Un anno dopo sarebbe arrivato un contributo di denaro pubblico pari a 320 milioni di euro, 260 dallo Stato e 60 dalla Regione Lombardia. Che, per essere «nemmeno un euro», sono abbastanza soldi, non vi pare? In quella stessa occasione il presidente di Banca Intesa, Gian Maria Gros-Pietro (ma sì, sempre lui), assicurò: l'istituto finanziario ha dato una mano ad avviare l'opera, ma ora pensa a un «exit». Tre anni dopo, invece, l'istituto finanziario comprava le azioni di proprietà dei Gavio (i quali sono scappati a gambe levate) e assumeva il controllo totale della società. E, anche qui, come «exit» non è niente male.

Qualcuno si chiederà perché i Gavio sono scappati a gambe levate e perché Banca Intesa invece, contraddicendo se stessa, ha assunto il controllo totale delle autostrade. Ecco: non lo so. Ho letto tutto, ho ascoltato tutti, ma non riesco a capirlo. Quello che è certo, però, è che la Brebemi, fin qui, non è stata propriamente un affare: doveva costare 800 milioni, ma le spese sono salite a 2,4 miliardi di euro; il traffico è circa la metà di quello previsto; e nei tre anni in cui è stata funzionante ha cumulato sempre bilanci in passivo: 35 milioni di euro il primo anno, 69 il secondo, 49 il terzo. Per dire: nel 2016 tutte le entrate (57 milioni di euro) non sono bastate nemmeno a compensare gli interessi pagati per il maxidebito contratto (86 milioni di euro). Gli amministratori hanno gran fiducia di tirarsi fuori dai guai grazie all'apertura del collegamento con la A4 all'altezza di Brescia (inaugurato il 13 novembre 2017) che dovrebbe aumentare il traffico. Staremo a vedere. Per il momento l'unica cosa certa è che sono aumentate le tariffe (+7,8 per cento nel gennaio 2017, record in Italia, a cui si è aggiunto un altro +4,69 per cento al 1° gennaio 2018) e i compensi degli amministratori. Questi ultimi, infatti, nel 2012 prendevano 365.000 euro. Nel 2016 ne hanno incassati 586.000. Il giusto premio per una società che rischia di non stare in piedi e si attacca alla mammella dello Stato, no?

Del resto, funziona così. Anche l'altra grande opera del nuovo millennio lombardo, la Pedemontana, sta bussando con insistenza alle casse dello Stato per capire se potrà sopravvivere oppure no. Non tira buona aria, evidentemente, per le autostrade padane. Anzi, a dirla tutta, la Pedemontana sta pure peggio della Brebemi: infatti, il 27 giugno 2017 la Procura di Milano ha addirittura chiesto il fallimento della società. Per i magistrati è diventata un pozzo senza fondo: troppi debiti, pochi incassi, contributi pubblici quasi esauriti, nessuna possibilità di proseguire nell'attività. Pedemontana Spa si è detta sorpresa e ha replicato di avere i mezzi per andare avanti. Nel dicembre 2017 la Regione Lombardia (azionista di maggioranza) ha cercato di metterci una pezza: con l'aiuto delle banche ha garantito un mutuo di altri 200 milioni di euro e il tribunale ha respinto la richiesta di fallimento. Ma quel che è certo è che il sogno di un nuovo e moderno collegamento nel cuore di una delle aree più produttive del Paese ha smesso da tempo di essere un sogno. Ed è chiaramente diventato un incubo.

A differenza della Brebemi, la Pedemontana (157 chilometri di collegamento tra Bergamo e Varese, attraversando la Brianza) è partita subito con un robusto finanziamento pubblico: 1,2 miliardi di euro. Molto per le nostre tasche. Poco rispetto al costo complessivo dell'opera che all'inizio era di 4 miliardi e poi è salito rapidamente a 5. Il problema è: chi ci mette gli altri quattrini? I soci privati latitano, ovviamente. Un po' perché l'esperienza della Brebemi non è stata incoraggiante. Un po' perché l'esordio della Pedemontana è stato devastante: sul primo piccolo tratto aperto (un terzo del progetto complessivo) il traffico è inferiore del 50 per cento rispetto a quanto previsto e gli incassi sono inferiori addirittura del 60 per cento. Lo scrive nel bilancio, nero su bianco, anche la medesima società: «Il traffico registrato nel 2016 risulta inferiore a quello predisposto dal consulente per il traffico e utilizzato per elaborare il piano finanziario». Risultato: 22,6 milioni di euro di passivo nel 2015, 7,7 milioni di euro nel 2016. *La Pedemontana Lombarda apre ai soci privati,* titolava a tutta pagina «Il Sole-24 Ore» il

29 luglio 2016. D'accordo. Ma quali? Chi sono? Chi ci mette un euro in un'impresa così?

In effetti: pensata per oltre trent'anni, finalmente iniziata e strombazzata, portata a esempio come modello tecnologico, celebrata come simbolo dell'efficienza lumbarda, la Pedemontana finora è riuscita solo ad accumulare una serie di record negativi. Ha il record di spesa: è costata 40 milioni per ogni chilometro costruito. Ha il record delle tariffe: si paga 21 centesimi a chilometro (il triplo della Milano-Roma). E ha il record di cause giudiziarie: 59, cioè una per ogni chilometro e mezzo di autostrada da costruire. Ah, dimenticavo: ha anche il record dei portoghesi. Il nuovo sistema di pagamento «free flow», cioè senza caselli, tutto basato su tecnologie moderne, telepass e app, è stato un flop clamoroso. Il 25 per cento delle auto nell'ultimo anno non ha pagato il pedaggio. Due milioni di svizzeri risultano insolventi. La società ha anche provato a correre ai ripari: si è affidata a un'azienda emilian-palermitana, specializzata nel recupero crediti, per mandare solleciti di pagamento a manetta. Non è andata bene neppure questa: hanno trovato le lettere abbandonate negli acquitrini tra Albairate e Rosate, hinterland milanese.

Per un anno presidente della Pedemontana è stato Antonio Di Pietro. Se n'è andato quando ha capito che, avendo vitalizio e baby pensione da magistrato, non poteva prendere lo stipendio previsto (60.000 euro). Gli è subentrato un ex ufficiale della guardia di finanza, Federico Maurizio D'Andrea, che lavorava a fianco del Pool di Mani Pulite negli anni d'oro di Tangentopoli, prima di riconvertirsi a manager. Anche lui, però, è restato in carica solo pochi mesi: si è dimesso a sorpresa, infatti, nel gennaio 2018. Sia Di Pietro sia D'Andrea, pur avendo lavorato per la Procura di Milano, o forse proprio per quello, sono stati fermi nel contrastare la linea dei magistrati: no al fallimento, la Pedemontana deve andare avanti. Già: ma con quali soldi? Per completare l'opera servono ancora almeno 3 miliardi. Si faranno avanti le banche anche qui? Arriverà un cavaliere bianco in vena di filantropia autostradale? Si proverà a raggirare qualcuno come quando Totò vendeva la Fontana di Trevi? Si ricorrerà ancora al contributo pubblico, cioè alle nostre tasche? Si cederà il tutto all'Anas, cioè allo Stato? Oppure avremo l'ennesima incompiuta italiana, monumento allo spreco proprio nel cuore della florida Lombardia? La partita è aperta. È l'autostrada che, forse, non lo sarà mai.

Si chiama Cas, è un cas-ino: la Sicilia fra tangenti, scandali e crolli

«La Siracusa-Gela dovrebbe essere pronta nel 1973.» Dagli archivi del quotidiano «La Sicilia» salta fuori un ritaglio del 12 maggio 1968. Cinque anni di tempo sembravano allora sufficienti per completare l'opera. Era ancora la stagione delle illusioni, evidentemente: nel 2018 infatti, cioè mezzo secolo dopo, la Siracusa-Gela non è ancora pronta. Ne è in funzione solo un piccolo tratto, 40 chilometri sui 132 previsti. Su altri 15 si sta lavorando tra mille difficoltà, nonostante la pioggia di fondi europei. Il resto è allo stato di progetto. Un progetto che vive e lotta insieme a noi, dagli anni in cui a Roma c'erano il governo Moro III e Rumor I, in cui a Sanremo cantavano Domenico Modugno e Wilma Goich, e a Mosca Brežnev regnava su una cosa chiamata Urss. Ecco: ne è passata di acqua sotto i ponti. A dirla tutta: ne sono passate anche di auto sulle autostrade. Ma non sulla Siracusa-Gela. Lì di auto non ne sono passate. La tratta che doveva essere pronta nel 1973, infatti, ancora non c'è.

Abbiamo cominciato il nostro viaggio tra gli Avvoltoi autostradali dall'estremo Nord del Brennero, lo concludiamo nel profondo Sud della Trinacria. Paese che vai, scandalo che trovi: il sistema di collegamento siciliano, per esempio, non ha nulla da invidiare al Terzo Mondo. L'unico tratto che viene presentato come vera autostrada completa, infatti, è la Messina-Palermo, ma si tratta di una definizione francamente eccessiva. Lo dimostra il fatto che, pur chiamandosi Messina-Palermo, non è mai arrivata fino a Palermo. Si ferma a Buonfornello, poco dopo Cefalù, a 46 chilometri dal capoluogo. Inoltre, nonostante sia stata inaugurata già un'infinità di volte (perché negarsi un taglio di nastro?), resta una specie di percorso di guerra tra buche, guardrail non a norma, asfalto da rivedere, manutenzioni carenti, che viaggiatori e sindacati denunciano a ogni piè sospinto. O sarebbe meglio dire: a ogni ammortizzatore rotto. Persino i ministri quando passano di qui si stupiscono: «Ma dove sono finiti i soldi dei cittadini?» s'è chiesto Graziano Delrio nel marzo 2017. Bella domanda. Ma verrebbe da farla a lui.

La Messina-Palermo è una delle due tratte siciliane a pagamento, 181 chilometri in tutto. L'altra tratta è la Messina-Catania, 76 chilometri. Entrambe sono gestite dal Cas, Consorzio autostrade siciliane, un carrozzone controllato dalla Regione, nato vent'anni fa dalla fusione di altri carrozzoni, e che oggi gestisce all'incirca 90 milioni di euro di denaro pubblico. Dico all'incirca perché bisogna fidarsi delle dichiarazioni dei suoi dirigenti, dal momento che la trasparenza per costoro è una pratica piuttosto sconosciuta. Persino il ministero dei Trasporti, nel pubblicare l'annuale rendiconto di tutte le società concessionarie, nel settembre 2017, si deve arrendere: «Persiste la trasmissione incompleta dei dati...». Seguono pagine bianche. Unico caso in tutta Italia.

Quello che appare certo, però, è che dei 90 milioni incassati solo una minima parte è utilizzata per la manutenzione: circa 19 milioni, quasi la metà di quello che sarebbe previsto dal contratto. E gli altri? Se ne vanno nelle spese di funzionamento, 44 milioni in tutto, di cui 20 solo per il personale. I dipendenti non sono pochi: 343. E ognuno di loro, operai cantonieri e fattorini compresi, prende in media 60.000 euro lordi di stipendio l'anno. Non è poco per gestire (male) un'autostrada che cade a pezzi, no? Poi ci sono i soldi buttati per emergenze che non sono emergenze, per rotatorie inutili, per la guerra senza quartiere a nemici più o meno invisibili come il punteruolo rosso, appalti farlocchi, gare truccate, ditte sospette, dirigenti compiacenti che assegnano lavori a chi rifà loro la villa al mare: c'è tutto il campionario del disastro italiano nella breve storia del Consorzio che era nato per fare pulizia nei conti, dopo la stagione di Tangentopoli. E invece è riuscito nella difficile impresa di far rimpiangere i pachidermi del passato. Tanti scandali e risultati così modesti che, quasi, verrebbe voglia di chiamarlo con il diminutivo: non Cas, ma piccolo Cas. Detto anche, altrimenti, casino.

L'ultima clamorosa inchiesta è scattata prima della Pasqua 2017 a opera della Direzione investigativa antimafia di Catania e Messina: 57 funzionari del Cas coinvolti, 6 indagati e sospesi. Di fatto si distribuivano incentivi a pioggia (fino a 160.000 euro a botta) senza averne diritto. Costo per le nostre tasche: oltre 1 milione di euro. Secondo l'accusa, si inventavano progetti straordinari solo per farseli pagare a parte. Frana da stabilizzare? Incassa un superbonus. Illuminazione da ripristinare? Altro superbonus. Telecontrollo in galleria? Superbonus ancora. E avanti così. Peccato che i progetti non esistessero proprio. Niente di niente. L'autostrada avrebbe avuto bisogno davvero di quegli interventi, si capisce. Ma loro non li facevano. O meglio, li facevano solo per finta, quel tanto che basta per farli comparire nelle loro buste paga. Fra le persone indagate anche un sindaco, Anna Sidoti di Montagnareale, già salita alla ribalta delle cronache perché, da poco eletta, aveva affidato un incarico comunale a una cugina. Una paladina della buona amministrazione, insomma.

Non è la sola, però, a finire nei guai. Nel mirino dei magistrati ci sono pure altri funzionari. Anche importanti. Come Alfonso Schepisi, il progettista che doveva mettere in sicurezza le frane. Anche lui si sarebbe inventato interventi mai esistiti, solo per farseli pagare. Davvero? In un settore così delicato? Mettendo a rischio la vita delle persone? Possibile pensare ai soldi anziché ai massi che incombono sulle case e sulle strade? Ma sì, possibile. Lo dimostra la provocazione organizzata il 5 ottobre 2017 dagli abitanti di Letojanni: hanno aspettato inutilmente due anni che qualcuno rimuovesse i massi e riaprisse l'autostrada. Non s'è visto nessuno. E allora loro, nel giorno della ricorrenza, hanno deciso di festeggiare il secondo compleanno della frana, con tanto di torta al cioccolato e due candeline sopra. Del resto, come biasimarli? Con la torta delle autostrade, in Sicilia, hanno mangiato in tanti. Possono, per una volta, provare a farlo i cittadini?

PS. Ai cittadini la torta al cioccolato, ai dirigenti la figura da cioccolatai. La frana sulla Messina-Catania è soltanto uno dei crolli che hanno segnato la Sicilia negli ultimi tempi. Se usciamo dai 298 chilometri gestiti dal Cas e passiamo alle altre strade dell'isola gestite (senza pedaggio) dall'Anas, il quadro è ancor più spaventoso: nel 2014 vicino a Palermo crolla il viadotto Scorciavacche, che era stato inaugurato sette giorni prima; nel 2015 sulla Palermo-Catania crolla il viadotto Himera, che lascia la Sicilia divisa in due. Ad Agrigento, il sito on line Grandangolo enumera i crolli: 2009, viadotto Geremia II; 2013, ponte sul fiume Verdura; 2014, viadotto Petrulla... «Sembrano di plastica scadente» scrive. Eppure i fondi regionali, nazionali ed europei non sono certo mancati in tutti questi anni. Dove sono finiti? Chi se li è pappati?

Se non altro, però, la lunga sequenza di crolli, ha fatto saltare una poltrona. Travolto dalle polemiche, infatti, nel 2015 si è dimesso dall'Anas Pietro Ciucci. Boiardo di Stato di gran livello, già all'Iri con Prodi, poi consigliere d'amministrazione di Alitalia, Rai, Stet, Finmeccanica, Comit, Credit, Banca di Roma, Sme, Aeroporti di Roma, presidente della commissione di collaudo del Mose, si è fatto notare soprattutto per un'impresa meravigliosa: nel 2013 si era autolicenziato pagandosi l'indennità di mancato preavviso. Proprio così: Ciucci amministratore delegato licenzia Ciucci direttore generale ma si dimentica di avvertirlo per tempo. Così deve risarcirlo con apposita indennità: 779.682 euro che, sommati al resto, determinano una buonuscita di 1.825.745. Ciucci smette di essere lavoratore dipendente, incassa la pensione, ma resta amministratore delegato e viene nominato pure presidente. Certe persone sono dei geni. Ed è per questo che restano sempre in piedi. A differenza dei viadotti.

Conclusione

E noi che cosa possiamo fare?

Ecco qui, ci siamo arrivati. Ci siete arrivati. O, almeno, spero. Conclusione. Il libro è finito.

Forse l'avete letto tutto d'un fiato. Forse l'avete letto lentamente. (Tanti lettori mi dicono: dei tuoi libri dobbiamo leggerne poche pagine per volta, se no viene il mal di pancia. O il mal di fegato. O il mal di cuore. Siamo sempre lì, alle medicine che dovremmo allegare alla vendita, se solo alla Mondadori accettassero la mia proposta...) Comunque ci siete arrivati. Pagina dopo pagina. Ira dopo ira. Sdegno dopo sdegno. Avvoltoio dopo Avvoltoio. Ultime pagine, poi siete liberi: da domani potete mettervi sul comodino un romanzo rosa, o un libro di fantascienza, oppure potete rifugiarvi in un saggio di storia, che ne so?, un bel volume su Caporetto, che in fondo poi non è neppure così distante da ciò di cui ci siamo occupati fin qui.

Ma io conosco già la domanda che vi ronza in testa, quella che non vi lascia in pace, che disturba persino la quiete che arriva con la fine di ogni libro, figurarsi di un libro bruciapancia come questo. Voi vi state chiedendo: sì va be', ma noi che cosa possiamo fare?

Molto, poco, niente, tutto. Dipende da voi. Nelle prossime pagine, tanto per gradire, provo a dare qualche indicazione, piccoli suggerimenti concreti di pratica utilità. E fermate subito i vostri commenti acidi. Già li sento: ma come, Giordano, dici che non sai nemmeno come si fa la differenziata e vuoi dare consigli a noi? Ecco, ve lo confesso: mi sono fatto aiutare. Non da mia moglie, che avete capito? Mi sono fatto aiutare da un giovane giornalista in gamba che ha sentito un po' di associazioni consumatori e ha fatto una selezione di alcune regole base, cose da sapere, nozioni essenziali da tener presenti. Io le ho sintetizzate. Le troverete nelle prossime pagine. Se pensate che vi siano utili dateci un'occhiata, se no saltate ai ringraziamenti finali, o passate direttamente al saggio su Caporetto. Ma prima permettetemi di spiegarvi perché stavolta ho voluto (quasi simbolicamente) chiudere così.

Il primo motivo per cui concludo il libro con qualche consiglio pratico è che così ho fatto lavorare il giovane collega, e i giovani colleghi vanno sempre aiutati.

Il secondo motivo è che il tema si presta. Avrei voluto scrivere consigli pratici anche per altri libri, ma mi pareva brutto suggerirvi i metodi per diventare vitaliziati (*Vampiri*) o profughi (*Profugopoli*). Invece i consigli per evitare di farsi fregare con la tassa dei rifiuti forse possono servire davvero.

Il terzo motivo è che, per l'appunto, se anche solo mezzo consiglio vi sarà utile, forse riuscirete a recuperare i soldi spesi per comprare il libro. Così avremmo realizzato il primo libro che si autofinanzia. Impatto zero sul portafoglio. E voi potete comprarne un altro per regalarlo a qualche amico.

Il quarto motivo è che ormai in ogni libro devo trovare il modo di rispondere a quello che durante le presentazioni si alza e dice: Giordano, va bene la denuncia, ma quand'è che cominci con la proposta? Ecco: ho cominciato a inserire una piccola quota di proposta. Sono poche pagine, si capisce. Ma così non smetto di denunciare quello che non va (che è il compito che mi sono dato da quando faccio questo mestiere) e nello stesso tempo dimostro che vi sto ad ascoltare.

Ma poi c'è il quinto motivo, che è quello vero, quello serio, l'unico messaggio che vorrei rimanesse alla fine di queste pagine. Se voi mi domandate: «Noi che cosa possiamo fare?», io vi rispondo: noi qualcosa lo possiamo fare sempre. Anzi, vi dico di più: io penso che, se siete arrivati fin qui, qualcosa l'avete già fatto. Avete letto, avete capito. E non sottovalutate il valore del sapere. Forse è la cosa che conta di più. Tutte le ingiustizie, infatti, nascono dall'ignoranza. E tutte le rivoluzioni, al contrario, nascono dalla conoscenza. E io non so quando e come si riuscirà a cambiare qualcosa, ma so che se qualcosa cambia è perché si riesce ad accendere una luce dentro il buio di troppe menti. E non è vero che non dipende da noi. Comincia da noi. In tanti modi. Per tante strade. Magari anche con qualche consiglio utile da mettere subito in pratica.

Poi, è chiaro, ci sono mille difficoltà, ostacoli apparentemente insormontabili, montagne che sembra impossibile scalare, fenomeni che sembrano fuori dalla nostra portata. Ma non ci possiamo rassegnare. Non ci possiamo arrendere. Dobbiamo informarci, informare, farci venire il mal di fegato, il mal di pancia, quello che volete, ma senza mai nascondere la testa sotto la sabbia. È l'unico modo che conosco per battersi davvero. Per sperare di cambiare sul serio. E se alla fine scopriremo che è davvero impossibile, che non ce la facciamo, che gli Avvoltoi sono troppo forti, se non altro non avremo rimorsi. Magari non riusciremo a sconfiggerli, ma avremo sconfitto la tentazione di diventare come loro. Sarebbe già una bella cosa, no? E questa sì, che la possiamo fare.

5 CONSIGLI PER RISPARMIARE SUL TRENO

1 **SE NON PARTO POSSO FARMI RIMBORSARE IL BIGLIETTO?**
Dipende. Il rimborso è previsto solo da alcune categorie di biglietti. Informarsi se il proprio biglietto appartiene a una di quelle.

2 **E SE È IL TRENO A NON PARTIRE?**
In questo caso si ha diritto sempre al rimborso integrale del biglietto.

3 **E SE IL TRENO È IN RITARDO?**
Se il treno viaggia con oltre un'ora di ritardo si può scegliere di non partire e si ha diritto al rimborso integrale del biglietto. In caso di ritardi dei treni sui cui si sta viaggiando è possibile ottenere rimborsi che variano dal 25 al 50 per cento del costo del biglietto, a seconda dell'entità del ritardo.

4 **E SE IL POSTO NON È DISPONIBILE?**
Se il posto non è disponibile, o se c'è posto solo in una classe inferiore rispetto a quella acquistata, si ha diritto al rimborso integrale di quanto pagato.

5 **E SE I TRENI SONO SFASCIATI E SPORCHI?**
In caso di treni sporchi, con troppi bagni guasti o climatizzazione inadeguata, bisogna documentare tutto con foto e video, segnalare il disservizio al capotreno (che è obbligato a prendere nota scritta di quanto denunciato) e poi presentare richiesta di risarcimento, anche tramite un'associazione consumatori.

5 CONSIGLI PER RISPARMIARE SUI RIFIUTI

1 **COME SONO CALCOLATE LE PERTINENZE?**
La quota variabile della Tari relativa alle pertinenze deve essere applicata una volta sola. Molti Comuni, erroneamente, la calcolano una volta per ogni singola pertinenza e dunque gonfiano le bollette.

2 **E SE LA TARI È SBAGLIATA?**
Se si paga una Tari superiore a quella prevista si può chiedere il rimborso al Comune.

3 **E SE LA SPAZZATURA NON VIENE RACCOLTA?**
Se la spazzatura non viene raccolta, si può documentare il disservizio con foto e video al Comune o all'azienda responsabile.

4 **E SE IL DISSERVIZIO CONTINUA?**
In questo caso è possibile ottenere la restituzione di una parte della tassa pagata in base al Decreto legislativo 507/1993.

5 **ESISTONO AGEVOLAZIONI SULLA TARI?**
Sì, esistono agevolazioni in base a requisiti che cambiano da Comune a Comune. È sempre bene informarsi per non perdere sconti e facilitazioni.

5 CONSIGLI PER RISPARMIARE SULL'ACQUA

1 **C'È L'IMPIANTO DI DEPURAZIONE?**
Nella bolletta dell'acqua è incluso il servizio di depurazione. Non sempre questi impianti funzionano come si deve. In questi casi si può chiedere il rimborso in base alla sentenza della Cassazione n. 2182/16 del 4 febbraio 2016.

2 **IL CONTATORE FUNZIONA?**
In caso di dubbi sul corretto funzionamento del contatore dell'acqua è possibile chiedere al gestore la sua verifica e/o la sua sostituzione.

3 **DUBBI SULLA BOLLETTA?**
Se si hanno dubbi sulla bolletta, è possibile chiedere chiarimenti all'azienda fornitrice. Se le risposte non sono convincenti, è opportuno spedire una raccomandata a/r spiegando i motivi della contestazione.

4 **E SE ARRIVA LA MAXIBOLLETTA?**
Se arriva la maxibolletta e si ha il sospetto che sia un errore, è consigliabile pagare al gestore solo la parte della bolletta che si ritiene congrua.

5 **E SE INTERROMPONO IL SERVIZIO?**
L'acqua è un bene essenziale, la sua fornitura non può essere interrotta con facilità: se ciò avviene, si può denunciare il gestore.

5 CONSIGLI PER RISPARMIARE SULLE AUTOSTRADE

1 **SE L'ASFALTO FA SCHIFO?**
Se il cattivo stato dell'asfalto provoca un incidente o un danno all'auto, si ha diritto a un risarcimento danni.

2 **SE PERDO IL BIGLIETTO?**
Chi perde il biglietto dell'autostrada può chiedere di non pagare l'intera tratta: si può dichiarare il casello di partenza con un'autocertificazione.

3 **SE NON FUNZIONA LA COLONNINA SOS?**
Nel caso di non funzionamento della colonnina Sos si può chiedere un risarcimento danni.

4 **SE MANCA LA SEGNALETICA?**
Se la mancanza di segnaletica provoca un incidente stradale, si può chiedere il risarcimento danni. È importante fotografare le situazioni di pericolo e le circostanze in cui si è verificato il danno.

5 **SE CI SONO CODE IN AUTOSTRADA?**
In caso di code in autostrada non esistono indennizzi automatici. In alcuni casi particolari le società di gestione li prevedono. In caso di danni gravi è possibile rivolgersi al giudice ordinario per chiedere il risarcimento (esistono precedenti di cause vinte).

Grazie

A Nicoletta, sperando di poter festeggiare ancora tante volte al Jap.

A Eliano, che ha cercato notizie e consigli.

A Evita, che nonostante tutto c'è sempre.

A Nertyla, che comunque c'è sempre.

Ad Alessio, Michel e alla squadra di «Dalla vostra parte», che racconta l'Italia ascoltando chi ha bisogno.

A Franco Castaldo per le notizie dalla Sicilia, a Elena Livieri per l'inchiesta su Padova Tre, alla redazione di Brindisireport per quelle sugli «scapucchioni» del Salento e a tutti i colleghi che in giro per l'Italia si battono ogni giorno (fra mille difficoltà) per tenere accesa la fiammella di questo meraviglioso mestiere.

A Giorgio Vargiu di Adiconsum Sardegna per le notizie su Abbanoa e a tutti i rappresentanti delle associazioni di consumatori che non s'inchinano ai colossi.

Alle consigliere regionali Maria Grazia Carbonari e Valeria Ciarambino, al senatore Stefano Esposito, al senatore Lucio Malan e a tutti coloro (pochi purtroppo) che nei palazzi delle istituzioni dimostrano di stare lì per difendere gli interessi dei cittadini prima dei loro.

A mio fratello Dario, che in questi mesi ha visto da vicino gli Avvoltoi senza mai perdere il sorriso.

A mia mamma, che a 81 anni non smette di insegnarmi che l'importante è fare ciò in cui si crede (e chi se ne importa di quel che dicono gli altri).

Alle amiche di mia mamma e a tutti quelli che come loro mi sostengono (Dio solo sa quanto ne ho bisogno).

A mia moglie Paola, che sa tutto degli autobus e dei rifiuti, e incredibilmente non mi ha ancora detto di attaccarmi a un tram e non mi ha neppure gettato nella differenziata.

Ai miei figli Alice (con Antonio), Lorenzo, Sara e Camilla, che ogni anno ormai attendono questa dedica con un po' di timore. Appena hanno saputo il titolo hanno messo le mani avanti: «Stavolta non ci dirai mica che siamo degli Avvoltoi?». No, cari figlioli, non lo dirò. Lo so benissimo che voi non siete Avvoltoi. Voi siete delle Aquile. Ce la fate a dimostrarmelo?

Bibliografia

I. *Gli Avvoltoi dei trasporti*

AA.VV., *Assunti i figli dei sindacalisti, stop agli attacchi all'azienda*, www.repubblica.it, Bari, 19 marzo 2008.

AA.VV., *Un bunker segreto stampa biglietti clonati. Così l'Atac ricicla fondi neri per la politica*, www.repubblica.it, 5 novembre 2013.

AA.VV., *L'archivio storico Atac in mano ai centri sociali*, in «Il Tempo», 12 gennaio 2017.

AA.VV., *Consulenze e incarichi d'oro, sequestro fino a 180 milioni per ex amministratore Fse*, lagazzettadelmezzogiorno.it, Bari, 15 giugno 2017.

Allegri, Michela e De Cicco, Lorenzo, *Atac, sui bonus dei manager ora indaga la Corte dei Conti*, in «Il Messaggero», 29 novembre 2017, Cronaca di Roma, p. 49.

Arditti, Roberto, *Il senatore Esposito: «Nel 2019 Atac perderà il trasporto pubblico romano»*, Linkiesta, 3 agosto 2017.

Ast, Avviso manifestazione d'interesse all'acquisto di autobus usati, 20 luglio 2017.

Atac, «La situazione del personale Atac», di Emanuele Rinaldi, relazione del 1° aprile 2016.

–, «La situazione finanziaria Atac», di Maria Grazia Russo, relazione del 1° aprile 2016.

Barresi, Mario, *La galassia Lo Bosco, da Confindustria ai politici amici*, www.lasicilia.it, 31 ottobre 2015.

Bollettino Ufficiale della Regione Puglia, n. 57, 17 maggio 2016, pp. 23268-72.

Bollettino Ufficiale della Regione Puglia, n. 3, 10 gennaio 2017, pp. 1523-35.

Cambi, Omero, *«I bambini? Che muoiano, non mi importa nulla»*, in «Il Messaggero», 15 dicembre 2017, p. 15.

Carbonari, Maria Grazia e Liberati, Andrea, Interrogazione n. 1314, Perugia, 4 settembre 2017.

Carbonari, Maria Grazia *et al.*, Atto n. 1184, Istituzione di una commissione d'inchiesta avente ad oggetto: Gestione delle imprese della mobilità pubblica partecipate dalla Regione Umbria e individuazione delle cause dell'attuale crisi finanziaria di Umbria Mobilità, Perugia, 30 maggio 2017.

Cassano, Antonello, *Scontro fra treni, l'anniversario sui binari della strage*, in «la Repubblica», ed. di Bari, 12 luglio 2017, p. II.

Corte dei Conti, Relazione allegata alla decisione di parifica del rendiconto generale della Regione Umbria per l'esercizio finanziario 2016, Perugia, 10 luglio 2017.

–, Relazione del presidente della sezione Fulvio Maria Longavita, Perugia, 10 luglio 2017.

–, Requisitoria del Procuratore Generale, Perugia, 10 luglio 2017.

–, Sentenza Regionale di Controllo per l'Umbria, n. 82/2017, Perugia, 10 luglio 2017.

Cravero, Federica e Longhin, Diego, *Gtt, l'accusa del pm: «I bonus del presidente grazie all'utile fasullo»*, in «la Repubblica», ed. di Torino, 26 ottobre 2017, p. I.

Crisci, Cristina, *Ferrovia senza treni: ex Fcu arrivano i bus*, in «Corriere dell'Umbria», 1° settembre 2017, p. 3.

–, *Tanti proclami, ma niente lavori. Esplode la rabbia dei pendolari*, in «La Nazione / Umbria», 1° settembre 2017, p. 3.

D'Albergo, Lorenzo, *La Corte dei conti: «Atac, una roulette da 23 milioni persi»*, in «la Repubblica», ed. di Roma, 13 ottobre 2017, p. IV.

Dall'Osso, Chimienti, Tripiedi, Lombardi, Cominardi, Ciprini, Interrogazione a risposta immediata in commissione 5-11671, Roma, Camera dei Deputati, 27 giugno 2017.

De Cicco, Lorenzo, *Dal becchino all'elettricista, il doppio lavoro degli autisti*, in «Il Messaggero», 19 luglio 2017, p. 11.

–, *Atac lumaca: 1200 creditori a secco*, in «Il Messaggero», 27 agosto 2017, p. 36.

–, *Cantone bacchetta l'Atac: «Troppi appalti senza gara»*, in «Il Messaggero», 19 settembre 2017, p. 39.

De Gregorio, Umberto, *Paura della firma. Nessuno decide e l'Eav ci rimette 100 milioni*, in «Corriere del Mezzogiorno», 4 novembre 2015.

De Stradis, Walter, *Mauro Trotta: «Cittadini, lasciatevi... "trasportare"»*, www.controsensobasilicata.com, 19 novembre 2016.

Di Costanzo, Antonio, *Tram, il grande spreco nel deposito-cimitero di San Giovanni*, in «la Repubblica», ed. di Napoli, 13 ottobre 2017, p. II.

Eav, «La nuova Eav, dal bilancio al rilancio», Napoli, luglio 2017.

Evelli, Valentina, *Diciotto bus Amt acquistati usati, uno solo funzionante*, www.repubblica.it, Genova, 3 settembre 2016.

Fagioli, Mauro, in Audizione della II commissione consiliare permanente, Perugia, 3 luglio 2017.

Fagnani, Giovanni Maria, *Pullman di scolari prende fuoco sulla A4, salvi bambini e maestre*, www.corriere.it, 18 maggio 2017.

Ferrotramviaria Spa, Bilancio d'esercizio 2016, Roma, 28 giugno 2017.

Ferrovie Appulo Lucane, Bilancio 2016, Bari, 26 aprile 2017.

Ferrovie del Sud Est e Servizi Automobilistici Srl, Relazione del Commissario, Bari, 19 marzo 2016.

Fiano, Fulvio, *Da Zucchero al papà di Rossi. I soldi finivano a San Marino*, in «Corriere della Sera», 24 luglio 2013.

Foschini, Giuliano, *Puglia, la truffa dei treni più cari del mondo*, in «la Repubblica», 26 ottobre 2014.

–, *Il flòp del filobus a Lecce*, in «la Repubblica», 4 ottobre 2017, p. 18.

Franzoso, Andrea, *Il disobbediente*, Roma, PaperFIRST, 2017.

Fubini, Federico, *L'Atac di Roma a un passo dal crac. Il direttore Rota: «Sepolti dai debiti»*, in «Corriere della Sera», 27 luglio 2017, p. 1.

Galimberti, Christian, *Autobus alla tedesca. E lo stop in Brianza diventa «wagen halt»*, in «La Provincia», Cantù, 7 febbraio 2017, p. 40.

Gentile, Cecilia, *Caos trasporti in periferia. Bus senza carburante e bloccati in deposito*, in «la Repubblica», ed. di Roma, 22 marzo 2015.

Gioffreda, Giuseppe, *Atac, guasti e scioperi: raddoppiate nel 2017 le corse bus soppresse*, in «Il Messaggero», 22 agosto 2017, p. 34.

Gramellini, Massimo, *Il metro di Giggino*, in «Corriere della Sera», 10 gennaio 2018, p. 1.

Gtt, Documento preliminare, Torino, 27 giugno 2017.

Istat, «Mobilità urbana: domanda e offerta di Tpl», luglio 2017.

Legambiente, Pendolaria, dicembre 2017.

Longhin, Diego, *Torino, l'azienda trasporti licenzia dirigente: «Pelliccia pagata con carta aziendale»*, www.repubblica.it, 21 gennaio 2016.

Luccioli, Andrea, *L'Apm si conferma a Roma e punta in Brasile*, in «Il Giornale dell'Umbria», 13 aprile 2010, p. 27.

Maresi, avv. Moreno e Selva, avv. Maria, Nota stampa sul caso Smi, 22 settembre 2016, da www.smtvsanmarino.sm.

Mediobanca, «Economia e Finanza delle principali società partecipate dai maggiori enti locali (2011-2015)», luglio 2017.

Monni, Massimo, Istanza 191/08 «Ditta Radtur e Apm», da Notizie dal Consiglio, Perugia, 5 settembre 2008.

Montanari, Andrea, *Caos pendolari, deciso dalla Regione l'acquisto di 40 treni per le tratte di Trenord*, in «la Repubblica», ed. di Milano, 11 luglio 2017, p. IV.

Nucci, Michele, *Manager, redditi d'oro*, in «La Nazione / Umbria», 14 aprile 2005, p. 5.

Parola, Stefano, *Torino, tocca ai passanti spingere il bus guasto*, in «la Repubblica», ed. di Torino, 4 dicembre 2017.

Pianesi, Luca, *Bus, gli acquisti sospetti con i soldi della Provincia*, www.giornaletrentino.it, 12 dicembre 2013.

–, *Trentino Trasporti svende i bus a Trotta*, www.giornaletrentino.it, 4 ottobre 2014.

Proia, Emanuele, «Tpl, un confronto europeo», presentazione del 12° Convegno nazionale ASSTRA, Cagliari, novembre 2015.

Randacio, Emilio, *Spese pazze a Ferrovie Nord, 2 anni e 8 mesi all'ex presidente*, in «la Repubblica», ed. di Milano, 25 ottobre 2017, p. IX.

Repubblica di San Marino, Sentenza n. 1, 26 gennaio 2016.

Repubblica di San Marino, Sentenza n. 131/16, 19 settembre 2016.

Rinaldi, Luca, *Corse soppresse e treni troppo vecchi: i pendolari accusano Trenord*, in «Corriere della Sera», ed. di Milano, 4 luglio 2017, p. II.

Rizzo, Sergio, *Atac: il palazzo affittato prima di essere costruito*, in «Corriere della Sera», 29 giugno 2016.

Ro.Ma, *Trotta e la difesa sugli autobus: «Raggirati da un macedone»*, www.larena.it, 15 maggio 2016.

Rondoni, Walter, *Binario Morto. Ex Fcu stop a tempo indeterminato*, in «Il Messaggero / Umbria», 1° settembre 2017, p. 39.

Sannino, Concita, *«Quei bus hanno già 600 mila chilometri.» La Campania compra gli scarti della Polonia*, in «la Repubblica», ed. di Napoli, 28 novembre 2016.

Sarzanini, Fiorenza, *Vini e appartamenti: quei 20 milioni a Fiorillo, il manager del crac*, in «Corriere della Sera», 2 febbraio 2018.

Senato della Repubblica, 702esima e 703esima seduta pubblica, Discussione di mozioni sul trasporto pubblico locale a Roma, Roma, 18 ottobre 2016.

Serra, Oscar, *Gtt, ecco i numeri del patatrac*, www.lospiffero.com, 26 luglio 2017.

Tarallo, Carlo, *Renzi mantiene i treni della vergogna*, in «La Verità», 26 ottobre 2016.

The European House Ambrosetti, «Il futuro della mobilità urbana», Cernobbio, settembre 2017.

Totaro, Mariateresa, *Milioni di utili e risparmi sulla sicurezza: così sono morti i 23 sul treno pugliese*, in «il Fatto Quotidiano», 12 dicembre 2017, p. 15.

Transpol-Politecnico di Milano, Rapporto sul mercato delle autolinee a lunga percorrenza in Italia, 1/17.

Tribunale di Palermo, Ordinanza n. 16275/15 R.G.N.R., Palermo, 26 ottobre 2015.

Turano, Gianfrancesco, *Tutti gli affari del conte di San Marino*, in «L'Espresso», 23 aprile 2014.
Umbria Tpl e Mobilità Spa, Bilancio d'esercizio 2016, Perugia, 28 luglio 2017.
Valentini, Carlo, *Bologna non ha mai usato 49 bus elettrici*, in «Italia Oggi», 28 novembre 2017, p. 2.

II. *Gli Avvoltoi dei rifiuti*

AA.VV., *Il riciclo insegue la crescita continua di rifiuti*, in «Il Sole-24 Ore», 30 ottobre 2017, p. 19 (tabelle).
Alessandria in movimento, *La trama dei rifiuti illeciti (caso Bonacina)*, www.alessandriainmovimento.info, 2 agosto 2017.
Arpa Sicilia, «Indagine conoscitiva sulla qualità dell'aria dei centri urbani di Misterbianco e Motta Sant'Anastasia», Catania, 5 agosto 2016.
Campolo, Riccardo, *Mazzette e rifiuti, le intercettazioni*, www.palermotoday.it, 23 luglio 2014.
Carrara, Maria, *Il nuovo Piano rifiuti passa dai «Signori della munnizza»*, www.ilsicilia.it, 28 gennaio 2017.
Casalini, Simona, *Cerroni, il padrone dei rifiuti. Un impero da Roma a Sydney*, www.repubblica.it, Roma, 27 febbraio 2017.
Cerroni, Manlio, biografia, www.manliocerroni.it.
–, *Storia e cronaca a volo d'angelo sulla «monnezza» di Roma e del Lazio*, www.manliocerroni.it.
Chesi, Emanuele, *Schizzi di fango su Formula Ambiente. «Buzzi? Per noi era un ottimo socio»*, intervista al presidente di Formula Ambiente, www.quotidiano.net, 7 dicembre 2014.
Chiocci, Gian Marco, *Sui rifiuti spendiamo di più. Ridateci Cerroni*, in «Il Tempo», 8 gennaio 2018, p. 1.
Comitato No Discarica Misterbianco e Motta Sant'Anastasia, Lettera aperta ai candidati presidenti alle elezioni in Sicilia, 25 ottobre 2017.
Comitato Popolare Lasciateci Respirare, «La grande trama tra rifiuti e gestione profughi», Monselice, 1° aprile 2016.
Commissione parlamentare di inchiesta sulle attività illecite connesse al ciclo dei rifiuti, Missione Crotone, 10 marzo 2010, resoconto stenografico.
Commissione parlamentare di inchiesta sulle attività illecite connesse al ciclo dei rifiuti, XVI legislatura, documenti 023/021, p. 145.
Commissione parlamentare di inchiesta sulle attività illecite connesse al ciclo dei rifiuti, Audizioni di rappresentanti della procura di Agrigento, seduta del 12 marzo 2015.

De Cristofaro, Stefania, *Altre imprese coinvolte nel magna delle tangenti*, www.brindisireport.it, 23 ottobre 2017.
–, *«Lei è una favola»: almeno 200 euro a cliente, anche un parlamentare*, www.brindisireport.it, 23 ottobre 2017.
–, *Leobilla & co, amicizie in ambito politico e giudiziario*, www.brindisireport.it, 23 ottobre 2017.
–, *Tangenti, non solo rifiuti: indagini sui centri per migranti*, www.brindisireport.it, 23 ottobre 2017.
De Riccardis, Sandro, *L'ombra dei traffici illegali dietro i roghi che bruciano aziende e cumuli di rifiuti*, in «la Repubblica», ed. di Milano, 7 settembre 2017, p. V.
–, *Depositi di rifiuti in fiamme, l'incendio di Cinisello allunga la catena dei roghi*, in «la Repubblica», ed. di Milano, 3 ottobre 2017, p. I.
Di Feo, Gianluca, *Roma, sfida finale al re della monnezza*, in «la Repubblica», 22 settembre 2017, p. 17.
Ferro, Andrea e altri, Interrogazione a risposta scritta (su Formula Ambiente) n. 3-01984, Atto Camera, seduta del 4 febbraio 2016.
Giacon, Mauro, *Tra rifiuti e migranti coop sempre nel mirino*, in «Il Gazzettino», 26 gennaio 2018, p. 3.
Giliberto, Jacopo, *La guerra dei rifiuti: a fuoco 260 impianti*, in «Il Sole-24 Ore», 9 gennaio 2018, p. 13.
Girotto, Gianni Pietro e altri, Interrogazione a risposta scritta n. 4-08081, Atto Senato, 21 settembre 2017.
Gratteri, Nicola e Nicaso, Antonio, *Fiumi d'oro*, Milano, Mondadori, 2017.
Intrisano, Erika, *Nel regno del re dei rifiuti. Proto: «La verità sulla discarica»*, catania.livesicilia.it, 20 aprile 2017.
Livieri, Elena, *Buco di 36 milioni nei conti di Padova Sud*, in «Il Mattino di Padova», 29 luglio 2015.
–, *Le avventurose iniziative di Padova Tre*, in «Il Mattino di Padova», 22 febbraio 2016.
–, *La Corte dei Conti apre i bilanci di Padova Sud*, in «Il Mattino di Padova», 26 febbraio 2016.
–, *La parentopoli della Padova Tre srl*, in «Il Mattino di Padova», 4 marzo 2016.
–, *Padova Tre paga lo chalet di Borile*, in «Il Mattino di Padova», 5 febbraio 2017.
–, *Investimenti folli di Padova Tre, spesi 8,5 milioni in immobili*, in «Il Mattino di Padova», 28 febbraio 2017.
–, *Padova Tre, dodici indagati per il dissesto milionario*, in «Il Mattino di Padova», 13 agosto 2017, p. 27.
Mannino, Claudia, Interrogazione a risposta scritta n. 4-16721, Atto Camera, 26 maggio 2017.

Mira, Antonio Maria e Rapparelli, Simona, *Rifiuti. È al Nord la nuova terra dei fuochi: in 3 anni oltre 100 roghi*, intervista a Chiara Braga, Commissione parlamentare d'inchiesta sui rifiuti, in «Avvenire», 5 gennaio 2018, p. 7.

Musolino, Lucio, *Crotone la città dei veleni*, www.ilfattoquotidiano.it, 6 marzo 2014.

Oikos Spa, Bilancio d'esercizio 2016, luglio 2017.

Palazzolo, Salvo, *Corleone, il Comune ai Riina: «Pagate le tasse»*, www.repubblica.it, Palermo, 12 settembre 2017.

Pergolizzi, Antonio, *In due anni 250 incendi nello smaltimento dei rifiuti*, in «La Stampa», 13 settembre 2017.

Pipitone, Giacinto, *Raccolta differenziata, in 50 Comuni siciliani poi l'umido finisce in discarica*, in «Giornale di Sicilia», 18 luglio 2017.

Polese, Roberta, *Rifiuti, il buco da 30 milioni a Padova Tre*, in «Corriere del Veneto», 4 marzo 2016.

Prefettura Catania, Decreto su Oikos, n. 0088992 del 7 novembre 2016.

Prefettura Siena, Decreto su Sei, Siena, 17 marzo 2017.

Prestigiacomo, Dario, *Da ex camionista a tycoon: l'irresistibile ascesa di Proto*, www.repubblica.it, 21 ottobre 2010.

Prima di Noi, *Rifiuti Chieti, la giunta Di Primio spiegherà perché ha liquidato 2,4 milioni in più alla coop di Buzzi*, www.primadinoi.it, 10 dicembre 2014.

Proietti, Ilaria, *Rifiuti, nel 2017 a Chieti aumento record Tari del 27,2%*, impaginato.it, 23 luglio 2017.

Roncone, Fabrizio, «*Sono io il re dei monnezzari*», intervista a Manlio Cerroni, in «Corriere della Sera», 20 luglio 2016, p. 14.

Rossi, Raphael, *Rifiuti Reggio Calabria, condannati gli ex vertici per mafia*, www.ilfattoquotidiano.it, 29 luglio 2016.

Rossi, Sergio, *Bufera stipendi d'oro nella società rifiuti*, in «La Nazione», ed. di Arezzo, 30 settembre 2017, p. II.

Sarubbi, Andrea, *Incendi negli impianti di deposito. Ganapini: «Una guerra dietro i rifiuti bruciati»*, in «Il Tirreno», 8 agosto 2017.

Sbraga, Antonio, «*Sfido la Raggi in streaming*», intervista a Manlio Cerroni, in «Il Tempo», 25 settembre 2017, p. 1.

Sei, Servizi Ecologici Integrati Toscana Srl, Bilancio d'esercizio 2016, Siena, luglio 2017.

Sicilia, Maria Carla, *Sui rifiuti Virginia torna ad affidarsi all'ottavo re di Roma*, in «Il Foglio», 28 settembre 2017.

Stella, Gian Antonio, *Quando puzzano sia le discariche sia i soldi*, in «Sette - Corriere della Sera», 24 luglio 2015, p. 8.

–, *I commissariati che si alzano il compenso*, in «Corriere della Sera», 4 ottobre 2017, p. 21.

Taglione, Stefano, *In Toscana c'è corruzione sui rifiuti*, in «Il Tirreno», ed. di Livorno, 22 giugno 2017.
Tonacci Fabio, *Sara Felpati: li chiamavo macachi ma non li ho offesi*, www.repubblica.it, 5 gennaio 2017.
Tornago, Andrea, *Rifiuti tossici e radioattivi, Commissione parlamentare ordina perquisizioni*, www.ilfattoquotidiano.it, 20 dicembre 2016.
Tribunale ordinario di Roma, Ordinanza applicativa di misure cautelari personali e di sequestro preventivo, n. 7449/20078, 2 gennaio 2014.
Uil Servizio Politiche territoriali, «Tariffa Rifiuti. In 4 anni dalla sua istituzione aumenti medi dell'1,1 per cento», Roma, 23 luglio 2017.
Ulivieri, Veronica, *Veneto, gli strani incendi nel settore dei rifiuti*, in «il Fatto Quotidiano», 3 gennaio 2017.
Zanuttini, Paola, *L'uomo che aveva il fiuto del rifiuto*, intervista a Manlio Cerroni, in «il venerdì di Repubblica», 2 settembre 2016, p. 13.
Ziniti, Alessandra, *Mezzo milione l'anno per i commissari ai rifiuti*, in «la Repubblica», 15 settembre 2016, p. 19.

III. *Gli Avvoltoi dell'acqua*

AA.VV., *Acqualatina, così espropriarono i Comuni. Le carte nascoste del mutuo Depfa Bank*, www.ilcaffè.tv, 1° novembre 2016.
Abbanoa Spa, Estratto del registro contratti, competenza 2016, dal sito www.abbanoa.it.
Acea, Bilancio d'esercizio 2016, Roma, aprile 2017.
–, Comunicato Stampa risoluzione consensuale del rapporto di lavoro con Alberto Irace, Roma, 28 giugno 2017.
–, Relazione sulla remunerazione 2016, esercizio 2015.
–, Relazione sulla remunerazione 2017, esercizio 2016.
Aceto, Tiziana, *Cosenza senza acqua, lite Comune-Sorical. Occhiuto: «Fanno lotta politica»*, in «il Quotidiano del Sud», 14 gennaio 2017.
Adiconsum, «Le malefatte di Abbanoa», Oristano, 9 ottobre 2015.
–, Comunicato stampa su Abbanoa, 29 luglio 2017.
Afeltra, Giuseppe, *Gori, bollette pazze e pioggia di reclami*, in «Agrinews», 28 ottobre 2016.
Autorità Garante della Concorrenza e del Mercato, Bollettino settimanale n. 13, anno XXVII, 10 aprile 2017, p. 35 (su Abbanoa).
Autorità Nazionale Anticorruzione, Fasciolo n. 172/2017 su Abbanoa, Roma 25 luglio 2017.
Barreca, avv. Giuseppe e Peschiera, avv. Marina, Istanza di avvio azione collettiva pubblica e amministrativa contro Ato Sondrio e Secam, Mantova, 12 settembre 2016.
Barresi, Mario, *Acqua pubblica, la grande impostura nella Sicilia assetata fra inchieste e affari*, www.lasicilia.it, 28 dicembre 2015.

–, *Inchiesta Girgenti Acque, il «sistema» affari e politica dentro le Istituzioni*, in «La Sicilia», 19 gennaio 2018, pp. 2-3.

Bua, Giovanni, *Acqua sporca, il sindaco di Sassari Nicola Sanna attacca Abbanoa*, in «La Nuova Sardegna», ed. di Sassari, 29 agosto 2017.

Chiarelli, Mara, *La dolce vita dell'Acquedotto pugliese: chiuse le indagini su due ex manager*, www.repubblica.it, Bari, 11 dicembre 2016.

Commissione Parlamentare di inchiesta sulle attività illecite connesse al ciclo dei rifiuti, udienza del 12 marzo 2015, audizione dei rappresentanti della Procura di Agrigento.

Consiglio Regionale della Campania, I commissione consiliare speciale, audizione 16 febbraio 2016, resoconto integrale n. 28.

–, I commissione consiliare speciale, audizione 15 marzo 2016, resoconto integrale n. 29.

Consiglio di Stato, Sentenza su Acea, n. 2532 del 29 maggio 2017.

–, Sentenza su Abbanoa, n. 2918 del 14 giugno 2017.

–, Sezione controllo sugli enti, Determinazione sull'Acquedotto Pugliese, n. 139 del 19 dicembre 2016.

–, Sezione regionale di controllo per la Lombardia, Deliberazione 6/2017/VSG del 18 gennaio 2017.

Corte di Cassazione, sentenza n. 9610 anno 2012 (Marco Campione).

Costa, Luana, *Sorical in bilico tra debiti per 142 milioni di euro e acqua non pagata dai Comuni per 280 milioni*, lacnews24.it, 4 gennaio 2018.

Di Fazio, Maurizio, *Pescara, le spese del «partito dell'acqua»*, www.ilfattoquotidiano.it, 3 settembre 2014.

Dragoni, Gianni, *Acea, crisi dell'acqua e stipendi d'oro*, blog Poteri Deboli, www.giannidragoni.it, agosto 2017.

Ente d'Ambito Sarnese Vesuviano, Proposta programma degli interventi, Napoli, 24 marzo 2014.

Faruggia, Alessandro, *Emergenza siccità in dieci regioni. Galletti: usino i soldi già stanziati*, in «Quotidiano nazionale», 24 luglio 2017, p. 4.

Fiaschetti, Maria Egizia, *Siccità e sprechi, deserto Capitale*, in «Corriere della Sera», 23 luglio 2017.

Fraschilla, Antonio, *Sicilia, il grande affare dell'acqua più cara d'Italia*, www.repubblica.it, Palermo, 19 maggio 2017.

Galleri, Alba Rosa, *Abbanoa, la più odiata dai sardi*, Sardegna blogger, 17 giugno 2017.

Gemma, Alessio, *Inchiesta Gori, consulenze nel mirino*, www.repubblica.it, Napoli, 4 giugno 2016.

Gentile, Cecilia e Scarpa, Giuseppe, *Sotto inchiesta l'azienda idrica della capitale*, in «la Repubblica», 28 luglio 2017, p. 15.

Giovannini, Roberto, *Le quattro sorelle dell'acqua. Ecco i padroni dei rubinetti italiani*, in «La Stampa», 7 luglio 2017, p. 10.

Girgenti Acque, Comunicato stampa, Aragona, 4 settembre 2017.
Laricchia, Antonella *et al.*, Interrogazione urgente su assunzioni personale e trasparenza in Acquedotto Pugliese Spa, 20 dicembre 2016.
Laricchia, Antonella *et al.*, Interrogazione urgente 560-X su assunzioni personale e trasparenza in Acquedotto Pugliese Spa, Bari 10 luglio 2017.
Licausi, Adriana, *Agrigento, truffa milionaria sull'acqua: quattro indagati*, www.repubblica.it, Palermo, 19 maggio 2017.
Merian Research, Acea Ato 2, Analisi finanziaria, Berlino/Como, 14 marzo 2017.
Prima Da Noi, *Aca, si mangiava alla grande: rimborsi per il «giro del mondo», gite all'estero e cene di lusso*, www.primadanoi.it, 1° settembre 2014.
–, *Aca e crediti non riscossi: l'ufficio «sabotato» per anni e «software d'oro» inutile*, www.primadanoi.it, 4 settembre 2017.
Publiacqua Spa, Bilancio al 31 dicembre 2016, Firenze, aprile 2017.
Regione Siciliana, Deliberazione n. 243 del 12 luglio 2016, p. 5.
Rizzo, Sergio, *La beffa dell'acqua pubblica. Dopo il sì al referendum tariffe quasi raddoppiate*, in «la Repubblica», 27 luglio 2017, p. 17.
Russi, Francesca, *Bari, bufera sull'Acquedotto pugliese: il presidente pronto ad autoassumersi come direttore*, www.repubblica.it, Bari, 20 dicembre 2016.
Ruta, Giorgio, *Dal Nisseno ad Agrigento, Sicilia in coda per l'acqua*, in «la Repubblica», ed. di Palermo, 27 luglio 2017, p. VI.
Schembri, Silvio, *Agrigento, reflui in mare: sigilli al depuratore di Villaggio Mosè, indagati i vertici di Girgenti Acque*, www.repubblica.it, Palermo, 2 marzo 2016.
Secam, «Controdeduzioni all'istanza di avvio di azione collettiva pubblica», Sondrio, 14 dicembre 2016.
Spiga, Simone, *Abbanoa tra disservizi e vessazioni: il conto è salato e lo pagano i sardi*, www.cagliaripad.it, 28 giugno 2017.
Utilitatis, *Blue Book 2017 - I dati sul servizio idrico integrato in Italia*, Roma, gennaio 2017.
Viola, Andrea, *Acqua pubblica in Sardegna: la gestione di Abbanoa con troppi debiti (e troppi amici)*, www.ilfattoquotidiano.it, 30 marzo 2015.

IV. *Il casello dalle uova d'oro*

Agnoli, Stefano, *Pasticcio sulla Piacenza-Brescia, ministero a rischio pignoramento*, www.corriere.it, 21 novembre 2014.
Anselmo, Nuccio, *Cas, quelle somme urgenze «sospette»*, in «Gazzetta del Sud», 15 aprile 2017, p. 1.
Astm Spa (Gruppo Gavio) Bilancio d'esercizio 2016, Tortona, marzo 2017.

–, Comunicato Stampa sul piano strategico 2017-2021, Torino, luglio 2017.

–, Comunicato Stampa sulla relazione semestrale al 30 giugno 2017, Tortona, agosto 2017.

Atlantia (Benetton), Bilancio d'esercizio 2016, Roma, marzo 2017.

Ballotta, Dario, *Brebemi nelle mani di Intesa*, www.ilfattoquotidiano.it, 19 agosto 2017.

Barbacetto, Gianni, *Imbarazzi democratici. La dinastia dei Gavio*, www.ilfattoquotidiano.it, cit. in www.dagospia.it, 6 novembre 2014.

Bertone, Ugo, *Beniamino Gavio pigliatutto*, www.panorama.it, giugno 2012.

Buttafuoco, Pietrangelo e Caporale, Antonello, *«Sogno il tunnel Roma-Pescara: 6 miliardi e offro tutto io»*, in «il Fatto Quotidiano», 25 gennaio 2018, p. 18.

Camera dei deputati, Commissione VIII Ambiente, Territorio e lavori pubblici, Indagine conoscitiva sulle autostrade, resoconti stenografici delle sedute del: 16 febbraio 2015, 8 aprile 2015, 5 maggio 2015, 11 giugno 2015, 8 luglio 2015, 17 febbraio 2016, 8 marzo 2016, 2 agosto 2016, 7 settembre 2016.

Carosso, Isotta, *Autostrada Cuneo-Asti inizio cantiere nel primo semestre 2018*, in «La Stampa», ed. di Cuneo, 28 giugno 2017.

Di Foggia, Carlo, *Autostrade di Toto: ci pensa lo Stato*, www.ilfattoquotidiano.it, 28 maggio 2017.

Fior, Paolo, *Autostrade, Bankitalia: «In 20 anni ricavi raddoppiati, ma investimenti al palo»*, www.ilfattoquotidiano.it, 11 giugno 2015.

Gabanelli, Milena, *La rivolta per i sacchetti. E gli aumenti di bollette e pedaggi?*, in «Corriere della Sera», 6 gennaio 2018, p. 21.

Galvagni, Laura, *Atlantia lancia l'offerta per Abertis*, in «Il Sole-24 Ore», 16 maggio 2017, p. 3.

Gandola, Giorgio, *Salasso sull'esodo: pedaggi più cari del 10%*, in «La Verità», 26 luglio 2017, p. 9.

Gintoli, Ottavio, *Autostrada Siracusa-Gela, la grande incompiuta*, www.lasicilia.it, 24 settembre 2017.

Giorni, Carlo, *L'Autostrada Tirrenica non si fa più*, www.ilfattoquotidiano.it, 15 aprile 2017.

Greco, Filomena, *Asti-Cuneo, la grande incompiuta*, in «Il Sole-24 Ore», 11 agosto 2017.

Guerra, Marco, *La ricompensa del Pd ai sodali tirolesi: in regalo dal governo l'autostrada A22*, in «La Verità», 18 novembre 2017, p. 8.

Livini, Ettore, *I Paperoni corrono in autostrada*, in «la Repubblica», 27 dicembre 2017, p. 24.

Malan, Lucio, Atto di sindacato ispettivo, Senato, n. 3-02378 del 21 ottobre 2015.

Malan, Lucio, Atto di sindacato ispettivo, Senato, n. 3-02530 del 27 gennaio 2016.
Malan, Lucio, Istanza di accesso formale agli atti amministrativi, Roma, 15 aprile 2016.
Malan, Lucio e altri, Interrogazione con risposta scritta, Atto del Senato n. 3-02216 del 23 settembre 2015.
Malan, Lucio e altri, Interrogazione con risposta scritta, Atto del Senato n. 3-02533 del 28 gennaio 2016.
Malan, Lucio e altri, Interrogazione con risposta scritta, Atto del Senato n. 3-02828 del 4 maggio 2016.
Malan, Lucio e altri, Interrogazione con risposta scritta, Atto del Senato n. 4-06760 del 20 dicembre 2016.
Martini, Daniele, *La lobby autostradale: primi favori alle Regioni e ora tocca ai Gavio*, in «il Fatto Quotidiano», 24 febbraio 2016, p. 16.
–, *Mezzo secolo a senso unico: la concessione infinita ai Benetton*, in «il Fatto Quotidiano», 1° aprile 2017, p. 12.
–, *Pedaggi, il Tar boccia lo stop*, in «il Fatto Quotidiano», 25 luglio 2017, p. 8.
–, *Tutto è permesso all'A22*, in «il Fatto Quotidiano», 27 settembre 2017, p. 17.
–, *Miliardi a Benetton e Volkspartei*, in «il Fatto Quotidiano», 15 novembre 2017, p. 15.
–, *Da Delrio strade d'oro per Gavio*, in «il Fatto Quotidiano», 30 novembre 2017, p. 11.
Meletti, Giorgio, *Banca Intesa svende l'autostrada*, www.ilfattoquotidiano.it, 22 novembre 2014.
–, *Brebemi, l'autostrada senza soldi pubblici*, www.ilfattoquotidiano.it, 28 settembre 2015.
Melilla, Gianni e altri, Interrogazione a risposta scritta, Atto della Camera 4-15129 dell'11 gennaio 2017.
Merlo, Francesco, «*Torno a colorare il mondo e a difendere i diritti*», in «la Repubblica», 30 novembre 2017, p. 27.
Ministero delle Infrastrutture e dei Trasporti, direzione generale per la vigilanza sulle concessionarie autostradali, Relazione Attività 2016, Roma, settembre 2017.
Monaci, Sara, *La Pedemontana Lombarda apre ai soci privati*, in «Il Sole-24 Ore», 29 luglio 2016, p. 10.
Morino, Marco, *Valdastico Nord, al via il progetto da 1,3 miliardi*, in «Il Sole-24 Ore», 31 ottobre 2017, p. 16.
Orfano, Enrico, *Pedaggi, A22 vuole anche gli arretrati*, in «Corriere del Trentino», 31 dicembre 2017, p. 11.

Pagni, Luca, *Utili garantiti e clausole segrete: così in autostrada corrono i pedaggi*, in «la Repubblica», giovedì 4 gennaio, p. 28.
Paragone, Gianluigi, Gangbank, Milano, Piemme, 2017.
Pavesi, Fabio, *Serenissima nei guai per la finanza allegra*, in «Il Sole-24 Ore», 24 ottobre 2009.
Pertoldi, Mattia, *Anas in Autovie Venete: via libera dall'Europa*, in «Il Messaggero Veneto», ed. di Udine, 3 luglio 2017.
Ragazzi, Giorgio, *I signori delle autostrade*, Bologna, il Mulino, 2008.
–, *Autobrennero, un rinnovo da fermare*, www.lavoce.info, 21 gennaio 2014.
–, *Autostrade, per il gruppo Gavio corsia preferenziale*, in «il Fatto Quotidiano», 7 giugno 2017, p. 17.
–, *Accordi segreti con le autostrade: ci spennano a nostra insaputa*, in «il Fatto Quotidiano», 27 settembre 2017, p. 16.
Randacio, Emilio e Sasso, Michele, *Maroni salva l'autostrada «lumbard»*, in «La Stampa», 5 dicembre 2017, p. 11.
Rizzo, Sergio, *Anas, una tegola da 425 milioni*, in «Corriere della Sera», 29 maggio 2017, p. 13.
Sbraga, Antonio, *La protesta corre sulla A24. Aumenti del 227% in 15 anni*, in «Il Tempo», 5 gennaio 2018, p. 4.
Società di Progetto Brebemi, Bilancio d'esercizio 2016, Brescia, aprile 2017.
Stradivaria Spa, Bilancio d'esercizio 2016, Cremona, maggio 2017.
Tosca, Pietro, *Intesa San Paolo sale in Brebemi*, www.corriere.it, 29 luglio 2017.